南强社会学文库

SOCIAL SCIENCES
ACADEMIC
PRESS (CHINA)

社会科学文献出版社

·南强社会学文库·

社会资本与地方治理

Social Capital and Local Governance

◎ 胡 荣/著

社会科学文献出版社
SOCIAL SCIENCES ACADEMIC PRESS (CHINA)

图书在版编目(CIP)数据

社会资本与地方治理/胡荣著.—北京：社会科学文献出版社，2009.9

（南强社会学文库）

ISBN 978-7-5097-1018-0

Ⅰ.社… Ⅱ.胡… Ⅲ.①社会资本-研究②地方政府-行政管理-研究-中国 Ⅳ.F014.39 D625

中国版本图书馆 CIP 数据核字（2009）第 158576 号

《南强社会学文库》编委会

编委会主任　胡　荣

编委会成员　胡　荣　张友琴　李明欢

　　　　　　　徐延辉　叶文振　周志家

　　　　　　　朱冬亮　童　敏　张云武

　　　　　　　戴小力　易　林

总　序

胡　荣

　　自 20 世纪 80 年代社会学在我国恢复重建以来，我国社会学的研究队伍不断壮大，现在各大学都建立了社会学系，社会学培养的本科生、硕士和博士也有了相当的规模。与国内其他高校一样，厦门大学的社会学学科重建工作也取得了一定的成绩：1993 年，经国家教委批准在厦门大学哲学系正式成立社会工作专业；2000 年 3 月，厦门大学在哲学系社会工作专业的基础上组建社会学系；2001 年设立了社会学硕士点；2003 年增设了社会学本科专业；2005 设立社会学硕士一级学科，并成功地申请设立了社会学博士点。在这几年中，我们还组建了一支受过严格专业训练的师资队伍，目前，任教的教师绝大部分有社会学博士学位，他们分别毕业于美国纽约州立大学、美国犹他大学、荷兰阿姆斯特丹大学、德国比勒菲尔德大学、英国布里斯托大学、香港城市大学、日本山口大学、北京大学和南京大学等境内外著名高校。他们以自己扎实的研究获得了社会学界的认可。

　　提升中国社会学的研究水平，很重要的一个问题就是要在坚持学术规范的基础上与国外学术界最新的研究成果对话。与其他许多社会科学一样，社会学也是起源于欧美国家。经过几百年的发展，西方的社会学发展相对成熟，有了大量的学术积累，也形成了各种流派和理论。因此,在恢复重建和发展中国社会学的过程中,有必要学习和借鉴西方的社会学理论,与西方社会学家的最新研究成果对话。而在学习和借鉴西方社会学的研究成果、与西方社会学家的研究进行对话时,就必须坚持学术规范。学术研究是有规范的,这就像开车必须有交通规则一样。这些学术规范是西方社会科学的不同学科在几百年的发展过程中逐渐形成的,被世界各国的研究者所共同遵守。虽然这些规范有些束手束脚,使大家写出来的文章都是差不多一样的格式,不能充分发挥个人的想象力和创造性,但是有了这些规范,不同学者的研究才可以进行比较和交流,才有利于学术研究的逐步积累,才可以避免简单的重复劳动,才可以使不同国度的学者就大家共同关心的研究课题进行交流和对话。学术研究是通过不断的积累进行的,我们每从事一项课题研究之前,或是写一篇文章的时候,都要熟悉相关的文献,了解在这一领域前人都做了什么研究,取得了什么样的成果,然后我们才能在前人研究的基础上提出一点新的东西。由于学科的不断发展,学术的积累也越来越多,每个领域相关的文献也越来越丰富。如果说在一个学科发展的初始阶段研究者可以轻易地从其中的一个领域转到另一个领域的话,那么,随着学科的日益成熟和学术文献的积累,一个研究者要从一个领域转到另一个领域就不是轻而易举的了。记得社会学在20世纪80年代初刚刚在我国恢复重建的时候,许多人是从哲学或其他学科转过来的。这些人在社会学里往往从事多个领域的研究,今天可能写一篇婚姻家庭社会学的文章,明天又可能做起社会分层方面的研究。但是,这些年,随着这个学科的逐渐成熟,每个领域的文献也多了起来,一个研究者在短时间内就难以从一个领域转入另一个领域。而在欧美各国,研究者从一个分支领域转到另一个分支领域就比我们要困难得多,因为在一个新的领域里,研究者可能要花上三五年的时间才能熟悉文献,而只有在熟悉了这个领域的文献之后才能做出有点新意的文章，才能在新的领域发表有学术价值的论文。

由于学术研究是在积累的过程中发展的，因此，一般的学术专著或论文都会花一定的篇幅来回顾相关的文献，回顾前人在这一领域已经取得的成果，同时在介绍自己的观点时引用相关的研究进行讨论，这样才能把自己的研究与整个学科的发展脉络联结在一起。如果学科的建设是座高楼大厦的话，那么这个学科的每一项研究成果、每一本著作和每一篇文章就是构筑这座大厦的砖块。砖块必须按一定的规则垒砌才能建成大厦，每一项研究成果必须与整个学科的发展脉络联结在一起才能推动学科的发展。其实，研究者的一篇学术论文，能够不注明出处的地方并不多，引用别人的观点、数据和材料要注明出处，自己通过问卷或访谈获得的资料也要说明来源，剩下的只是自己的分析和结论不需要加注了。如果所有的学术论文都能做到规范地引用他人文献的话，学术研究就会在大家的努力下不断发展。每一篇在正规学术刊物上发表的论文都应该或多或少地有自己的新观点或新发现。因为每一篇文章都有自己独特的观点或发现，每一个在特定领域进行研究或写作的学者都会全面地引用或提及这一领域已有的文献。但是，目前许多学者在这方面做得还很不够。一些文章虽然也会引述国内外著名学者的论著中的一些原话来论证和支持自己的观点，但这种引用往往只是片言只语的引用，而没有系统地引用相关的前人文献，没有把自己的研究发现或观点与前人的相关观点进行比较和讨论，读者无法知道一篇文章究竟有没有提出一些新的东西，其结果是使得许多研究沦为一种低水平的重复劳动。一些受过规范的学术训练的学者也想系统地引用国内学者的研究成果，但他们在查阅相关文献的时候，发现许多作者的观点和发现都是大同小异，于是常常陷于想引用又无法引用的尴尬境地。要改变这种状况需要多方面的努力，但学术刊物在这方面可以发挥很大的作用。在这方面,近几年的《社会学研究》做得不错,2005年改版后的《社会》也是如此,虽然发表的文章水平与国外的同行尚有一定差距,但引文都相当规范。这些年笔者也力求按与国际学术规范接轨的方式做一些研究及写一些文章,但常常发现不容易投稿,因为除了可以投给《社会学研究》等几个刊物外,在其他刊物上发表这些文章并不适合。如果要在一般的刊物上发表文章,那就只好削足适履地删掉成串的文献,砍掉"无关的"文献回顾部分。其实,如果能够有多一些的刊物像《社会学研究》、《社会》一样要求作者写规范化的文章,也就会带动整个学术界形成一个氛围,让更多的研究者所做的研究符合学术规范。

　　提升中国社会学研究水平的另一个问题是要加强社会学理论的研究。理论之所以重要,是因为它能帮助我们把具体的事件与更广泛的东西联系在一起。人的知识是分为不同层次的。笔者曾经根据人的知识的抽象程度将其分为生活经验、科学知识和哲学知识三个层次。[1] 生活经验是最低层次的知识,是对于某一具体事物或具体事件的性质、特点及其与其他事物关系的认识。每一个人由于所从事的工作不同,接触的人和事也就有所不同,因此对于所经历过的人和事都有一种只属于他自己的体验。科学知识则是以观察为基础,同样也源于对具体事物的认识,但由于通过普遍概念对一系列事物进行概括和抽象,所以反映的是某一类事物的情况。由于进行了一定程度的抽象,这一层次的知识也就摆脱了此时此地的限制,在较广范围内适用,具有一定的普遍性。哲学知识则是以理性的反省为基础,是关于普遍规律的认识。如果说科学知识基本上以直接的经验观察为基础的话,那么哲学知识则无法只凭经验观察的资料进行概括,因为哲学知识试图从更抽象的层次上对事物进行认识,所以仅凭经验观察的资料是完全不

---

[1] 胡荣,1992,《社会学导论:社会单位分析》,厦门大学出版社。

够的。研究者使用的材料中既有经验观察的资料，也有个人的经验，还有通过各种途径获得的历史资料。研究者通过想象力对这些材料进行概括，把各种抽象出来的要素联系起来，再把这些联系当素材使用。那些以哲学家的身份对世界进行研究的人所提出的理论当然应包括在这一层次内，这些知识是很抽象的。除此之外，个别自然科学和大部分社会科学中那些不完全以经验为基础的较为抽象的理论也属于这个层次。

现代社会科学强调以实证的方法进行研究，其具体的方法通常分为定性的研究和定量的研究两种。通过一些个案进行定性研究的方法所获得的知识更接近我们这里所说的生活经验，而通过大规模抽样调查进行的定量研究则属于科学知识的范畴。为了使定性和定量的研究与较抽象层次的理论联系起来，研究者通常都会把自己的研究与相关的理论联系起来，在文章或著作中花一定的篇幅介绍与自己的研究相关的理论背景或理论框架。通常，这些理论的抽象层次并不高，这些理论中的有关命题和假设是可以通过定性或定量的实证材料加以证实或推翻的，因此充其量只能算作是"中层理论"。例如，关于社会网络与求职的关系，格兰诺维特（Mark Granovetter）提出"弱关系假设"，研究关系本身是如何使求职者获得较好的工作的。[①] 他在波士顿郊区的一项调查显示，57%的被访者在最近一次职业变动中是通过亲属和社会关系了解职业信息的，而不是通过所谓的正式市场渠道。由于弱关系是在群体之间发生的，是联系不相似个体之间的纽带，因此弱关系作为沟通不同群体的信息桥在求职过程中起着更大的作用。而边燕杰在中国的研究却表明，在计划经济下强关系对于求职者更为重要：中间人与求职者的关系越熟，最终帮助者的资源背景越

[①] Granovetter, Mark. 1973. "The Strength of Weak Ties." *American Journal of Sociology* 78.

高，对求职者的工作安排也越有利。① 边燕杰因为这一重要发现而为社会网络理论的发展做出了重要贡献。这些理论是相当具体的。当然，也有一些理论的抽象程度比较高，例如，理性选择理论、结构功能理论、冲突理论等。

中国社会学的繁荣需要有更多的学者研究不同层次的社会学理论。目前，国内从事社会学经验研究的人不少，但从事社会学理论研究的并不多。要想中国社会学在世界社会学中有更高的地位，需要中国的社会学者在理论方面有所创新、有所贡献。要想在社会学理论方面有所贡献，中国的社会学者首先要了解和学习西方的社会学理论。一些人强调中国社会的特殊性，认为国外的理论不能解释中国的社会和现实，因此一概加以拒绝。其实，中国的社会与西方既有不同的一面，也有相同的一面。我们不能照搬西方的理论，但我们绝不可以对这些理论视而不见，或以强调中国特色为由而将其拒之门外。理论有不同的层次，通常，越是宏观层次的理论适用的范围也越广，越是具体的理论适用的范围也就越窄。例如，理性选择理论就是属于宏观层面的一个理论，唐斯可以用理性选择理论解释美国社会选民的投票行为，我们在研究村民选举的时候从成本与收益的角度进行分析也未尝不可。理性选择理论确实有它的不足之处，但这并不是中国社会的特殊性造成的，而是这一理论本身的不足造成的。有些具体的中层理论的适用性确实会因社会的不同而不同，例如，前面说过的格兰诺维特的"弱关系假设"在中国就不太适用。但中国社会的这种不同也正是我们发展理论的最好机会，边燕杰正是通过研究中国社会的特殊之处提出"强关系假设"而发展了这一理论。其实，一些很具体的研究结论在中西方社会也有许多共通之处。以笔者

---

① Bian, Yanjie. 1997. "Bring Strong Ties Back In: Indirect Ties, Network Bridges, and Job Searches in China." *American Sociological Review* 62: 266-285.

对社会地位与关系资源的研究为例，有关男性的网络密度低于女性的发现与西方学者的研究结果是一致的。①

其次，我们还要提出自己的理论，形成中国的社会学流派。也就是说，学习和了解西方的社会学理论是重要的，但我们不能仅仅停留在对西方社会学理论的介绍和评判上，也不能只是运用西方社会学的理论来解释中国的社会现实，或是运用中国的研究数据验证西方学者提出的一些理论概念，而是应该提出中国学者的社会学理论。在这一方面，我们需要更多的人投入更多的精力进行研究。

总之，中国的社会学者在研究中国社会的时候必须坚持被世界各国学者所共同遵守的学术规范，注意学习国外成熟的东西，了解国外的相关理论，与国外同行的研究进行对话。由于中国社会处于不断的变动之中，中国社会有自己的许多独特之处，这为我们的研究提供了丰富的素材。只要我们坚持相应的学术规范，相信我们一定能够产生出一些好的作品，发展出一些新的理论，从而对社会学的发展做出中国学者的贡献。自从厦门大学于2000年重建以来，我们的同仁一直在坚持学术规范的前提下踏踏实实地研究，我们推出的这套《南强社会学文库》就是大家近年来从事研究的成果，希望这套文库的出版对于推动中国社会学的发展有所助益。

---

① 胡荣，2003，《社会地位与关系资源》，《社会学研究》第5期。

目 录

第一部分 村民自治

村民委员会的自治及其与乡镇政府的关系 …………………… / 3
中国农村的经济发展与村民委员会选举 ………………………… / 23
经济发展与竞争性的村民委员会选举 …………………………… / 40
影响妇女在村级选举中参与的诸因素分析 ……………………… / 68

第二部分 农村基层政权建设

农村基层政权内卷化与农民上访 ………………………………… / 83
农民上访与政治信任的流失 ……………………………………… / 103
农村居民的收入差距与原因分析 ………………………………… / 125

第三部分 社会资本与农村居民的政治参与

影响村民社会交往的各因素分析 ………………………………… / 141
中国农村居民的社会信任 ………………………………………… / 153
中国农村居民的社团参与 ………………………………………… / 168
社会资本与中国农村居民的地域性自主参与
——影响村民在村级选举中参与的各因素分析 ……………… / 179

第四部分　社会资本与城市居民的政治参与

社会经济地位与网络资源 ……………………………………… / 213
城市居民的社会交往与社会资本建构 ………………………… / 237
城市居民信任的构成及影响因素 ……………………………… / 251
社会资本与城市居民的政治参与 ……………………………… / 272

后　　记 ………………………………………………………… / 295

第一部分

村民自治

村民委员会的自治及其与
乡镇政府的关系*

自 1987 年 11 月颁布实施《中华人民共和国村民委员会组织法（试行）》〔以下简称《村民委员会组织法（试行）》〕以来，各省陆续进行了村民委员会的选举。中国广大农民的民主实践引起了西方和中国学者的广泛兴趣，不少人在这方面进行了许多研究。在西方学者的研究中，有的探讨《村民委员会组织法（试行）》的实施过程（O'Brien, 1994），有的则探讨中国政府官员围绕村民自治展开的论争（Kelliher, 1997），既有一些经验性的研究（Manion, 1996; Lawrence, 1994），但更多的（如 Oi, 1996; Kelliher, 1997; Dearlove, 1995）是宏观层面的一般性探讨。中国学者（包心鉴、王振海，1991；王振耀、汤晋苏等，1994, 1995, 1996）则对村民委员会的性质、职能、规模、办事机构进行了研究，有的还涉及村民会议、村规民约以及村民委员会与村党支部的关系等问题。但是，目前，对村民委员会的研究还是很有限的。一方面，中国学者因缺乏理论的建构而使研究流于对现象的一般性描述，或只是对政策条文进行一些说明和图解；另一方面，西方学者则多因不了解中国农村的情况以及收集资料方面的限制和困难，而使研究结果给人以隔靴搔痒之感。

---

* 本文曾荣获得中国社会学会 1998 年会优秀论文一等奖，发表于香港《二十一世纪》杂志 1998 年第 12 期。

与现有的这些研究不同，笔者打算把理论的建构与实地研究结合起来，运用社会单位的理论框架，结合1997年3~5月笔者在福建省寿宁县和厦门市农村实地调查的资料，①探讨村民委员会这一自治组织在行政村中的职责及其与乡镇政府的关系。

一　概念框架和研究问题

社会单位理论是建立在这样一种假定之上："人有各种需要……人为了满足自身的需要，就要从他人那里或自然界获取资源，互动就是在此基础上产生的。"（胡荣，1993：59）个体为了满足自身的需要与他人互动，而当社会互动发展到一定阶段，当互动的个体相互间能够形成一定的关系网络时，社会单位便形成了。这种社会单位既包括像齐美尔（Simmel, 1950）所说的二人组、家庭、班组、邻里等小群体，也包括学校、工厂、公司等社会组织，还包括城市、国家、世界体系等结构较为复杂的社会关系网络。实际上，这里所说的社会单位也就是科尔曼（James Coleman）所说的"社会系统"（科尔曼，1990：28）。科尔曼认为促成社会系统产生的一个"简单事实"是："行动者对能够使其利益获得满足的各种活动并没有完全控制，他们发现部分使其获利的活动处于其他行动者的控制之下。在这种结构中，一个人对其自身利益的追求必然驱使他与其他行动者进行某种交易。……正是通过这些交易，或称作社会互动，人们才能使用他们控制的、对自身利益无足轻重的那些资源去换取对自身利益至关重要，但处于其他行动者控制之下的各种资源。"（科尔曼，1990：28~29）

当谈到不同社会单位之间的相互关系时，笔者提出了初级社会单位和次级社会单位这样一对概念。"初级社会单位是在互动基

---

① 在此期间，笔者先后访问了厦门湖里区民政局、湖里区禾山镇政府、禾山镇后坑村、集美区民政局、集美区灌口镇顶许村、寿宁县南阳镇政府、犀溪乡政府以及犀溪乡下属的犀溪村、西浦村、山后村、际坑村和仙峰村。本文在引用这些访问材料时将分别注明访问地点和时间。

础上形成的一种相对独立的关系网络。……从权力关系看，初级社会单位是相对独立的，它既不能支配、管理本单位之外的其他社会单位，也不会受其他社会单位的支配和控制。它的权力直接来源于其成员，因此它只能控制、支配本社会单位的成员。除了为管理本社会单位而在内部组成的次级社会单位受其控制外，它无权支配其他社会单位，也不能支配本社会单位以外的个人"（胡荣，1993：10）。"次级社会单位是为实现一定目标而建立的并隶属于初级社会单位的关系网络。……从权力关系看，次级社会单位要比初级社会单位复杂得多。首先，它有一部分权力是源于其成员的，它能够对其成员进行支配、控制。其次，它隶属于某个初级社会单位，往往要受初级社会单位的支配。不过，次级社会单位在与初级社会单位的这种联系中（通过授权）也使得它可能具有支配其他社会单位和个人的权力"（胡荣，1993：10，11）。

根据上述划分，我们将对作为基层群众自治组织的村民委员会进行考察，看它是不是一种初级社会单位。根据社会单位理论，我们可以提出如下几个问题。

第一，村民委员会与村民的关系怎样？它在哪些方面对村民进行管理？

第二，村民委员会作为行政村管理机构，它是怎样产生的？来自社会单位内部和外部的力量在选举中起什么样的作用？

第三，作为一种相对独立的自治组织，村委会与上级政府，尤其是乡镇政府，是一种什么样的关系？上级的政策如何在行政村中得到贯彻实施？

二 村民委员会的管理范围

1987年11月27日，第六届全国人民代表大会常务委员会第二十三次会议通过的《中华人民共和国村民委员会组织法（试行）》第二条对村民委员会的性质做了清晰的界定："村民委员会是村民自我管理、自我教育、自我服务的基层群众性自治组织。"

从《村民委员会组织法（试行）》对村民委员会性质的界定中可以看出，村民委员会作为对行政村公共事务进行管理的一个自治组织，并不是层层隶属的行政管理体系中的一环，而是一种相对独立的组织。

《村民委员会组织法（试行）》第七条规定："村民委员会一般设在自然村；几个自然村可以联合设立村民委员会；大的自然村可以设立几个村民委员会。"由于村民委员会是从原来的大队管理委员会演变而来的，因此实际上，原来的生产大队就是现在的行政村，取代原来生产大队管理委员会的是现在的村民委员会。据福建省的统计，1994年底共有15072个村民委员会，160418个村民小组，总户数5642159户，总人数25454653人（福建省民政厅基层政权建设处，1994）。从平均规模看，每个村民委员会的管辖范围是：10.6个村民小组，5.5个自然村，374户1688人。从全国的情况看，平均每个村民委员会所辖的人口为1400人（张琢，1997）。作为一个管理机构，村民委员会由主任、副主任和委员共3~7人组成〔《村民委员会组织法（试行）》第八条〕。

从管理的事务看，村民委员会的职责是办理本村的公共事务和公益事业，调解民间纠纷，以及协助维护社会治安。办理本村的公益事业是村民委员会最主要的工作，这些工作包括修路、建学校、兴办集体企业等。在福建省1997年的村民委员会换届选举中，主任一职的初步候选人都在预选大会上发表了治村演说，他们演说中的一个主要内容就是怎样为村民办实事。① 这些实事是村委会必须花大力气去做的。在村民的心目中，一个村委会工作是否有成绩，主要的衡量标准就是看他们办了哪些实事。

民间纠纷的调解也是村委会自治工作的一个重要方面。村委

---

① 例如，犀溪村委会的一位候选人在演说中就向村民代表保证，如果他当选，将会为村民办6件实事：第一，修建新建中学的护坝；第二，修建通往新建中学的大桥；第三，修好犁头板当年"学大寨"运动中围溪造的上百亩农田的护坝；第四，修筑溪坪荡农田和民房的护坝；第五，保证三年内为锦山片的村道灌上水泥；第六，修通自然村库坑的机耕路（犀溪访问，1997年5月11日）。

会下面一般都设有调解委员会。这些纠纷涉及范围很广：有的是婆媳相争，有的是兄弟分家；有因宅基地引起的争执，也有因解除婚约而带来的纠纷。犀溪村委会从1990年到1995年间共调解处理民间纠纷364起，[①] 其中1990年63起，1991年55起，1992年61起，1993年63起，1994年58起，1995年64起。在这些纠纷中，打架斗殴56起，婚姻纠纷23起，家庭争吵37起，房屋纠纷27起，土地纠纷25起，债务7起，宅基地和灰楼引起的纠纷25起，小偷小摸20起，乱砍林木26起，交通事故9起，继承赡养引起的纠纷7起，坟墓安葬引起的纠纷8起，口角32起，其他62起。

除了办理本村的公益事业和调解民间纠纷外，村委会通常还要处理一些与村民有关的事务，如给外出打工的村民开证明、介绍信，为盖房的村民办理申请宅基地的手续。在经济较为发达的沿海地区，如厦门市农村，村委会办公室每天都有村干部值班，及时处理村民各方面的事务。在其他地方，如寿宁县，这方面的事务相对较少，村干部一般不在办公室值班。但只要村民有事，随时都可以到他们的家里找他们。

因此，村民委员会实际上只限于管理行政村中的一些公共事务。除了这些可以归入"公共事务"的事情外，村委会不能干预村民个人的经济和社会生活。在这方面，村委会与过去的生产大队是很不相同的。在人民公社时期，生产大队及其所属的生产队对社员的各个方面都进行严密的控制。也就是说，生产大队管理的绝不仅仅是一些公共事务，它还要管生产，管生活，管农民种什么、怎么种、怎么分。农民高度依赖生产队和生产大队（参见Oi, 1975）。造成这种高度依附的原因，是生产队和生产大队对生产资料的控制。当时，除了一小块用于种植蔬菜的所谓"自留地"外，所有的土地以及耕牛、拖拉机等都归集体所有，农民只能通过在生产队劳动赚取工分而分得口粮。"不同的社会单位由于控制

---

① 犀溪村调解档案。

的资源性质及多寡不同,因此其对成员的控制能力也就有很大差异"(胡荣,1993:137)。生产大队和生产队因为垄断了最重要的资源(土地)而获得了对其成员各个方面的控制权。因此,人民公社实行的是政社合一的体制,层层隶属的行政权力对社员从经济生活到社会生活各个方面都进行严密控制。与此不同,在实行生产责任制之后,土地这一最重要的生产资料实际上直接归农民自己支配,农民在经济上完全独立于村委会,村委会不必过问农民生产什么和怎样生产,农民也不依赖村委会。

因此,在实行生产责任制之后,生产资料从集体转移到农户手中这一事实决定了村委会的管理只能限于对村中公共事务的管理。现在,相当多的村委会只能靠它们保留的原来生产大队遗留下来的部分集体财产,如果山、林场、茶场等的收入维持村委会的开支。要是经济收入好一点的地方,村委会还可以靠这些收入来为村民办一些实事。一个村委会对村民影响力的大小很大程度上取决于它拥有的集体财产和集体收入的多少。在经济发展程度不同的地方,村委会的实力便大相径庭。例如,在福建省寿宁县,这里经济较为落后,是贫困县,因此村级经济十分薄弱。犀溪村的总人口为3210人,该村从1994年到1996年的村集体收入只有11万元,平均每年不到4万元(见表1)。而在厦门湖里区的后坑村,人口也只有3251人,但从1994年到1996年的集体总收入却多达695万元。犀溪村的收入主要来自林场收入和电费。而位于经

表1 犀溪村与后坑村集体收入的比较

单位:元

年　份		1994	1995	1996	合　计
福建寿宁县犀溪村委会	收入	18181.15	44555.50	48206.90	110943.55
	支出	24806.07	36555.30	54767.10	116128.47
福建厦门市后坑村委会	收入	2941000	3703400	307800	6952200
	支出	485000	896000	788600	2169600

资料来源:犀溪访问,1997年5月;后坑访问,1997年3月。

济特区的后坑村，许多农田都被征用，征地补偿费是村财政收入十分重要的一部分。此外，还有村办企业的收入。

当然，村委会对村民的这种影响力与当年生产大队对社员的控制已完全不同。一位曾担任大队干部的现任村党支部书记就说过这样的话：

> 过去的社员好管，叫他向东不敢向西。现在不同了，各种各的田，谁还管你村干部。①

如果村委会（包括乡政府）试图对村民的经济活动进行干预，就必然会遇到麻烦。犀溪乡政府的一位领导这样谈现在村民与干部的关系：

> 以前，比如说化肥供应，各方面有优惠，他们就需要你们这些乡村干部，需要你们支持。现在市场放开了，有钱到处都可以买到东西，他们这方面（的需要）不像过去那么迫切。乡里面有些工作开展、有些工作要求变成与群众脱节。比如说，乡里面要抓经济，叫大家去发展香菇，像大前年。香菇这个项目很好，我们就想办法动员他们。群众就不做，不管你怎么说，他们就难以动员。我们政府认为这肯定是可以发展的，那就想办法，乡里面干部下去发动，大会小会去开。开了以后，下面听了以后，还是没动静。②

必须指出的是，在目前的体制下，对行政村公共事务进行管理的不仅仅是村委会。事实上，在所有的行政村中还有另外一个机构（村党支部）与村委会一起分享权力，共同管理村务。③ 村党

---

① 顶许访问，1997年3月。
② 犀溪访问，1997年5月。
③ 丹尼尔·柯利赫（Kelliher, 1997）认为，村党支部与村委会职责不清以及二者交叉任职的情况会影响村民自治。

支部的成员一般为 5~7 人,其中一部分委员同时也是村委会成员。例如,厦门市禾山镇后坑村上一届村委会的 7 个成员中,就有 3 个同时兼任村党支部的职务:村委会主任兼支部副书记;两个村委会副主任中一个兼支部副书记,另一个兼支部的组织委员。在大多数情况下,村党支部和村委会一起开会,对村中的重大事务做出决定。① 究竟是支部书记还是村委会主任对村中事务具有最后的决定权呢?从调查情况看,有三种决策模式:"书记中心决策模式"、"主任中心决策模式"和"共同决策模式"。所谓"书记中心决策模式"是村党支部书记对重大问题拥有最后的决定权,相当一部分村属于这种模式。下面是笔者在访问后坑村一位村干部时的一段对话。

  问:你们"两委"开会讨论问题时如出现不同意见,是怎样取得一致的?
  答:坐下来一起研究,看谁讲得有道理。我们都不会吵起来。重要的事情都是一起研究。比较重要的事情不一定要"两委"研究。几个支委先研究一下再讲。
  问:比较大的事情倒是支委研究,实际上支委比村委权力更大?
  答:对。当然比村委大了。一切都是党在指挥嘛。②

  由于村级财政收入和支出都是村委会主任管理,在有些村也出现村委会主任的权力大于支部书记的情况,因此就出现了"主任中心决策模式"。在厦门市集美区曾出现过这样的情况。③ 在当选的村委会主任中有 16 人不是党员,因此他们也就不参与村党支部的活动,不给支部活动提供经费,致使有些支部书记干不下去

---

 ① 后坑访问,1997 年 4 月。
 ② 后坑访问,1997 年 4 月。
 ③ 集美访问,1997 年 3 月。

要辞职。在一部分行政村中，重大问题是支部书记和村委会主任共同决定的，很难说清谁的权力更大，我们姑且把这种情形称作"共同决策模式"。实际上，在更多的情况下，村委会主任和支部书记的权力大小取决哪一个能力更强、哪一个更有魄力。

三　村民委员会的选举

判断村民委员会是否一种相对独立于行政系统之外的组织，另一个重要的方面就是看它内部的权力关系，看它的领导者是怎样产生的：是由它的成员选举产生的，还是由其他机构任命的？如果是次级社会单位，关键看其成员是不是被其他社会单位授予等量的权力。"当每个单位成员被授予等量的权力时，他们之间的关系便是平等的。……当不同的成员被赋予的权力不等时，领导者与被领导者的地位在社会单位刚建立时往往就已经确立了。这里不可能存在选举与被选举的关系，只有下级对上级负责，因为下级的权力是上级授予的"（胡荣，1993：12）。那么，初级社会单位的情形又是怎样的呢？初级社会单位的"形成途径有两大类：一是通过武力征服，一是建立在契约之上的交换互惠关系。在第一种情形中，征服者通过武力建立起社会单位，他（或他们）自然就成了统治者，成了该社会单位的权力控制者。……在第二种情形中，由于社会单位是通过互惠的交换关系建立的，是一种契约关系，这就有可能在单位成员之间建立一种平等的权力关系。不过，单位成员之间是否真正具有平等关系还要看他们拥有资源的情况。当社会单位不同成员拥有的资源（当然，这些资源必须与社会单位的目标、性质相联系）很悬殊时，他们之间便不会有平等的关系。拥有较多资源者往往通过对资源的控制而从其他成员那里获得权力。……只有当单位成员为建立社会单位而拥有的资源大致相同时，成员之间才会有平等的关系。由于大家都是平等的，谁都没有必要受制于人，也不可能去控制别人。但为了实现社会单位的目标，为了建立一种持久的能使大家互惠的互动关系，就有必要让所有的成员交出一部分权力，形成一个领导机构，以此协调全体成员的活动。这样的领导机构很自然是由选举产生的"（胡荣，1993：13）。

很明显，作为地域性社会单位的行政村及其管理机构——村委会应属于上述几种情况中的最后一种。村委会是村民实行"自我管理、自我教育、自我服务"的基层群众性自治组织，这一性质决定了与单位目标相联系的资源是作为特定行政村的村民身份，也就是某人在该村的"户口"，因此，在这一方面每个村民都是平等的——尽管不同的村民在年龄、能力、性别等方面存在差异，尽管不同的家庭在收入上也大相径庭。正是基于这种平等的地位，村民委员会才有可能由村民选举产生。[①]

自《村民委员会组织法（试行）》颁布实施以来，全国各地已陆续进行了村民委员会的选举。1997年是福建省村民委员会的换届选举年，从笔者1997年3~5月先后在厦门市和寿宁县进行调查的情况看，随着《村民委员会组织法（试行）》的实施，村民在很大程度上已经能够选择自己的当家人。

从选举的程序来看，真正能够决定村委会人选的是行政村这一社会单位内部的力量，而不是其他外部的机构。村民委员会的初步候选人是由5个以上的村民联名提名产生。尽管真正参与提名的村民占全村选民的比例并不高〔例如，[②] 在犀溪乡西浦村的1271个选民中只有152人参与提名候选（占11.96%），犀溪乡先锋村1879个选民中只有158人参与提名候选（占8.41%）〕，但是，这样提名产生的初步候选人往往较多，如1997年选举中，厦门市五通村的主任初步候选人有12人，副主任初步候选人有30人，委员的初步候选人有61人。[③] 在村民广泛提名的基础上提出初步候选人往往能够把村中较有能力的人推选出来。犀溪乡党委书记在

[①] 与此不同，国营工厂作为一种次级社会单位，不可能由本厂工人以民主的方式进行管理。这也是工厂里职代会流于形式的原因（参见张静，1995）。
[②] 犀溪访问，1997年5月。
[③] 禾山访问，1997年4月。

1997年选举结束后就表示:"今年的候选人都不错,叫乡领导去物色也只能物色这样的人。"① 从初步候选人到正式候选人的筛选,过去的做法是由村党支部成员组成的选举领导小组通过"酝酿协商"确定正式候选人,这就为一些选举领导小组和乡镇领导按自己的意思圈定正式候选人提供了可能。1997年的选举改"酝酿协商"为预选,通过村民代表对初步候选人进行投票,得票多者为正式候选人。在预选大会上,主任初步候选人还要发表演说,这就为村民进一步了解候选人提供了一个新的渠道。

其实,《村民委员会组织法(试行)》贯彻实施的情况很大程度上取决于村民的参与情况。在村民参与程度较高的地方,《村民委员会组织法(试行)》贯彻得就比较好,选举也较为规范。而决定村民参与程度的一个重要因素就是村委会干部选举的竞争情况。在选举竞争激烈的地方,村民参与程度相当高。从厦门市和寿宁县的情况看,尽管两个地方经济发展水平不一样,但村干部的选举竞争还是相当激烈的。所不同的是,在厦门,村委会下属的村民小组长和村民代表的选举也很激烈,因此,厦门的村民小组长和村民代表都是通过本小组村民投票选举产生的;而在经济发展相对落后的寿宁,却没有人愿意当村民小组长和村民代表,因此这些人多半是由选举领导小组决定的,而不是通过选举产生的,这就使得预选的质量受到影响。另外,福建省1997年的选举在许多方面都有所改进,如取消流动票箱,设固定投票站;取消委托投票,实行一人一票;设立秘密划票间;等等。在经济比较发达的厦门地区,这些新的措施得到了较好的贯彻;而在寿宁,只是竞争较为激烈的村才取消委托投票和流动票箱。

乡镇政府和党委在选举过程中起着重要的作用。乡镇一般都要成立选举指导小组,由党委、人大、政府有关部门的人员组成。选举指导小组的任务是部署、指导和监督选举工作,引导村民搞好选举。在选举期间,乡镇政府还要下派工作人员到各个村协助

---

① 犀溪访问,1997年5月。

搞好选举。在选举投票日，除留下一两个工作人员值班外，乡镇政府的所有干部都要到下面的行政村协助选举工作。例如，在1997年4月3～10日的投票期间，厦门市禾山镇就下派了90名干部，分赴各个投票站。在农民还缺乏组织性的情况下，① 选举的质量很大程度上就取决于乡镇选举指导小组是否认真贯彻实施《村民委员会组织法（试行）》，选举工作人员是否认真负责、公正。如果乡镇政府投入力量不够，选举可能为村中少数人所把持，或流于形式。但是乡镇选举指导小组的参与必须公正，不偏不倚，不能把自己的意思强加给选民，否则就可能使选民产生抵触情绪，导致选举失败。在犀溪乡前几届的选举中就出现过这样的情况。② 在个别村，上级下派的选举工作人员试图按乡镇政府的意思操纵选举，引起村民的抵触，他们提出的口号是"谁敢顶乡政府就选谁"。结果敢顶乡政府的人真的当选了村委会主任，但这种人却未必能把村中的事情办好。

乡镇选举指导小组对选举的影响还表现在对候选人条件的规定上。1997年的选举改"酝酿协商"为预选产生正式候选人之后，增加了一个对初步候选人资格审查的过程，目的是"防止不适合当村干部的人当选"。虽然审查工作由村选举领导小组负责，但审查的标准却是上级统一规定的。根据规定，③ 具有下列情况之一者将被取消候选人资格：①本人或其直系亲属违反计划生育政策，正在处理期限内的；②村主干、计生专干在任期内未完成计划生育任务的；④ ③三年内受过劳教以上处分的（包括免予起诉的）；④因经济或其他问题正在立案审查的；⑤公安部门的帮教对象。除了这些审查标准之外，有些乡镇选举指导小组还对候选人规定

---

① 郑永年（1996）认为，改革加强了中国农民的组织性，实际上农民在很大程度上还缺乏组织自己的能力。
② 犀溪访问，1997年5月。
③ 犀溪访问，1997年5月。
④ "村主干"指村党支部书记和村委会主任，"计生专干"指村委会中专门负责计划生育工作的委员。

了其他一些条件，如高中文化程度、年龄在35岁以下等，但这些条件只是一些"指导性"的条件，不是硬性规定。也就是说，乡镇选举指导小组希望"下面"推出的候选人能尽量符合这些条件，即使不符合这些条件的人当选，乡镇选举指导小组也不能取消其当选资格。

乡镇选举指导小组在选举中的作用还表现在乡镇党委通过对村党支部的领导而对选举产生间接影响。在选举过程中，村党支部通过村选举领导小组有可能对选举的一些重要方面做出决定。每个村在选举期间都成立了村选举领导小组，由村党支部书记任组长，成员由村党支部的成员和上一届村委会的成员组成。村选举领导小组比乡镇选举指导小组起着更为重要的作用，因为诸如选举工作人员的确定、选民资格的审查、候选人资格的审查，都是由村选举领导小组进行的。在一些地方（如寿宁），村民小组长和村民代表也是由村选举领导小组确定的。尽管作为选举主要领导力量的村党支部也是在本村的党员中选举产生的，但相比之下，上级党委对村党支部领导成员的确定更有影响力。在每一届村委会换届选举工作进行之前，一般都要先进行村党支部的换届选举工作。其程序是：① 上一届村党支部提出新一届支部的候选人名单，报乡镇党委原则同意后，由全村党员对候选人进行差额投票选举。在选出支部成员之后，再由支部成员商定谁担任书记、副书记以及委员等职务。在这个过程中，乡镇党委具有很大的影响力，它有权任命当选的委员担任村党支部书记。② 事实上，在某些原两套班子存在严重问题的"瘫痪村"，乡镇党委和政府还通过下派干部挂职村党支部书记或副书记的职务来加强对该村的控制。乡镇党委和

---

① 犀溪访问，1997年5月。
② 但乡镇党委的这种权力还是有限的。寿宁县某个乡1997年村党支部换届选举时就发生过这样一件事：乡党委领导通过各种关系到某村里进行说服、疏通，希望党员们能投他们所信任的但村民反映不是很好的原村党支部书记一票，让他连任。但他连委员也未选上，党员们说，他一旦被选上委员，就有可能被任命为村党支部书记，所以干脆委员也不让他上。

政府不可以下派干部到村里担任村委会主任，① 但却可以下派干部挂职村党支部书记或副书记（尽管挂职者也要通过全村党员的选举才能上任），或是在当选的支部委员中任命村党支部书记。因此，乡镇党委和政府更能够对村党支部的人选进行控制，这种控制又由于村党支部在选举中的领导地位而对选举结果产生影响。

从上述情况可以看出，来自行政村内部的力量在决定村委会人选的过程中正起着越来越大的作用。在《村民委员会组织法（试行）》贯彻得较好和选举较为规范的地方，村民的意愿更能左右什么样的人当选；在选举不太规范或是家族势力操纵选举的地方，虽然选民的意愿得不到反映，但也是行政村内部的力量（如家族势力、原村干部）在起作用。当然，乡镇选举指导小组在选举中也起着非常重要的作用。乡镇党委和政府可以通过任命村党支部书记或下派干部挂职控制村党支部构成的方式影响选举，也可以通过规定候选人的条件、标准而影响选举。

四 村民委员会与乡镇政府的关系

村民委员会虽然不是乡镇党委和政府的附属机构，但乡镇的许多工作都要通过村委会在行政村里得到贯彻实施。② 《村民委员会组织法（试行）》第三条规定："乡、民族乡、镇的人民政府对村民委员会的工作给予指导、支持和帮助。村民委员会协助乡、民族乡、镇的人民政府开展工作。"也就是说，除了完成自身属于自治范围的工作外，村委会的另一部分工作就是贯彻执行上级的方针政策。村委会担负的这一部分上级下达的工作包括：计划生育、征兵、征购粮入库、协助维护社会治安等。以下是笔者在访谈中与一位村党支部书记的对话。

---

① 与福建省的情况不同，根据王振耀、汤晋苏等（1994）的调查，在少数地方（如辽宁义县）还采取下派乡镇政府干部到班子存在问题需要整顿的行政村任村委会主任的做法。这实际上是人民公社时期旧有管理方法的遗留。

② 徐勇（1997）也探讨过村干部的双重角色问题。

问：村委会的成员是选民选举产生的，会不会对贯彻上级政策不积极？如计划生育？

答：不会。计划生育是硬任务，非完成不可，不会存在这个问题。我这里有100个对象，通知一下来，一个上午就完成了。大家都知道，计划生育不完成，"上面"会来找你的。再一个是农业税，我们一年农业税9万多（元），要挨家挨户拿。再一个是社会养老保险，这也要下面发动村民参加。这个比较麻烦。再一个是征兵任务，这也是非要完成不可的。一年全镇才十几个兵，这三年光我们顶许村就去了7个人。计划生育、农业税、征兵，这几项都是硬任务，没有商量的余地。①

那么，作为乡镇一级的领导又是怎样看待经选举产生的村委会在贯彻上级政策方面的情况的呢？南阳镇的党委书记是这样说的：

过去我们是任命制，他们对我们的工作不敢打折扣。现在这样选上来，相对而言，他们要集中一些时间照顾下面的利益，多办一些公益事业。不过，这也是对的。考虑群众利益，多办一些公益事业，也符合我们党的方针政策。按我们目前的想象，执行国家的方针政策可能会弱一点，但仔细考虑，我想他们也不敢弱……不执行国家的方针政策，你也做不下去，迟早有一天也会被弄掉。②

实际上，在目前的体制下，乡镇党委和政府对村委会仍有一定的控制权。一位曾经当过村委会干部的犀溪乡政府干部是这样说的：

---

① 顶许访问，1997年3月。
② 南阳访问，1997年5月。

村委会在某种意义是乡的派出机构，所谓自治组织就是乡政府不要支付行政经费、不要发工资，实际上整个都在为乡政府干活。从村委会的实际情况看，维护治安等也是行政行为。大家都是在党委和政府的领导之下。乡政府指挥你，村委会主任你敢不动？实际上，维护治安、计划生育、催粮催款、征兵征购都是行政行为。只有为村里面做一些公益事业这一部分算得上是自治。①

不过，现在乡镇党委和政府对村委会的这种控制与过去公社对大队的控制已有很大不同。现在乡镇党委和政府不仅仅是靠简单的行政命令，而是更多地运用手中的资源来调动村委会对完成上级下达任务的积极性。而对村委会来说，也会积极完成上级下达的任务，因为村委会的许多工作也要得到上级（尤其是乡镇党委和政府）的支持和帮助。村委会如果不配合乡镇完成上级下达的任务，执行上级的方针政策，它也无法做好属于自治范围的那些事情。在经济比较落后的地方，村委会想为村民办一些公益事业，就要想方设法从上级那里得到一些财政拨款。因此，如何找门路、从上级有关部门那里得到一些拨款便成了许多村委会主任候选人竞选演说的一个重要内容。在犀溪村的预选大会上，一个村委会主任候选人宣布退出竞选，理由之一便是"上面的领导和人都不熟悉，拿不到钱做公益"。② 事实上，有本事从上级得到拨款，也是候选人在选举中争取选票的资本之一。

在经济发展落后的地方，村委会要办公益事业需要得上级的财政支持；而在经济较为发达的地方，虽然经济上的支持不是十分重要，但这些村委会同样需要上级的帮助才能办理这些公益事业。这种帮助包括：介绍一些经济开发项目到该村，为该村经济开发办理必要的审批手续。

---

① 犀溪访问，1997年5月。
② 犀溪访问，1997年5月。

由于村委会在很大程度上必须有上级政府的支持才能搞好自治范围内的事务,因此,村委会也就积极地通过完成上级下达的任务来取得支持。犀溪村委会的一位干部就谈到与乡镇政府搞好关系对他"到上面弄钱"的帮助。

问:村干部是否有必要与乡政府搞好关系?

答:很重要,非常必要。……特别是乡政府都是外乡来的干部,群众对他们要有礼貌。又不要送他们什么东西,感情上跟人家好一点(就行)。政府交代的任务我们要完成,村干部要去完成。比如说计划生育,这是国策。到现在还有这么蠢的干部,还要拖拖拉拉,对你有什么好处?合理的税收,要给予支持。还有公、余粮,征购粮。部队、国家工作人员又不会种田。这任务交给你,在一个月内一定要完成。我的东西就是这样,犀溪从不拖欠。我认为,对政府在有关方面要给予大力支持,我们向他们要求一些东西,人家也心甘情愿。比如说,犀溪建中学,黄乡长、龚书记就说:"犀溪村委很听话,我们要支持他们。"再比如说,早上到乡里面弄到了1600元钱(用于这次选举),其他村能弄得到吗?面子上过不去他们也要给我一点。这就是关系。我认为与乡政府的关系一定要搞好。①

因此,村委会与乡镇政府之间是一种相互依赖的关系,或者说是一种交换关系。当把这种关系看作是交换关系之后,我们就可以充分解释为什么作为一个自治组织,村委会能够积极执行上级的政策,包括一些不很受欢迎的政策。在大多数情况下,交换双方的地位都是平等的:村委会需要上级政府的资源,上级政府也需要村委会提供的服务。正如犀溪乡党委书记所说的:"乡政府

---

① 犀溪访问,1997年5月。

政策的贯彻关键在于使村委和群众觉得离不开乡政府。"① 但是，个别行政村由于班子问题成为"瘫痪村"，使得村委会在与乡镇政府的交换中不能为其提供有效服务，便出现了一种被布劳（Peter Blau）称作"单方面依赖和义务"的情形（布劳，1988：138）。一方面，行政村十分需要乡镇政府提供的资源；另一方面，"瘫痪"的村委会又无法提供足够的服务作为回报，形成对乡镇政府的"单方面依赖和义务"，乡镇党委和政府便可以名正言顺地下派乡干部到村挂职村党支部书记或副书记，从而使这些村的村委会在一定程度上丧失了自主性。

五　结论

以上我们从三个相互关联的方面讨论了行政村及其管理机构——村民委员会的自主性问题。实行生产责任制以后，生产资料由集体所有变为个体农户所有这一事实决定了村委会有自己确定的自治范围，而这使其具有一些类似初级社会单位的特点：一方面，它不像过去的大队一样对社员的各个方面进行控制，而只限于管理一些有限的公共事务；村委会作为基层群众自治组织的性质决定了它的领导成员只能是由内部决定的，而每个成员（村民）的平等地位又使得选举成为可能。但是，另一方面，由于乡镇党委和政府在村委会选举过程中仍起着相当重要的作用，以及村委会要承担相当多的上级政府下派的任务，村委会的自主性受到了一定限制，因此村委会并不是完全的初级社会单位。实际上，在目前的体制下，村委会是一种介于初级社会单位与次级社会单位之间的组织，我们暂且把它叫做准初级社会单位。在《村民委员会组织法（试行）》贯彻得比较好，或是上级政府下派给村委会的任务比较少的地方，村委会具有更多的初级社会单位的特征；而在《村民委员会组织法（试行）》没有得到有效贯彻，乡镇党委

---

① 犀溪访问，1997年5月。

和政府仍按过去的方式管理村委会的地方，村委会更像是次级社会单位。

因此，我们可以得出如下结论。

第一，村委会作为村民自治的组织，相对独立于行政村之外的行政机构而存在，不是政府行政系列中的一环，具有一定的自主性。实行生产责任制之后，生产资料从集体所有变成农户所有这一事实决定了村委会只能限于管理村中的公共事务而不能干预村民的经济和个人生活。诚然，由于村党支部与村委会权责不明而或多或少地对村民自治产生影响，但由于村委会有它相对明确的自治范围，这种影响并未改变村委会的自主性。

第二，村委会的选举进一步表明，作为类似初级社会单位的组织，它的权力是从内部成员那里获得的，内部的力量在选举中起着关键作用。尽管在选举中乡镇政府起着很大的作用，但在大多数情况下，乡镇政府并不能左右选举结果。村党支部在选举中起着领导作用，其结果只是有利于原有的村委会成员当选。

第三，村委会在具有相对自主性的同时，还要承担上级政府下达的任务。村委会的相对自主性并不影响国家政策在行政村的贯彻实施。村委会与乡镇政府的交往在许多时候是一种交换：村委会向乡镇政府提供其所需的服务（执行上级政策）以换取必要的资源（上级拨款等）。当然，在少数"瘫痪村"，由于村委会对上级政府的"单方面依赖和义务"，致使乡镇政府可以下派干部在村中任职，从而使乡镇政府可以在一定程度控制这些村委会。

参考文献

包心鉴、王振海，1991，《乡村民主》，中国广播电视出版社。
布劳，1988，《社会生活中的交换与权力》，孙非、张黎勤译，华夏出版社。
福建省民政厅基层政权建设处编，1994，《福建省村委会1994年换届选举基本情况》（内部资料）。

胡荣，1993，《社会学导论：社会单位分析》，厦门大学出版社。

科尔曼，1990，《社会理论的基础》（上、中、下），邓方译，社会科学文献出版社。

王振耀、汤晋苏等，1994，《中国农村村民委员会换届选举制度》，中国社会出版社。

王振耀、汤晋苏等，1995，《中国农村村民代表会议制度》，中国社会出版社。

王振耀、汤晋苏等，1996，《中国农村村民委员会法律制度》，中国社会科学出版社。

徐勇，1997，《村干部的双重角色：代理人与当家人》，《二十一世纪》第42期。

张静，1995，《国营企业职工代表大会：一个案例研究》，香港中文大学社会学系博士论文。

张琢，1997，《中国基层社区的组织变迁》，《社会学研究》第4期。

郑永年，1996，《村民主和中国政治进程》，《二十一世纪》第35期。

Dearlove, John. 1995. "Village Politics." In Robert Benewick and Paul Wingrove (eds.), *China in the 1990s*. Vancouver: UBC Press.

Kelliher, Daniel. 1997. "The Chinese Debate over Village Self-Government." *The China Journal* 37: 63 - 86.

Lawrence, Susan V. 1994. "Democracy, Chinese Style." *The Australian Journal of Chinese Affairs* 32: 61 - 68.

Manion, Melanie. 1996. "The Electoral Connection in the Chinese Countryside." *American Political Science Review* 90 (4): 736 - 748.

O'Brien, Kevin J. 1994. "Implementing Political Reform in China's Villages." *The Australian Journal of Chinese Affairs* 32: 33 - 59.

Oi, Jean C. 1975. *State and Peasant in Contemporary China: The Economy of Villages Government*. Berkeley: University of California Press.

Oi, Jean C. 1996. "Economic Development, Stability and Democratic Village Self-Governance." In Maurice Brosseau, Suzanne Pepper, and Tsang Shu-ki (eds.), *China Review 1996*. Hong Kong: The Chinese University Press.

Simmel, Gorge. 1950. *The Sociology of Gorge Simmel*, Guy Oakes (trans.). New York: Free Press.

中国农村的经济发展与村民委员会选举*

一 导言

自1987年《中华人民共和国村民委员会组织法（试行）》〔以下简称《村民委员会组织法（试行）》〕颁布实施以来，由村民直接选举的村级管理机构——村民委员会陆续在全国建立起来。尽管各省在贯彻实施《村民委员会组织法（试行）》的过程中采取的做法不尽一致，但是，一个不容否认的事实是：一些真正有选择的选举已在一部分行政村中进行，这种选举完全不同于过去各种流于形式的选举（参见王振耀、汤晋苏等，1994）。正是由于村民委员会的选举在很大程度上不同于过去的选举，引起了中国和西方学者的重视，并在这一方面进行了一些研究（参见包心鉴、王振海，1991；王振耀、汤晋苏等，1995，1996；徐勇，1997；郑永年，1996；Kelliher, 1997; Oi, 1996; Oi and Rozelle, 1997; Dearlove, 1995; O'Brien, 1994; Manion, 1996; Lawrence, 1994; Hu, 1998）。不过，许多研究者也发现，不同地区在实施《村民委员会组织法（试行）》方面存在着巨大的差异（参见王振耀、汤晋苏等，1995；Thurston, 1998）。为什么不同的地方在实施《村民委员会组织法（试行）》方面会有如此巨大的差异呢？一些学者试图

---

* 本文发表于日本爱知大学《中国21》杂志2000年第8期。

从经济发展程度方面寻找答案。欧博文（O'Brien，1994）认为，在拥有效益良好的集体企业的富裕村庄提倡村民自治比较容易，他发现那种既有较高的政治参与度又能完成国家任务的村委会，往往拥有较发达的村办集体企业。与欧博文不同，劳伦斯（Lawrence，1994）通过对河北赵县北王村的村民代表会议的研究指出，以农业为主比较贫穷的村庄在实行村级民主方面走在前面。戴慕珍（Oi，1996：140）则认为，"经济发展水平与村民自治的实施具有一种反比的关系"，高度工业化的村落的经验表明，经济发展与民主之间存在负向的关系。而在另一篇文章中，戴慕珍和罗泽尔（Oi and Rozelle，1997：17）则进一步断言，在高收入和竞争性选举及参与之间并不存在正相关，"在大多数情况下，随着收入的增加，竞争性的选举和参与减少了"。

其实，经济发展与民主的关系并不是一个新话题。李普塞特（Seymour M. Lipset）很早就对这个问题做过研究，认为经济发展能够促进民主。"把政治系统与社会其他方面联系起来的最普遍的根据或许是，民主关系到经济发展的状况。一个国家越富裕，它准许民主的可能性就越多"（李普塞特，1997：27）。在富裕社会，由于生活在现实贫困线上的公民相对较少，才会出现这样一种局面：大批民众理智地参与政治，培养必要的自我约束，以避免盲从；如果国家富裕，强大的中产阶级就可以通过支持温和的和民主的政党以及遏制极端主义团体，缓和冲突；国家越富，它对民主规范的接受能力也越强，因为足够的财富使得是否进行财富的重新分配不会造成很大的差异；富裕社会的大量民间组织可以阻止国家或任何单一民间权力中心垄断全部政治资源，可以成为向大部分公民进行宣传（特别是宣传反对意见）的工具，可以训练人们的政治技巧，从而有助于提高他们关心和参与政治的水平。现代化理论（Przewordski and Limongi，1997）也认为，随着经济的发展，最终将导致民主的出现。

不过，必须指出的是，我们在这里虽然也是讨论经济发展与民主的关系这个老话题，但我们所说的基层民主与李普塞特所说的一个社会的民主还是有很大不同的。李普塞特认为,"一个复杂社会中的民主,可以定义为一种政治系统,该系统为定期更换政府官员提供合乎宪法的机会;也可以定义为一种社会机制,该机制允许尽可能多的人通过在政治竞争者中做出选择,以影响重大决策"(李普塞特,1997:24)。而我们所说的村委会选举则是一种基层社区中的民主,一种每三年由村民选举产生管理行政村公共事务领导人的制度。我们所要了解的是在实施《村民委员会组织法(试行)》这一背景下,行政村的经济发展水平对村委会民主选举产生的影响。

中国农村的经济发展与村民委员会的选举之间究竟是一种什么样的关系呢?在这里,我们打算从福建省的范围内选择不同经济发展水平的行政村进行比较研究。为什么只在一个省的范围内进行比较而不在全国的范围内进行比较呢?我们认为,除了经济因素之外,影响村民委员会选举的还有其他方面的因素,例如,各省在制定《村民委员会组织法(试行)》的实施办法及相关法规方面的差异。在构成村委会选举制度的众多法律文件中,除了《村民委员会组织法(试行)》是全国统一的外,其他更多的选举法规和政策,如《村民委员会组织法(试行)》的实施办法、村委会选举办法,都是由各省根据各自的情况制定的。全国人民代表大会常务委员会通过的《村民委员会组织法(试行)》只对村委会的选举做了一些原则性的规定,而有关选举的一些具体措施,如候选人产生的办法、是否进行差额选举、投票方式、村委会成员的罢免和补选以及村民代表会议的组成等,都是由各省的地方性法规和政策加以规定的。从全国范围来看,不同省份有关村委会选举的地方性法规不仅出台的时间前后相差较大,而且具体有关选举的规定也大相径庭。各省的不同做法直接关系到《村民委员会组织法(试行)》的实施和村委会的选举。因此,在不同省份制定出的有关村委会选举的制度存在如此巨大差异的情况下,很难对不同省份的个案进行比较,以弄清经济发展水平对村委会选举产生的影响。但是,在一个省的范围内,情况就有很大的不同。

尽管一个省内各个地区在实施选举规定过程中的具体措施也有很大的不同，但在一个省的范围内有关选举的地方性法规是一致的。正是这种一致性为我们的研究、比较提供了坚实的基础，我们可以从一个省内选取不同情况的个案进行研究。

与戴慕珍等人的问卷研究方法不同，我们在这里使用的是定性的研究方法。笔者在福建省厦门市和寿宁县分别选取经济发展水平不同的三种类型的行政村，对这些村委会的选举过程进行观察，同时访问了50多位村民、村委会干部和乡镇领导。我们的研究发现是，经济发展能促进村委会的选举，即经济较为发达地区的村委会选举竞争更为激烈，村民参与程度更高，《村民委员会组织法（试行）》及相关法规能够得到更好的贯彻实施。

二　个案情况

1997年是福建省村民委员会的换届选举年。笔者从1997年3月10日至5月20日先后对经济发展水平不同的福建省厦门市湖里区禾山镇、厦门市集美区灌口镇顶许村以及寿宁县犀溪乡的村委会选举情况进行了调查。以下分别从经济状况、村委会选举情况以及村民小组长和村民代表的选举三个方面进行叙述。

1. 经济状况

厦门市湖里区禾山镇的农村是笔者所调查的三个类型的行政村中最富裕的。厦门是改革开放后最早设立的经济特区之一，位于厦门岛内的农村经济发展水平也较高。一般每个村的年集体收入都在数百万元以上。以禾山镇后坑村为例，① 这个村总人口为3251人，从1994年到1996年三年的村集体收入多达972万元。后坑村位于经济特区，许多农田都被征用，征地补偿费是村财政收入的一个重要组成部分。此外，还有村办集体企业的收入。该村1996年的社会总产值为14800万元，人均年收入为4843元。村

---

① 禾山访问，1997年5月。

干部（包括村民委员会成员、村党支部成员和村聘用的干部）的月工资都在 1000 元左右。当然，这类富裕的农村在福建省和全国所占的比例并不高。

厦门市集美区灌口镇顶许村位于厦门岛外，因此在经济发展水平上与厦门岛内的农村有较大的差距。[①] 该村集体收入不多，平均每年 10 万元左右。该村也有部分土地被征用，但数量不大。村里有一家投资 100 万元的村办机砖厂，但经营状况不好，连年亏损。村干部每个月的补贴为 500 元，村民小组长每年补贴 500 元，村民代表在开会时才给误工补贴，半天 10 元。在福建省，这类中等发展水平的行政村占相当大的比例。

寿宁县犀溪乡是笔者所调查的三种类型的行政村中经济发展最为落后的。寿宁县位于福建省东北部，与浙江省的泰顺县交界，资源匮乏，交通不便，经济发展水平低。这里的行政村一般年集体收入只有数万元，多的可达 10 多万元。以寿宁县犀溪乡犀溪村为例，[②] 该村总人口数为 3210 人，从 1994 年到 1996 年三年的村集体收入只有 11 万元，平均每年不到 4 万元。村财政收入的主要来源是原来生产大队时留下的一些集体财产，如林场、茶场、果山等。村干部中，村党支部书记和村委会主任每月可以得到 220 元的津贴，这是由乡镇政府发的，其中乡出一部分，县财政拨一部分；会计和民兵营长由乡镇政府每月发给 50 元补贴；其他委员由村委会补贴，一般每月 25 元。

在上述三类行政村中，村民的富裕程度也不相同，厦门岛内农村与寿宁县农村村民的收入就形成了鲜明的对比。在经济发达的厦门岛内农村，村民相当富裕，他们的收入有的已经超过城市居民。村民的职业也发生了分化，很少有村民耕种土地，更多的人是到工厂上班、做生意或是承包建材。由于村里有许多外资企业，因而吸引了许多外来的人口到此打工。在工厂集中的一些地

[①] 顶许访问，1997 年 3 月。
[②] 犀溪访问，1997 年 5 月。

方，外来人口的数量远远超过了本地村民的人口数量。大量外来人口的涌入又进一步促进了当地许多行业的发展，繁荣了村庄的经济。一些当地村民甚至只靠出租房屋给外来人口，一个月就可以有多达几千元至上万元的收入。而在寿宁县农村，由于交通不便，资源匮乏，不仅村集体收入很少，村民的收入也很低。村民的主要收入来源是靠在家种田和外出打工挣到的收入。由于在家种田的收入很低，所以许多年轻村民都到城市打工，留在家里种田的多是一些妇女和老人。

因此，从上述三个行政村的情况可以看出，村民的收入与村集体的收入是密切相关的。虽然村集体收入并不等于村民的收入，但村集体收入多的地方大多是交通便捷、经济条件较好的地方。在这些地方，村民富裕，村办企业多，村集体收入也多。而在自然条件不好的地方，村集体收入少，村民的生活也较穷。

2. 村委会选举情况

福建省的村委会选举由这样几个阶段组成：一是成立选举机构。每个村成立由村党支部书记任组长、村党支部和村委会成员参加的选举领导小组，具体负责选举工作人员的确定、选民资格审查、候选人资格审查等工作。二是选民登记。凡是年满18周岁以上，享有政治权利，具有能表达意志、行使选举权利的本村村民都有选民资格。选民登记由选举领导小组进行。三是初步候选人提名。5个以上村民联名可以提名一个初步候选人。尽管实际参与提名的村民只占全村选民的10%左右，但通过这种方法提名产生的候选人却很多。例如，① 厦门市禾山镇五通村在1997年选举中村委会主任初步候选人就多达12名，此外，高殿村为11名，江头村为10名。通过这种办法往往能够把村中较有能力的人推荐出来参选。四是预选。② 预选就是在初步候选人中产生正式候选人的

---

① 禾山访问，1997年4月。
② 1994年选举时采用"酝酿协商"的方式产生正式候选人，即在征求选民意见的基础上，由村选举领导小组和乡镇选举指导小组讨论决定。这就为乡镇领导按自己的意图圈定候选人提供了条件。1997年的做法更能够反映选民的意愿。

过程。一般召开由村民代表、村民小组长以及村党支部和村委会成员参加的预选大会，在会上由村委会主任初步候选人发表竞选演说，然后由村民代表以无记名方式投票产生正式候选人。五是正式投票选举。

福建多为山区，一般一个行政村由多个自然村落组成。根据福建省民政厅的统计（福建省民政厅基层政权建设处，1994），1994年全省共有15072个村委会，平均每个村委会的管辖范围是10.6个村民小组、5.5个自然村、374户1688人。《福建省村民委员会选举办法》第十九条规定：投票选举时，应当召开选举大会。但在实际运作时，要在如此分散的村落里把上千个选民集中在一起开选举大会是非常困难的。因此，在前几届的实践中，除了部分人口较为集中的小村外，大部分地方都没有召开选举大会，而是由选举工作人员随身携带流动票箱登门接受选民的投票。

流动票箱和委托投票在实际运作过程中存在许多问题。流动票箱为一些工作人员营私舞弊创造了条件；[①] 委托投票无法使每一个选民的意愿都得到体现，同时也为一些候选人强行拉票提供了方便。为了使村委会的选举逐步规范化，福建省民政厅在总结1997年初在厦门后埔村试点经验的基础上，对1997年的换届选举工作做出了新的规定：设立固定投票站，取消流动票箱；不搞委托投票，实行一人一票；并要求在投票站设立秘密划票间。

但是，在贯彻实施省民政厅有关选举的新规定方面，厦门和寿宁却有很大差异。厦门较为严格地按省民政厅的新规定进行选举。厦门市湖里区禾山镇9个村委会在1997年的选举中，都设立了固定投票站。投票站的设立一般以村民小组为单位，最多的一个村投票站多达18个。在每个投票站内，分别设立领票处、写票处和投票处。

[①] 1994年10月31日，在安徽省当涂县丹阳镇河东村的选举中，就有携带流动票箱的工作人员没有逐户进行无记名投票，而是受人指使，自行大量代填选票（参见吴黎明，1996）。

取消流动票箱，不搞委托投票，这样选民的参选率就会降低。为了保证有较高的参选率，厦门市郊区的许多村都给前来投票的选民发补贴，每投一次票发补贴10元。由于厦门市湖里区在村委会选举中村委会主任、副主任和委员的选举分三天进行，村委会主任候选人落选后仍可在第二天作为村委会副主任候选人参选，同样，村委会副主任候选人落选后也可以作为村委会委员候选人参选。① 这样，对于平均拥有2302个选民的厦门市湖里区禾山镇的行政村来说，一次选举光是花在投票补贴上的费用就多达6万多元。在这种情况下，厦门市湖里区的参选率当然比较高，达到95.2%。②

当然，选民并不都是为了投一次票补贴10元钱才去投票的。在厦门市集美区灌口镇顶许村，这里的经济不如厦门岛内农村发达但却比寿宁好，顶许村在设立固定投票站和取消流动票箱的同时，并没有给前来投票的选民发补贴。该村选民数为1610人，参选选民为1459人，参选率亦高达90.6%。③

但是，在寿宁县，由于经济发展水平落后，村里无法给前来投票的选民发补贴。另外，由于村委会选举竞争相对不如厦门地区激烈，村民参与的程度也就受到一定影响。在这种情况下，如果取消流动票箱和委托投票，参选率就会很低。因此，在实际运作中，大部分地方仍然实行流动票箱和委托投票。在寿宁县犀溪乡的12个行政村中，只有选民数较少的大王前、际坑、山后、李家山和外山村设固定投票站，其余7个村都是用流动票箱投票。在这12个行政村中，通过流动票箱投票的选民达6799人，占参选选民的78.0%。至于委托投票，在实际运作中就更为普遍。

尽管在寿宁的大部分地方没有取消委托投票，但是在竞争激烈的村，还是比较严格地按照上级的规定去做。南阳镇的一位书

---

① 福建省其他县市的村委会选举只进行一次投票。
② 湖里访问，1997年5月。
③ 顶许访问，1997年3月。

记这样说：

> 我们选过的这些村，有没有以户为代表投票的呢？有，但是在竞争不激烈的情况下。有的村是等额选举，村委会主任候选人只有一个，也就是原村委会主任威信比较高，大家认为没有人比他更好。在这种情况下，投票过程我们不把得那么紧，群众也说我们都没有意见。……另外，有些村是差额选举，竞争激烈，按这种方法也是成功的。方法是这样：像潭头村，两个候选人达成协议，双方都同意以户为代表委托投票。因为我们这个村住得比较分散，在外面的人比较多，只要成年人在同一锅灶下吃饭，都允许（委托投票）。双方候选人先把协约签掉，万一有人告状他们负全部责任。如果再选，也是他们自己去发动群众再投，不能怪镇里面的领导。这个虽然有两个候选人，最后选举也是以户为代表进行。这种方法符合民意，最后也没有发现有人告状。如果候选人双方竞争激烈，又不那么好讲话，这种情况就非按原则不可。……只要一个选民说这个过程不合法，你还要再来。所以我们考虑到工作量特别大，特别是大村，特别复杂，所以必须按一人一票投，哪怕工作量大一点，也要做到一人一票。[①]

3. 村民小组长和村民代表的选举

如果说在村委会选举这个层次上寿宁和厦门一样都相当激烈的话，那么在村民小组长和村民代表选举的方式上寿宁和厦门就大不一样。村民小组相当于人民公社时期的生产队，一个行政村一般下辖十个左右的村民小组。村民代表的数额则由村民委员会或选举领导小组确定，《福建省村民委员会选举办法》第三十一条规定："1000 户以上的村，不得少于 35 人；1000 户以下的村，不得少于 25 人。"按规定，村民小组长和村民代表由村民小组会议

[①] 南阳访问，1997 年 5 月。

选举产生。在厦门，村民小组长也掌握着一部分权力，对本小组内的一些重大事情有决定权，比如，征地之后征地补偿费如何分配使用、在本小组的范围内兴建工厂由谁承包地材等。加上每个村民小组的人数不多，大家相互之间都很了解，因此在这里，村民小组长和村民代表选举的竞争激烈程度并不亚于村委会选举。厦门后坑村的一位干部和笔者谈到了该村选举村民小组长的情况：

> 拉票拉得吓死人。有的说，你给我投一票，我（当选之后）就给你一块地盖房子。有的说你给我一票，我给你100元钱。什么样的都有，我们头都痛了。①

厦门地区村民小组长和村民代表的选举一般都在村委会选举之后进行。由于村民小组人数不多，大家相互了解，选举过程也就比较简单。参加村民小组长和村民代表角逐的村民早已展开拉票活动，因此不用提名候选人，把选票发给选民，由他们直接填写选票。

地处山区、经济落后的寿宁就大不一样。在这里，没有人愿意当村民小组长和村民代表，因此也就很难通过一人一票的选举办法产生村民小组长和村民代表。犀溪村的村党支部书记与笔者这样谈论村民小组长和村民代表的选举：

> 组长没多少人愿意做，代表也一样。现在的人都觉得这东西不要弄到自己头上更好，可以省掉许多麻烦事。现在每个人自己都能弄一口饭吃。②

寿宁南阳镇的情况也与此类似。南阳镇的党委书记是这样说的：

---

① 后坑访问，1997年4月。
② 犀溪访问，1997年5月。

这个（村民小组长选举竞争）不激烈。到现在为止没有竞争。如果是原生产队长还健在的，基本上是这些人来任组长，没有再选什么组长。原来生产队长不在的，它自然而然会形成自己的"头儿"。到时开会通知，那个"头儿"就会来参加，群众也公认，也没有什么人反对。所以我们这里没搞村民小组长选举。①

村民小组是个空架子，村民小组长和村民代表的职位对村民没有吸引力，因此也就很难通过选举的方式产生。在这些地方，选举村民小组长和村民代表的做法是，由村选举领导小组确定村民小组长和村民代表，这些人中既有过去的生产队长，也有一些是在本小组中享有较高威望的村民。但是，由于由选举领导小组任命，很难避免会掺杂选举领导小组成员个人的偏好。在1997年的村委会选举中，由初步候选人到正式候选人的确定过程是通过预选大会决定的。参加预选大会的村民代表和村民小组长对初步候选人进行投票表决，按票数的多少决定正式候选人。由于寿宁的村民小组长和村民代表不是由选举产生的，由他们投票进行选举的预选公正性也就大打折扣。

经济发展程度介于厦门市湖里区禾山镇和寿宁县之间的集美区灌口镇顶许村，在村民小组长和村民代表的选举方式上也与上述两个地方有一些不同。在这里，村民小组长也是由本小组的村民通过投票选举产生的。投票选举村民小组长时，村民的参选率达到91%。在顶许村的9个村民小组中，山埔、下许和张庄三个小组在第一轮投票中候选人的得票未能过半数，所以还要进行第二轮投票。顶许村村民小组长竞争较为激烈的原因是，这里经济虽然不如厦门岛内的农村发达，但也有一部分土地被国家征用，村民小组长可以支配一定比例的征地补偿费。此外，按村委会的做法，一旦土地被征用，建筑工地在哪一个小组内，地材就由哪

---

① 南阳访问，1997年5月。

一个小组承包。而在决定由谁来承包地材这个问题上，村民小组长有权做出决定。

但是，与厦门岛内农村不同的是，顶许村的村民代表不是由村民选举产生的，而是在村委会换届选举之前，由村选举领导小组指定的。

三　讨论与结论

以上我们对福建省经济发展水平不同的三个地方的村民委员会选举过程进行了考察。与戴慕珍和罗泽尔从全国范围的8个省中选取200个村进行抽样调查的做法不同，我们只是在福建省的范围内选取经济发展水平不同的三种类型的村庄进行研究。众所周知，不同省份在实施村委会组织法的过程中做法很不一样，具体规定也不统一，进展很不平衡（参见王振耀、汤晋苏等，1994）。因此，实际上很难对不同省份的选举情况进行比较，特别是比较经济发展水平对村委会民主选举的影响。但在一个省的范围内，有关贯彻村委会组织法的一些规定则较为统一。在一个省的范围内选取经济发展水平不同的村庄进行比较，我们认为较为可行。当然，由于各地的情况存在很大差异，因此我们并不敢奢望推论到更大的范围。我们只是想对一个省的范围内不同经济类型的村委会选举情况进行一些分析。

从上述情况可以看出，尽管三种类型村庄的经济发展水平不一样，但村委会的选举竞争都相当激烈，村民参与的程度也比较高。这有两个方面的原因。

首先，从村民的角度看，村委会与村民在利益方面有很大的关联。在实行生产责任制之后，农民都成了以一家一户为生产单位的个体生产者，村委会不再像过去的生产大队一样对农民生活的各个方面进行控制。另外，作为农村基层的一个群众性组织，村委会还是控制着农村社区中的相当一部分资源。事实上，一个村委会对村的影响力大小在很大程度上取决于它拥有集体财产的多少。如前所述,在经济发展落后的寿宁县犀溪乡,村年集体收入只有数万元,在经济发达的厦门岛内农村,村集体收入一年多达上百万元。更为重要的是,村委会还掌握着相当一部分权力。村委会的主要工作,无论是兴办公益事业还是调解民事纠纷,都与村民的利益息息相关。而像建房用地的审批这类事情,更是村民所关心的。由于村委会与村民的利益密切相关,所以村民对选举的参与热情都比较高。根据福建省民政厅的统计,1997年全省村民委员会换届选举中选民的参选率为90.1%(福建省民政厅基层政权建设处,1998)。

其次,从参与竞选者的角度看,村委会选举竞争激烈的另一个原因是参与竞选村委会职位的村民人数不少。想参选村委会干部的村民都事先考虑了当干部的得与失。在目前的情况下,当村委会干部最主要的好处是可以获得经济利益。如前所述,在经济发达的厦门岛内农村,村干部每月都有1000元左右的工资。在经济发展水平落后的寿宁,只由乡政府给村主要干部发一定数额的补贴。在经济发达地区,村干部还有许多工资以外的集体收入。在目前村级财务管理还不十分规范的情况下,一个村委会每年可以支配上百万元的集体收入,这自然会给他们带来许多好处。在经济发展水平落后的寿宁,虽然当村委会干部的经济利益不是很多,但他们却希望有朝一日能够通过招干成为正式国家干部。国家每年从村级领导中招收部分人员成为正式国家干部,这种名额并不多,一般每年一个乡只有一两个。招干对厦门的村干部来说并没有什么吸引力,但对寿宁的村干部来说却是梦寐以求的。

但是,我们也看到,由于经济发展水平的不同,三个地方在贯彻省民政厅1997年新的选举规定方面以及在村民小组长和村民代表的产生方法上便有很大的不同。

在贯彻实施福建省民政厅新的选举规定方面,显然,经济较为发达的地区做得更好。在总结过去几次村委会换届选举经验的基础上,福建省民政厅对1997年的选举做出了一些新的规定,如取消流动票箱,设立固定投票站;实行秘密划票;实行一人一票,严格限制委托投票。如前所述,厦门岛内经济发达的农村在这方面做得比较好,不仅在各个村民小组设立了投票站,而且基本上能够按照省里的规定进行选举,做到一人一票,不搞委托投票。厦门岛内的行政村能够较好地贯彻省里有关规定的原因是多方面的,但不可否认的是,经济因素在其中起着非常重要的作用。虽然给每个参加投票的选民发 10 元补贴的做法有助于提高参选率,因而高达 95.2% 的参选率也应打折扣,但发达的经济使得村委会的选举竞争更加激烈,应该是村选举领导小组和相关部门能够放心地严格执行上级新规定的最主要的原因。我们也看到,处于经济发展水平落后的寿宁和经济发达的厦门岛内农村之间的厦门市集美区灌口镇顶许村也能够按照省里的新规定进行选举。而在寿宁,由于经济不发达,村委会无法给前来投票的选民发补贴,更主要的是这里选举竞争的激烈程度与厦门还是存在差距,因此很难按新的规定进行选举,大部分地方仍然由选举工作人员携带流动票箱登门接受选民投票,委托投票仍然普遍。即使按过去的方法投票,寿宁县犀溪乡的参选率也仅为 87.2%,与厦门的参选率仍存在差距。在寿宁,只有一些候选人双方竞争激烈的村才通过固定投票站按一人一票的方式投票选举。尽管双方竞争激烈的原因是多方面的,但村集体收入较多,有一定的经济实力,是其中一个重要的原因。

在村民小组长和村民代表的产生方式上,经济发达的厦门岛内农村能够按严格的程序经由选举产生。现有的一些研究把重点放在村委会的选举上,很少论及村民小组长和村民代表的产生方式。实际上,村民小组长和村民代表的选举也是村委会选举的一个重要组成部分。福建省在 1997 年的村委会换届选举中,从初步候选人到正式候选人的筛选过程改过去的"酝酿协商"为通过村民代表大会预选之后,村民代表的作用就更为重要了。如果说"酝酿协商"给一些乡镇领导和村选举领导小组按自己的意思在小范围内圈定候选人提供了可能的话,那么,由村选举领导小组指定的村民代表和村民小组长参加的预选大会并未从根本上解决问题。只有通过由村民投票选举产生的村民代表和村民小组长参加的预选大会投票选出的正式候选人，才可能真正反映选民的意愿。在厦门岛内农村，由于经济发达，村民小组长掌握一定的资源，拥有一定的权力，这一职位的竞争也相当激烈，因此是通过本小组村民投票选举产生的；这里的村民代表虽然不如村民小组长有权力，但也可能参与和过问本小组的一些重大事务，因此也是由选举产生的。在寿宁县犀溪乡，由于经济发展水平落后，村民小组是个空壳，村民小组长和村民代表被看作是吃力不讨好的差事，因此他们不是由选举产生的，而是由村选举领导小组指定的。作为经济发展程度处于前述二者之间的厦门市集美区灌口镇顶许村来说，村民小组长有一定的权力，因此是由选举产生的，但村民代表也是由村选举领导小组指定的。

　　因此，与戴慕珍等人的结论不同，根据上述分析，我们得出的结论是：经济发展能够促进竞争性的村委会民主选举，经济发展程度是搞好村委会民主选举的前提。戴慕珍等人认为，在收入增加和竞争性的村委会选举之间没有正向的关系，不仅如此，随着收入的增加，竞争性的选举反而减弱了。不过，他们也认为，村民参与选举和村委会与村民利益的关联情况有很大关系："村民越是依赖于村委会主任和村委会所控制的资源，越是有可能出现竞争性的选举和村民较多地参与村民代表会议。"（Oi and Rozelle，1997）在什么样的情况下，村民才会更多地依赖村委会呢？显然，戴慕珍等人的分析并不能令人信服。经济的发展往往是加强了村民与村委会的联系，而不是相反。我们的研究表明，经济发展水平较为落后的地方，村民的收入很低，村集体收入也很少，村委会选举的竞争激烈程度就差一些，而村民小组则成为没有实质内容的空壳，无法通过选举产生村民小组长和村民代表；而在经济发达的地方，村民的收入较高，同时村集体收入也不少，村委会选举竞争就较为激烈，而村民小组因为拥有一定的实权也可能经由选举产生组长和代表。会不会出现戴慕珍等人所说的那种情况呢？即个人的收入很高，私营企业办得很好，而村办集体企业收入偏低？也许在个别村会出现这种情况，但我们的调查却没有发现这种情况。更为普遍的情形是，个人收入的高低与村集体收入的高低是有正向联系的，即一个地方经济越发达，村集体的收入就较高，个人的收入也较高；相反，如果一个地方经济不发达，个人的收入不高，村集体的收入也很难上去。

由于各省的情况不一样，有关村委会选举的规定也不一致，因此我们无法对其他省的情况做出推论。究竟在其他省村委会的选举情况如何，还有待进一步的研究来证实。

参考文献

包心鉴、王振海，1991，《乡村民主》，中国广播电视出版社。

福建省民政厅基层政权建设处，1994，《福建省村委会1994年换届选举基本情况》（内部资料）。

福建省民政厅基层政权建设处，1998，《1997年度全省村委会换届选举情况汇总》（内部资料）。

李普塞特，1997，《政治人：政治的社会基础》，张绍宗译，上海人民出版社。

王振耀、汤晋苏等，1994，《中国农村村民委员会换届选举制度》，中国社会出版社。

王振耀、汤晋苏等，1995，《中国农村村民代表会议制度》，中国社会出版社。

王振耀、汤晋苏等，1996，《中国农村村民委员会法律制度》，中国社会科学出版社。

吴黎明，1996，《976位选民讨回选举权》，《乡镇论坛》第1期。

徐勇，1997，《村干部的双重角色：代理人与当家人》，《二十一世纪》第42期。

郑永年，1996，《乡村民主和中国政治进程》，《二十一世纪》第35期。

Dearlove, John. 1995. "Village Politics." In *China in the 1990s*, edited by Robert Benewick and Paul Wingrove. Vancouver: UBC Press.

Hu, Rong. 1998. "Village Committees in Rural China: Dependent or Independent Organizations." *Albany*: *Annual Conference of New York Political Science Association*, May 8 – 9.

Kelliher, Daniel. 1997. "The Chinese Debate over Village Self-Government." *The China Journal* 37: 63 – 86.

Lawrence, Susan V. 1994. "Democracy, Chinese Style." *The Australian Journal of Chinese Affairs* 32: 59 – 68.

Londregan, John B. and Poole, Keith T. 1996. "Does High Income Promote Demmocracy?" *World Politics* 49 (1): 1 – 30.

Manion, Melanie. 1996. "The Electoral Connection in the Chinese Countryside." *American Political Science Review* 90 (4): 736 – 748.

O'Brien, Kevin J. 1994. "Implementing Political Reform in China's Villages." *The Australian Journal of Chinese Affairs*32: 33 – 39.

Oi, Jean C. 1975. *State and Peasant in Contemporary China*: *The Economy of Villages Government*. Berkeley: University of California Press.

Oi, Jean C. 1996. "Economic Development, Stability and Democratic Village Self-Governance." In Maurice Brosseau, Suzanne Pepper, and Tsang Shu-ki (eds.), *China Review 1996*. Hong Kong: The Chinese University Press.

Oi, Jean and Rozelle, Scott. 1997. "Democracy and Markets: The Link Between Participatory Decision-Making and Development in China's Economy." Presented at the International Symposium on State and Society in China, University of Shzuoka, Japan, November 23 – 24.

Thurston, Anne F. 1998. "Muddling Toward Demoeray: Political Change in Grassroots China." *Peace Works*, No. 23, United States Institute of Peace.

Przewordski, Adam and Femando Limongi. 1997. "Modernization: Theories and Facts." *World Politics* 49 (2): 155 – 183.

经济发展与竞争性的
村民委员会选举[*]

有关经济发展与民主化之间的关系,一直是学术界争论的一个热点问题。不过,由于大多数研究者都集中解释国家层面的民主化问题,因而很少涉及一个国家内部在民主化改革中的差异性。本文通过详细的数据分析表明,在实施村级选举的过程中,经济发展水平较高的地方,由于村民委员会有较高的集体收入,村民参与选举的程度较高,选举竞争也较为激烈。因此,在经济发达的地方,村民委员会选举的制度也得到了较好的实施。

一 理论分析和假设

李普塞特(Seymour M. Lipset)很早就对经济发展与民主化的关系这个问题做过研究,认为经济发展能促进民主。"把政治系统与社会其他方面联系起来的最普遍的根据或许是,民主关系到经济发展的状况。一个国家越富裕,它准许民主的可能性就越多"(李普塞特,1997:27)。在富裕社会,由于生活在现实贫困线上的公民相对较少,才能出现这样一种局面:大批民众理智地参与

---

[*] 本文在 2003 年参加由中国人大新闻网、中国农村村民自治信息网、选举与治理网和中国农村研究网 4 家网站共同主办的村级选举与自治机制有奖征文比赛中获得一等奖第一名。论文英文版发表于 *Journal of Contemporary China*,Volume 14,Number 44,pp. 427 – 444。

政治，培养必要的自我约束，以避免盲从；如果国家富裕，强大的中产阶级就可以通过支持温和的和民主的政党以及遏制极端主义团体来缓和冲突；国家越富，它对民主规范的接受能力也越强，因为足够的财富使得是否进行财富的重新分配不会造成很大的差异；富裕社会的大量民间组织，可以阻止国家或任何单一民间权力中心垄断全部政治资源，可以成为向大部分公民进行宣传（特别是宣传反对意见）的工具，可以训练人们的政治技巧，从而有助于提高他们关心和参与政治的水平。李普塞特的观点引起了许多学者的兴趣，既受到许多人的批评，也得到不少人的支持，更多的学者在这方面进行了实证研究（参见 Nie, Powell, and Prewitt, 1969a, 1969b; Weiner, 1971）。

但是，作为基层民主的村委会选举与全国性的民主是有很大的不同的，我们并不能生搬硬套在民族国家层次的理论来解释基层的村民自治。换句话说，如果在基层的选举中也确实存在相关理论所说的那种关系，即经济发展促进了村民的政治参与的话，那么，在这里，经济发展发生作用的机制也未必相同。首先，社会动员理论谈论的经济发展与民主的关系是国家层面的民主化，而我们研究的是基层的民主选举。目前，中国有限的民主选举只发生在农村由几百人到数千人组成的自治单位——行政村内。其次，从经济发展的水平来看，相关的经验研究表明，人均GDP达到5000~6000美元时通常会发生向民主政体转化的现象，但中国目前的人均GDP远没有达到这个水平。而且就中国本身的情况看，城市的经济发展水平和人均收入要远高于农村，但城市里的居委会选举却远不如农村的村委会选举那样具有竞争性。再次，社会动员理论主要是用经济发展导致社会结构的变化，尤其是中产阶级的壮大来解释民主化的。在社会动员理论看来，随着中产阶级的壮大，不仅社会结构发生了改变，而且受教育人数也显著增加。公众受教育程度的提高有助于民主政体的稳定。但是，中国农村的村委会选举与此并不相同。一方面，经济发展促进了村委会选举制度的实施并不是因为它改变了农村社区的分层结构，虽然在中国农村经济的发展也会在很大程度上促使农民向非农职业转化，但这并不直接对选举起作用。对选举直接起作用的是随着经济的发展，集体的收入增加了，村委会的权力扩大了。另一方面，从全国性的民主来说，公民对政治的认知需要一定的文化程度，受教育程度的提高有助于提高公民参与的政治效能感，从而提升公民的政治参与水平。但是中国农村的村委会选举却与之大不相同。虽然不能断言受教育程度与村民的参与完全没有关系，但在一个只有数百人到上千人组成的行政村内，村民参与村中的公共事务并不需要接受太多的教育。[①] 一个没有受过正规学校教育的村民可能无法弄懂一个国家的内政外交政策，但他却完全能够知道谁适合担任他们村的干部，哪一位村干部做事是公正的。

　　要正确理解经济发展与村委会选举之间的关系，就必须把这一问题放到中国独特的政治和社会背景中加以理解。村委会是在中国农村广泛实施生产责任制以后，随着人民公社体制的瓦解以及农民自主性的提高而自发产生的（参见郑永年，1996；王仲田，1998；胡荣，2001b；O'Brien and Li，2000）。尽管中国农民在受教育程度以及生活水平方面都不如城市里的工人和干部，但在实施生产责任制以后，他们却是中国社会中最具有自主性和独立性的阶层。[②] 他们的政治参与已经从公社时期的被动员式参与转变为现在的自主式参与。[③] 村民在参与的过程中需要付出一定的代价，包括时间和精力方面的投入。村民参与竞选和担任村干部也需要付

[①] 尽管许多研究表明受教育程度与政治参与之间有直接的关联（Lipset，1959；Almond and Verba，1963；Nie，Powell，and Prewitt，1969a，1969b），但史天健的研究（Shi，2000）发现，受教育程度与政治效能感、对政治改革的支持之间只有微弱的相关，与对经济改革的支持之间是负相关。

[②] 相比之下，由于长期以来计划经济体制下形成的"单位制"，使得城市里的工人和干部阶层在很大程度上依附于他们的工作单位。

[③] 当然，对于少数仍然保留着集体所有制的村庄（如江苏的华西村、天津的大邱村、河南的南街村）来说，情况可能就有很大的不同。在这些村庄，由于仍然延续着计划经济以来的集体所有制，村民在很大程度上仍依附于村集体，并不具备其他已经实行生产责任制的村庄的村民所具有的那种自主性，事实上，这些村庄目前大多也没有推行民主选举，所以本文的讨论并不涉及这类村庄的情况。

出时间和精力方面的代价。因此，只有当村民认为选举带来的回报超过他们的投入时才会积极参与选举；只有当候选人认为担任村干部所获得的好处大于他们在竞选和任职期间付出的代价时他们才会积极参选。换言之，村委会选举能否成为竞争性选举的关键是看选举与村民和候选人利益的关联性。那么，怎样才能增进村委会选举与村民及候选人利益的关联性呢？能够促进这种利益关联性的因素可能有多种，① 但经济利益是其中最主要的一种因素。因此，在已经推行村民自治的地方，经济发展使得村委会的集体收入增加，集体控制的资源相应地增多，村民更多地参与村委会职务的竞争，更多地介入选举。在竞争激烈的情况下，就必须按照一定的规则来分配利益。因此，在这种情况下，选举的相关规定就能够得到更好的实施，选举更有可能成为竞争性的选举。相反，如果经济发展落后，村委会没有控制多少资源，村民对谁当村干部抱无所谓的态度，那么选举就很难按规定进行，而可能流于形式。可见，并不是一般的经济发展速度或人均 GDP 的增长促进了村委会选举，而是集体收入的增加使得村民更关心集体事务，更多地参与公共事务和选举，因而选举制度得到了更好的实施。

在中国农村，村民委员会是一种自治组织，同时肩负着执行上级政府的政策与在社区为村民兴办公益事业的任务（参见胡荣，1998）。自 1987 年第六届全国人民代表大会常务委员会第二十三次会次通过《中华人民共和国村民委员会组织法（试行）》〔以下简称《村民委员会组织法（试行）》〕之后，各省都先后出台了一系列的措施来实施村委会选举。村委会一般由 5~7 人组成，每三年一次由全体村民选举产生。尽管不同省份的规定不一样，但选举本身都是一项相当费时费力的工作。以福建省的选举规定为例，

---

① 根据笔者在另一篇文章中的分析，影响村民参与选举的因素主要有：前任村干部的表现、选举的公正性、经济发展程度以及农村社区的特点等（参见胡荣，2001b）。

村委会候选人直接由村民提名产生,这样的候选人叫初步候选人。由于初步候选人通常很多,从数十人到数百人不等,因此必须通过一个叫预选的过程,由村民或村民代表投票产生正式候选人。[①]最后,正式候选人由全体年满18周岁以上的村民投票产生。我们且不说作为选举组织者的乡镇和村选举领导机构在选举中的投入,作为一般的村民在选举中也要花费相当多的时间和精力去提名候选人、比较候选人、参加竞选大会以及投票。而对于候选人来说,更需要花费时间以及其他方面的成本进行参选。因此,选举是需要成本的。[②] 现在的问题是,对于村民来说,村委会究竟有多大的重要性,选好村委会干部给他们带来的利益会不会大于他们在选举中的投入?对于候选人来说,当村干部有多大的好处,当村干部所带来的好处(包括经济上的、精神上的或声望方面的好处)能否补偿竞选以及当村干部期间所花费的精力?作为农村基层社区的自治组织,村委会还是拥有一定的权力的,它负责管理行政村的公共事务,负责宅基地的分配,为村民开具相关证明,协助上级征收农业税,等等。[③] 但是,如果与公社时期的生产大队相比,村委会管理的事务是十分有限的。在公社时期,农民必须在集体劳动从而获得所需的口粮,农民在很多方面依附于他所在的生产大队或生产队(参见 Oi, 1989)。生产责任制使得农民从集体的束缚中解放出来,使其成为中国社会中最具有独立性的阶层,他们对政治的参与方式完全不同于公社时期的被动员式参与(Burns, 1988),而是一种自主式参与(参见胡荣,2001b)。因此,在选举中,村民总是要权衡利弊得失来决定是否参与选举以

[①] 例如,在1997年的选举中,厦门市湖里区禾山镇的9个行政村中,平均每个村有7.2个村委会主任初步候选人,16.3个村委会副主任初步候选人,33个村委会委员初步候选人(见笔者于1997年5月访谈所得的资料)。

[②] 有关选举成本的经典讨论,参见 Downs, 1957。

[③] 尽管城市的经济发展程度远高于农村,居民的文化素质也高于农民,但由于长期计划经济体制下形成的单位办社会(参见 Walder, 1986; Bian, 1997)体制,与城市居民利益密切相关的是工作单位而不是所居住的社区,这也就是城市居委会选举远不如村委会选举的主要原因。

及参与的程度。在这种情况下，经济发展水平，尤其是村级集体经济的状况和村庄的整体经济发展水平，便直接关系到村民以及候选人参与选举所能得到的回报的多少。在经济发达的村庄，一方面，村级集体经济发达，村委会控制着相当多的资源；另一方面，由于该村在当地的整体生活水平较高，经济发展的机会较多，村委会的权力得到扩大，村委会的选举与村民的利益密切相关，村民就会积极参与选举。由于集体收入较多和发展经济的机会较多，村干部的权力也较大，所能够获得的回报也较多，因此参与竞选村干部职位的村民也较多。在竞争激烈的情况下，村委会选举的相关规定和措施就能够得到有效的实施。[①] 相反，在经济不太发达的地方，由于村级集体收入较少，村委会无力兴办公益事业，有的甚至成为一个空壳子，村委会与村民的利益联系便大大减弱，村民不太关心由谁来担任村干部，也没有多少人想当村干部，因此选举就有可能成为"走过场"，选举制度无法得到很好的实施。

因此，经济发展水平直接关系到村委会选举的成败，一定的集体经济收入是村委会选举成功的前提条件。只有在村集体有一定经济实力（不管这种经济实力是来自村办企业、征地赔偿、上级拨款还是村民集资）的情况下，村民参与选举的回报才有可能大于参与选举的投入，村民才会积极参与选举，村委会选举的相关规定才能够得到很好的实施。换言之，村委会选举这种制度设计实际上是解决村民利益纠纷的一种机制，有了经济发展，有了相当数量的集体收入，村民的利益就会被激活，不同自然村、不同小组、不同职业群体以及不同宗族的利益都需要得到表达。有了利益的纷争，才需要通过这种制度安排来解决他们之间的纷争，村委会选举的制度也自然能够得到很好的实施。而在经济不发达的地方，村委会没有控制多少经济资源，村民的利益没有被激活，

[①] 根据笔者于1997年和2000年在福建寿宁和厦门两地的访问，在选举竞争激烈的村庄，选举主持者往往能够较严格地按选举规定的程序办事，因为如果不严格地按规定选举的话，就有可能导致村民上访告状。

也就谈不上用这种费时费力的制度来解决争端。

基于上述分析,我们提出如下几个研究假设(参见图1)。

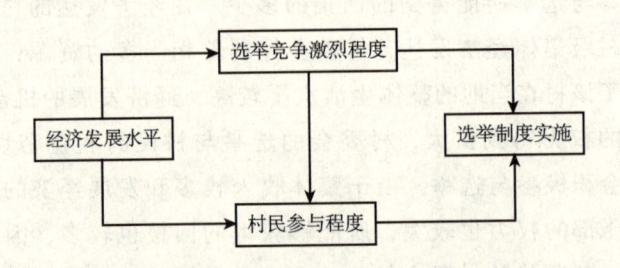

图1 经济发展与村委会选举制度的实施

假设1:经济发展水平越高,村级选举竞争越激烈;

假设2:经济发展水平越高,村民的参与程度也越高;

假设3:由于经济发展促进了选举竞争的激烈程度和村民的参与程度,因此村级选举制度也得到了更好的实施。

二 研究设计和变量

有关村民委员会选举与经济发展的关系,不少学者已经做过探讨。欧博文(O'Brien,1994)认为,在拥有效益良好的集体企业的富裕村庄提倡村民自治比较容易,他发现那种既有较高政治参与度又能完成国家任务的村委会,往往是村办集体企业较发达的村庄。这一方面是因为村办集体企业经营得好坏与每个村民的利益相关,从而为民主自治提供了利益基础;另一方面是因为村办集体企业较好的地方,村干部并不担心在选举中失去权力。与欧博文不同,劳伦斯(Lawrence,1994)在对河北赵县北王村的村民代表会议的研究中指出,以农业为主比较贫穷的村庄在实行村级民主方面走在前面。爱泼斯坦(Epstein,1997)则认为,经济发展处于中等水平并且具有较发达的农业和工业的省份在村级选举中走在前面。戴慕珍也持相近的观点,她认为,只有在大多数村民都留在村里并且依赖农业生产取得收入的村,村民的选举参与热情较高;而在较富裕的村庄中,随着在村办集体企业中工作的人数的增加,通常会导致竞争性选举和参与热情的减弱。在其中一篇文章中,戴慕珍认为,"经济发展水平与村民自治的实施具有一种反比的关系"(Oi, 1996: 140),高度工业化的村落的经验表明,经济发展与民主之间存在负向的关系。而在另一篇文章中,戴慕珍和罗泽尔(Oi and Rozelle, 2000: 539)则通过统计分析得出结论:"至少在短期内我们可以观察到在收入与竞争性选举之间有一种负向的关系。"史天健(Shi, 1999)进一步通过有关的实证调查论证了爱泼斯坦的观点,断言经济发展与村委会选举之间呈凹形曲线关系,即经济发展增进了举行半竞争性选举的可能性,但这种影响随着经济的进一步发展而减弱。快速的经济增长可能延缓政治发展的过程,因为在任的领导可以运用新获得的经济资源巩固权力。经济发展不仅可以使农民更加依赖村干部,为在任村干部提供笼络村民的资源,而且为在任村干部提供资源以收买上级官员,从而得以不执行中央政府关于在村级推行竞争性选举的决定。

上述有关中国农村经济发展与村委会选举的研究为我们理解村一级的选举提供了许多有启发性的观点。但是,这些研究大多基于个案研究或文献档案,没有详细的调查数据支持。有的学者也试图用定量的方法对这一问题进行分析,例如,戴慕珍和罗泽尔(Oi and Rozelle, 2000)是根据1996年对200个村庄的抽样调查和分析得出上述结论的,史天健(Shi, 1999)则于1993~1994年间在全国范围内进行了一项调查,他们的实证研究对于我们进一步了解经济发展与村委会选举之间的关系提供了许多有益的启示。但是,这些定量的研究也有许多不足之处。首先,这些研究在测量的指标上存在一些问题。例如,史天健衡量村委会选举所用的指标仅仅为是否举行选举和是否差额选举(Shi, 1999),戴慕珍和罗泽尔也是使用是否差额选举这一指标(Oi and Rozelle, 2000)。如果说在选举的早期用这种简单的指标还具有一定的可行性的话，那么，随着村级选举的全面铺开，再用是否举行选举或是否差额选举这样的指标就过于简单化了。我们的调查表明，在所抽样的40个行政村中，2000年的选举都实行差额选举。实际上，对于村委会选举来说，候选人的提名程序远比是否差额选举更为重要。另外，戴慕珍和罗泽尔还使用村民会议召开的次数和参加人数这些指标来衡量村民的政治参与情况。《村民委员会组织法（试行）》虽然规定村民会议是行政村的最高权力机构，但这只是停留在纸上的一个制度规定，许多省都没有贯彻这一制度。在实践中要把一个行政村方圆数十里范围内所有18周岁以上的成年男女召集起来开会，讨论村中的重大事情，如果不是不可能的话，也是一件非常困难的事情，所以在实际中取而代之的是村民代表会议（参见王振耀、汤晋苏等，1995）。以这一在实际中并没有得到实施的制度来测量村民的政治参与程度是有问题的。在经济发展的指标方面，史天健使用的是1993年的县人均GDP，以及根据1982~1993年县级人均GDP计算出来的经济增长速度，而没有相关村一级的经济发展数据。由于中国经济发展的差异性，同一个县内不同乡镇、不同村庄的经济发展也存在着巨大的差异，以县级经济发展的数据解释村一级的选举情况未免有些牵强。

其次，这些研究没有考虑到各个省之间的制度差异性，而在全国范围内选取样本进行研究。村民委员会最初是由中国部分省份的农民自发组织起来的，但村民自治的全面推开却是一种自上而下的行为。在1987年第六届全国人民代表大会常务委员会第二十三次会议通过《村民委员会组织法（试行）》之后，各省、市陆续出台相关的地方性法规以推行村民自治。由于各地在贯彻实施《村民委员会组织法（试行）》的过程中意见并不统一，因此各地的立法工作很不平衡，地方法规制定的时间很不相同（参见王振耀、汤晋苏等，1994）。1988年，福建、浙江两省制定了村委会组织法实施办法；1989年，甘肃、贵州、湖北、湖南四省制定了村委会组织法实施办法；1990年，河北、黑龙江、辽宁、青海、陕西五省制定了村委会组织法实施办法；1991年，天津、山西、四川、吉林、新疆五个省、自治区、直辖市制定了村委会组织法实施办法；1992年，宁夏、山东、河南、内蒙古、安徽五个省和自治区制定了村委会组织法实施办法；1993年，西藏自治区制定了村委会组织法实施办法；1994年，江苏、江西两省制定了村委会组织法实施办法。而广东则迟至1998年11月才制定了村委会组织法实施办法和选举办法。从时间跨度看，不同省、自治区、直辖市的立法就用了10多年的时间。除了实施村委会组织法的时间不同之外，由于各种不同的具体原因，不同省份推进村民自治的做法也是不一样的。例如，在2000年的村委会选举中，福建省规定每个村民可以单独提名候选人，选举委员会不对候选人进行资格审查，正式候选人由村民代表投票预选决定；① 而广东省在2002年的选举中，则通过制定实施细则，规定四种人（如违反计划生育的人）不能作为候选人。因此，我们很难在全国范围内比较经济发展水平与村委会选举之间的关系。要弄清经济发展水平与村委会选举之间的关系，我们只能选择制度背景相同或相近的村庄进行比较。因此，如果要在全国范围内进行比较的话，我们就必须把选举制度作为一个控制变量，选择在选举制度方面相近的省份进行比较。但是，史天健和戴慕珍等人的研究并没有做到这一点，他们在全国范围内选取样本，但并没有考虑到各省份选举制度本身的差异性。

　　鉴于现有研究存在的不足，我们认为有必要根据新的资料对经济发展水平与村委会选举之间的关系做进一步的探讨。本文研究的数据资料来自2001年10~11月笔者在福建省寿宁县和厦门市进行的问卷调查。福建省是村委会选举搞得比较好的一个省份。在1987年《村民委员会组织法（试行）》颁布实施以后，福建省人大常委会便率先于1988年9月2日颁布了《福建省实施〈村民委员会组织法〉（试行）办法》，并于1990年通过《福建省村民委

---

① 笔者于2000年在福建省进行访谈时所得的资料。

员会选举办法》。尽管在一个省的范围内，在具体村委会选举的规定方面各地也会有不同的措施，不同地方的经济发展水平也很不相同，但其基本的制度背景是一致的。在这里，我们并不打算探讨各个省份的民政部门是如何制定和村委会选举相关的规定的。我们把这些与选举相关的规定都看作是给定的，我们要探讨的是在已经全面推行村级选举的地方，在相同的或相似的制度背景下，经济发展水平是通过什么样的机制促进或影响村委会选举的。在抽样过程中，我们先根据经济发展水平的不同确定经济发展水平较高的厦门市和经济发展水平较为落后的寿宁县两个县市，然后按随机方法各抽取5个乡镇，从每个乡镇中再随机抽取4个行政村，从每个行政村中再进一步抽取25位村民。本次调查共成功访问村民913人。在这913人中，男性占56.3%，女性占43.7%。从年龄结构看，30岁以下的村民占24.4%，31~40岁的村民占28.1%，41~50岁的村民占23.6%，51~60岁的村民占12.9%，61岁及以上的村民占11.0%。

本文研究所涉及的变量包括三个方面：一是反映村委会选举的指标，用于测量村委会选举的相关规定是否得到实施；二是两个中介变量，即村民参与选举的程度和选举竞争的激烈程度，在模型1中村民参与选举的程度作为因变量，在模型2中选举竞争的激烈程度作为因变量，但是在模型3中，这两个变量又是解释变量；三是有关解释变量，既包括与经济发展水平相关的一些变量，如人均集体收入、家庭年人均收入等，也包括个人的受教育年限、村庄离县城的距离等变量。

我们先来看一看测量村委会选举的指标。如前所述，在以往的研究中，这方面的指标都过于简单化（参见 Shi, 1999; Oi and Rozelle, 2000）。在村委会选举程序不断改进和选举制度日趋完善的情况下，再以是否差额选举来测量选举的竞争性是不够的。我们认为选举是否符合相关规定应该是一个综合的指标，这里包括候选人如何提名，正式候选人如何产生，选举投票的程序，等等。为此，我们用表1中所列的15个项目来测量选举的规范性。在表

1中，关于候选人如何提名的项目包括：①村民直接提名候选人（包括单独提名和联合提名）；②村党支部提名候选人；③乡镇选举指导小组提名候选人；④上届村委会提名候选人；⑤村民代表提名候选人；⑥村民自荐成为候选人。在这6个项目中，①、⑤和⑥都是正向的，如果越多的被访者对这些项目的回答是肯定的话，则表明选举提名的基础越广泛，不是由上级在小圈子里圈定候选人。②、③、④则是负向的，如果越多的被访者对这些项目的回答是肯定的话，则表明提名的程序越不民主，是由少数上级领导在小圈子里圈定候选人。由选民直接提名的候选人叫初步候选人。初步候选人如何成为正式候选人的过程也是十分关键的（Elklit, 1997；Thurston, 1998；Pastor and Tan, 2000；O'Brien and Li, 2000）。根据福建省民政厅的规定，在1994年以前的村委会选举中，正式候选人是通过一个叫做"酝酿协商"的过程产生的，即由村选举领导小组在征求村民和乡镇领导意见的基础上确定正式候选人（福建省民政厅，1994）。这种酝酿协商的结果往往是由村党支部或乡镇选举指导小组决定正式候选人，并没有一种制度上的保证能够使村民的意愿在确定正式候选人的过程中得到体现。从1997年开始，福建省民政厅规定正式候选人应由村民代表或村民预选产生，即由村民代表或村民投票决定正式候选人，通过制度保证村民的意愿能够得到体现。那么，在实际的选举过程中这种制度性的规定是否得到实施了呢？在调查中，我们向被访者询问这样的问题：⑦正式候选人是否由村民投票产生；⑧正式候选人是否由村党支部决定；⑨正式候选人是否由乡镇选举指导小组决定；⑩正式候选人是否由村民代表投票决定。如果被访者对⑦、⑩的回答是肯定的话，表明正式候选人的确定过程是能够体现选民的意愿的；如果被访者对⑧、⑨的回答是肯定的话，表明省民政厅有关选举的规定没有得到实施，村民的意愿不能够得到体现。最后5个问题是关于投票选举方式的：⑪是否实行差额选举；⑫是否开选举大会由全体选民投票；⑬是否使用流动票箱；⑭是否设立固定投票站；⑮是否设立秘密划票间。为提高选民投票率，在福建省的许多地方过去都使用过流动票箱,由选举工作人员携带票箱上门让选民投票(参见胡荣,2001a)。使用流动票箱在实际操作过程中存在许多问题,选民投票缺乏匿名性,容易出现舞弊行为,因此福建省民政厅从1997年开始强调在选举过程不要使用流动票箱,而应设立固定投票站和秘密划票间。因此,除了把是否实行差额选举、是否开选举大会由全体选民投票作为选举是否规范的指标外,我们还把是否仍使用流动票箱、是否设立固定投票站以及是否设立秘密划票间作为选举是否规范的指标。

表1 在最近一次选举中采用下列措施的村庄和比例

单位:个,%

项 目	村庄数	比 例
①村民直接提名候选人(+)	22	55.0
②村党支部提名候选人(-)	5	12.5
③乡镇选举指导小组提名候选人(-)	11	27.5
④上届村委会提名候选人(-)	8	20.0
⑤村民代表提名候选人(+)	12	30.0
⑥村民自荐成为候选人(+)	2	5.0
⑦正式候选人由村民投票产生(+)	19	47.5
⑧正式候选人由村党支部决定(-)	2	5.0
⑨正式候选人由乡镇选举指导小组决定(-)	5	12.5
⑩正式候选人由村民代表投票决定(+)	5	12.5
⑪实行差额选举(+)	40	100.0
⑫开选举大会由全体选民投票(+)	40	100.0
⑬仍使用流动票箱(-)	15	37.5
⑭设立固定投票站(+)	23	57.5
⑮设立秘密划票间(+)	20	50.0

不过,对于本项研究来说,更为重要的是获得关于村一级选举的资料。获得村级选举方面的资料的一种方法是查阅民政部门

的统计表格。由于正式统计数字可能掺杂一些水分,我们在这里打算运用个人的访谈资料进行推测。由于被访者对选举本身的知识了解的不同和参与选举的程度的不同,同一个村庄的选民对相同问题的回答可能是不同的。那么,如何把村民个人的回答变成村一级选举是否规范的指标呢?在这里,我们使用多数原则来确定村一级的指标。每一个项目都有"是"、"否"和"不知道"三项回答。在每个村庄中,我们成功访谈的人数在 20~25 人。当每个村庄的被访者在特定项目上回答"是"的人数超过"否"的人数时,我们确定这个村庄采用该项目的选举措施。经过推算,不同村庄在这 15 个项目上的频数分布情况见表 1。由于我们把这 15 个项目的问题分为正向问题和负向问题,对正向问题给予肯定回答的得 1 分,否则得 0 分;对负向问题给予肯定回答的得 -1 分,否则 0 分。每个村庄在这 15 个项目上的得分加在一起就是该村在选举规范性方面的总得分(见表 2)。

表 2　不同得分村庄所占的比例

得 分 (分)	-4	-3	-1	0	1	2	4	5	6	7	合计
村庄数 (个)	1	1	1	3	1	4	7	6	7	7	2	40
比 例 (%)	2.5	2.5	2.5	7.5	2.5	10.0	17.5	15.0	17.5	17.5	5.0	100

我们认为,经济发展对选举的推动部分是通过村民参与选举的程度和选举竞争的激烈程度起作用的,因此村民参与选举的程度和选举竞争的激烈程度分别被作为中介变量。经济越是发展,村委会控制的资源越多,选举竞争越是激烈,村民越是有可能通过规范的选举解决他们之间的利益纷争。我们列了 15 个项目测量村民参与选举的情况(见表 3)。有些项目参与的村民比较多,如参加投票,参与者占被访者总数的 79.5%,而其他的项目参与者相对较少。村民参与选举的程度的测量便根据表中所列的 15 个项目进行计算,每参与一个项目计 1 分,所得总分的高低表明被访者参与选举的程度的不同。村民参与选举的程度这一变量在模型 1 中

是因变量,但在模型 3 中却作为解释变量出现。

表3 "在最近一次选举中,你是否参加过下列活动?"

单位:人,%

项目	人数	比例
①单独提名候选人	56	6.1
②动员别人提名候选人	21	2.3
③与其他人一起提名候选人	68	7.4
④毛遂自荐当候选人	16	1.8
⑤参加预选会	111	12.2
⑥动员别人投票支持自己拥护的候选人	48	5.3
⑦劝说别人不投自己反对的候选人的票	44	4.8
⑧参加投票	726	79.5
⑨帮助自己拥护的候选人竞选	55	6.0
⑩对于不恰当的选举安排提出批评和建议	44	4.8
⑪参加候选人情况介绍会	69	7.6
⑫在候选人的竞选演说会上向候选人提问	30	3.3
⑬参加候选人的竞选演说会	59	6.5
⑭因为对选举安排不满意而拒绝参加投票	29	3.2
⑮因为对选举安排不满意而动员别人不参加投票	4	0.4

另一个中介变量是选举竞争的激烈程度。为了测量选举竞争的激烈程度,我们在问卷中设计了这样的问题:"在最近一次村委会选举中,你们村有没有候选人用下列方法争取选票?"接着列了9个项目(见表4)。每个项目的答案分"没有"、"有"和"不知道"三种。表4所列为被访者中对项目予以肯定回答的人数及其所占被访者总数的比例。被访者对这9个项目予以肯定回答的比例越高,说明选举竞争越是激烈。把每个被访者对这9个项目中予以肯定回答的数目加在一起(对项目予以肯定回答得1分),就是这个被访者对村委会选举竞争激烈程度的一个评判分数。但是,这

个分数只是反映单个被访者对其所在村选举竞争激烈程度的评判，为了反映一个村庄选举竞争激烈程度的全貌，我们把每个村庄所有被访者的这个分数相加，再除以被访者人数，即得出这个村的选举竞争激烈程度的平均分数。这个平均分数在模型2中是因变量，在模型3中是解释变量。

表4 "在最近一次村委会选举中，你们村有没有候选人用下列方法争取选票？"

单位：人，%

项　目	人　数	比　例
①走家串户争取支持	393	43.0
②请村民吃饭以联络感情	220	24.1
③请本家族的族长帮忙争取选票	274	30.0
④动员亲戚朋友帮忙争取选票	340	37.2
⑤答应当选后给村民办实事（如修桥、铺路）	233	25.5
⑥答应当选后少收甚至不收提留	63	6.9
⑦答应当选后调查前任村干部的腐败问题	87	9.5
⑧答应当选后带领大家致富	220	24.1
⑨答应当选后用自己的钱为大家谋福利	75	8.2

在解释变量方面，根据研究假设，我们从以下三个方面来测量经济发展水平：一是测量人均集体收入，以该村2000年村集体收入除以该村人口数。二是村民对自己村的生活水平的评价。我们在问卷中设计了这样的问题："与本县（区）其他乡镇的村庄相比，你们村的生活水平如何？"答案分为：①好很多，②好一点，③差不多，④差一点，⑤差很多。在赋值时对答"好很多"的给5分，对答"差很多"的给1分。三是2000年被访者的家庭年人均收入。农村居民的收入通常以家庭为单位进行计算，我们在调查中也只了解了每个被访者的家庭年收入，回归模型中的家庭年人均收入是以家庭年收入除以家庭人口数得出的。在探讨经济发展

水平与村委会选举的关系时，有的学者（如 Shi，1999）以县级人均 GDP 和 GDP 的增长速度来衡量经济发展水平，也有的学者强调应区分经济收入的来源（参见 Oi and Rozelle，2000）。我们认为，从研究的假设出发，应该从村一级的集体收入来解释选举。

除了三个体现经济发展水平的解释变量以外，在3个回归模型中，我们还增加了几个控制变量。在模型1中，增加了村民的受教育程度、村庄离县城的距离以及被调查村庄外出打工村民的比例这三个控制变量。在模型2中，除了模型1的三个控制变量外，还增加了村民参与选举的程度这一控制变量。在模型3中，除了模型2的4个控制变量外，还增加了选举竞争的激烈程度这个控制变量。受教育程度以被访者上学的年数计算，为连续变量。根据现代化理论，受教育程度对公民的政治参与程度有重大影响，如果这一理论适用中国农村的实际情况，这一变量应对选举的规范性产生一定的影响。另外，我们还加入了村庄离县城的距离这样一个变量。村民委员会选举是由民政部门实施的，县一级的民政局在推进选举制度的实施过程中起着很重要的作用。许多研究者都强调这一点，史天健的研究也证实了这一点（Shi，1999）。最后，我们还考虑到外出打工村民的比例对几个模型中因变量的影响。自从实行生产责任制以来，广大农村的大量剩余劳动力涌入东部沿海城镇工作。据估计，1998年在城市就业的农民工达3400万人（樊平，1999：453）。经济发展相对落后的地区一般外出打工者较多。一些研究者认为，外出打工者由于自己的经济收入来自村庄之外，因此对村级选举的兴趣较弱。

三 研究发现

在表5的三个模型中，除了模型1的判定系数只有4.8%外，其他两个模型的拟合度都较好，判定系数分别达到13.9%和21.3%。根据对表5中3个回归模型的分析结果，我们可以有如下发现。

表5 影响选举竞争激烈程度及选举规范性的回归分析
(括号内数字为标准回归系数)

解释变量	模型1: 村民参与选举的程度	模型2: 选举竞争的激烈程度	模型3: 选举规范程度
人均集体收入	$-1.24E-04$ (-0.041)	$2.963E-04$ (0.23) ****	$4.660E-04$ (0.105) **
村庄相对生活水平	0.292 (0.146) ***	$6.275E-02$ (0.074) !	0.55 (0.186) ****
家庭年人均收入	$-1.52E-05$ (-0.42)	$-2.98E-07$ (-0.002)	$3.666E-05$ (0.069) !
受教育程度	$3.794E-02$ (0.084) *	$2.905E-04$ (0.002)	$-5.23E-02$ $(-0.079 DK)$ *
村庄离县城的距离	$-1.81E-02$ (-0.143) ***	$-2.09E-03$ (-0.039)	$-9.10E-03$ (-0.049)
外出打工村民的比例	1.876 (0.105) **	2.523 (0.328) ****	0.776 (0.029)
村民参与选举的程度		$3.046E-02$ (0.071) !	0.181 (0.123) **
选举竞争的激烈程度			1.097 (0.32) ****
N	564	564	564
Constant	0.787 *	2.76 ****	-2.061 ****
Adjusted R^2	4.8%	13.9%	21.3%

! $p \leq 0.10$, * $p \leq 0.05$, ** $p \leq 0.01$, *** $p \leq 0.001$, **** $p \leq 0.0005$。

第一,村庄相对生活水平的高低对村民参与选举的程度有显著影响。在模型1中,我们以村民参与选举的程度作为因变量,解释变量为反映经济发展水平的三个变量以及村民的受教育程度、村庄离县城的距离和外出打工村民的比例。在反映经济发展水平的三个变量中,只有村庄相对生活水平这一变量对因变量的影响具有统计显著性,这显示出村庄经济发展的相对水平对于村民参与选举的程度来说至关重要。也就是说,影响村民参与选举的程度的并不是村民家庭收入或集体收入的绝对数,而是与同县其他

乡镇相比本村的相对经济发展水平。如果该村在其所在县中经济发展水平较高，村民的生活水平相对不错，村民参与选举的程度也就较高。相反，如果该村的经济发展在当地处于较低的水平，则村民参与选举的程度就较低。

在我们调查的两个县区中，村民对本村生活水平评价较高的村庄都是一些交通较为便捷的村庄，例如，我们在寿宁县调查的村庄中，对本村生活水平评价最高的两个村是地处县城所在地的鳌东村、大同村，厦门地区则是马巷镇的桐梓村和窗东村。寿宁鳌东村的被访者中有13.0%的人认为本村的生活水平比其他村"好很多"，56.5%的人认为比其他村"好一点"；寿宁大同村的受被访者中认为本村的生活水平比其他村"好很多"的占8.7%，认为"好一点"的占34.8%。厦门马巷镇桐梓村的被访者中认为本村的生活水平比其他村"好很多"的占28.0%，认为"好一点"的占68.0%；马巷镇窗东村的被访者中认为本村的生活水平比其他村"好很多"的占30.0%，认为"好一点"的占50.0%。而那些对本村生活水平评价较低的通常是一些远离县城、交通不便的村庄。我们在寿宁所调查的村庄中，对本村生活水平评价最低的是竹管垅乡坑底林村和大安乡村头村，厦门地区则是同安莲花镇的溪东村和澳溪村。寿宁坑底林村的被访者中认为本村的生活水平比其他村"好很多"的为0，认为"好一点"的占4.5%；寿宁村头村的被访者中认为本村的生活水平比其他村"好很多"和"好一点"的比例均为0。厦门溪东村的被访者中认为本村的生活水平比其他村"好很多"和"好一点"的比例均为0；厦门澳溪村的被访者中认为本村的生活水平比其他村"好很多"和"好一点"的比例均为0，绝大部分人认为本村的生活水平比其他村差。

村民对本村生活水平的评价与家庭年人均收入有一定的联系。我们在寿宁县所调查的村庄中，对本村生活水平评价最高的鳌东村和大同村，其家庭年人均收入在我们所调查的寿宁20个村中也名列第4位和第5位，分别为2716.15元和2423.20元；对本村生活水平评价最低的坑底林村和村头村，其家庭年人均收入分别名列第 17 位和第 19 位，分别为 1358.55 元和 1050.92 元。我们在厦门地区所调查的村庄中，对本村生活水平评价最高的桐梓村和窗东村，其家庭年人均收入在我们所调查的厦门 20 个村中分别名列第 5 位和第 1 位，分别为 5146.39 元和 15540.20 元；对本村生活水平评价最低的两个村是溪东村和澳溪村，其家庭年人均收入分别位列第 16 位和第 20 位，分别为 2819.26 元和 1495.37 元。但是，必须指出的是，村民对本村生活水平的评价反映的是整个村庄的一般生活水平，因此，同一个村庄的被访者对这一问题的回答虽然也存在差异，但不同村民对本村庄生活水平的评价还是比较一致的。相比之下，同一个村庄不同家庭年人均收入的差异却要大得多。正因为如此，以村庄为单位计算出的村民对本村生活水平评价的离散系数要在很大程度上小于村民家庭年人均收入的离散系数。以村庄为单位计算的村民对本村生活水平评价的离散系数为 27.45%，而家庭年人均收入的离散系数高达 171.94%。

从以上的分析中我们可以看出，我们所说的"村庄相对生活水平"，是村民对本村经济发展水平的一个综合评价，它反映的不是被访者个人的经济情况，而是整个村庄的情况。一个村庄如果在一个县内的相对生活水平较高，村集体拥有的经济发展机会也就相对较多，村委会所拥有的权力也随之增大。因此，随着村委会的决策与村民利益联系得日益密切，关心村委会选举的村民多了，想当村干部的人也多了，选举竞争就会变得更加激烈，选举竞争制度也就能够更好地得到实施。因此，除了对村民参与选举的程度有重大影响外，村庄相对生活水平的高低对选举制度的实施也有显著的影响。

第二，人均集体收入对选举竞争的激烈程度有显著影响。从表 5 可以看出，在模型 2 反映经济发展水平的三个解释变量中，虽然人均集体收入和村庄相对生活水平这两个变量对选举竞争的激烈程度的影响都具有统计显著性，但显然，前者的影响程度远大于后者。人均集体收入对选举竞争的激烈程度的影响不仅统计显著性水平要高得多，而且标准回归系数也要大得多。但是，家庭年人均收入对选举竞争激烈程度的影响却不具有统计显著性,这说明村民个人的收入并不直接影响选举竞争的激烈程度,直接与选举竞争激烈程度相关联的是集体收入的多少。集体收入多,想当村干部的人也多,在选举中所采用的竞选和拉票手段也就多种多样,选举竞争当然也就激烈。

如果说村民对本村相对生活水平的评价对村民在选举中的参与程度有较大的影响的话(参见模型1),那么对候选人之间选举竞争的激烈程度产生更大影响的则是村集体收入的多少。一些经济发达地区的村庄通常集体收入较多,因此每一届的村委会换届选举竞争也较为激烈。集体收入能够促进竞争性的选举,从而使得选举制度得到更好的实施。但是,这些集体收入不一定都是来自集体企业。由于管理方面的原因,集体企业往往经营不善,真正能够从集体企业得到较高收益的例子并不多。实际上,在经济发达的地方,如厦门的禾山镇,大部分村集体的收入都是来自出租村集体厂房所得的收入和征地的补偿费。在一些经济不发达的地方,在特定的情况下,因为村集体拥有较多的资源,选举竞争因此也相当激烈。① 在经济发达的村庄,之所以选举竞争更为激烈,是因为当村干部的好处较多,这主要表现为如下几个方面:①工资高,在集体年收入多达400万元的厦门后坑村,每个村干部的月工资在1000元以上;而在寿宁县,由于集体收入低,村干部中只有村委会主任和村党支部书记每月能从乡里领到200元的误工补贴。②富裕地区的村干部有更多的机会兴办自己的实业。通常情况下,经济发达地区的村干部都有自己办的工厂或公司,担任村干部这一职位,能够方便他们建立起与乡镇及其他政府部门的关系网络,有利于经济发达地区的村干部个人从事自己的商业经营。③富裕地区的村干部控制的资源多、权力更大。经济发达地

---

① 例如,在1997年的选举中,寿宁县犀溪乡的外山村是个很偏僻的村庄,但因为上级政府要投资100多万元给该村修公路,因此那一年的选举竞争变得十分激烈(犀溪访问,1997年)。

区的村委会不仅每年有多达数百万元的集体收入，而且村集体拥有的土地等资源也大幅升值。④富裕地区的村干部也更容易实施一些通常不受农民欢迎的国家政策，如计划生育和农业税的收缴。例如，在厦门市禾山镇，村委会通常用集体的收入为农民代缴农业税。① 虽然在经济发达地区担任村干部付出的精力和时间可能比经济落后地区的村干部要多得多，但他们担任村干部所获得的回报也要大得多。

第三，人均集体收入和村民对本村生活水平的评价对选举规范的实施有积极的影响。在模型3中，反映经济发展水平的两个解释变量——人均集体收入和村庄相对生活水平都对选举规范的实施产生积极、正面的影响，前者的标准回归系数为0.105，后者为0.186，而且具有统计显著性，但家庭年人均收入对因变量的影响却十分微弱，标准回归系数只有0.069，而且显著性水平为0.1。虽然人均集体收入和村庄相对生活水平对因变量的影响程度不如选举竞争的激烈程度这一解释变量，但在这一模型中，前者对因变量的影响是一种直接影响，即在控制选举竞争的激烈程度和村民参与选举的程度这两个变量之后其对因变量的直接影响。前者对选举规范程度的另一部分影响是通过两个中介变量——选举竞争的激烈程度和村民参与选举的程度起作用的。

第四，选举竞争越激烈，选举越规范。在模型3中，因变量是选举规范程度，除了反映经济发展水平的三个解释变量外，还增加了被访者的受教育程度、村民参与选举的程度、选举竞争的激烈程度、村庄离县城的距离以及外出打工村民的比例5个控制变量。在5个控制变量中，选举竞争的激烈程度对选举规范程度的影响最大，标准回归系数高达0.32，而且具有统计显著性，说明竞争越是激烈，村委会选举越是规范。

第五，村民参与选举的程度越高，选举越规范。对选举规范的实施影响居第三位的是村民参与选举的程度，标准回归系数为

---

① 厦门访问，2001年10月。

0.123，也具有很强的统计显著性，表明村民越是热心于参与选举，选举规范越能有效地得到实施。

为什么选举竞争的激烈程度和村民参与选举的程度对选举规范的实施具有如此巨大的作用呢？在经济发达的地方，尤其是村集体收入较多的村庄，村委会选举与村民的利益息息相关，当村干部的好处也较多，因此不仅能够使得较多的村民参与竞争村干部的职位，而且也使得一般的村民较为关心选举。在选举竞争激烈和村民高度参与选举的情况下，村级选举领导机构必须严格地按照程序进行选举，否则就会导致村民上访。例如，在1997年的村委会换届选举中，寿宁县南阳镇的领导就根据不同村庄选举的竞争激烈程度而采取不同的做法：如果选举竞争不激烈，那就按老办法，实行委托投票（即一家人的票由一个人代投），这样比较省事；如果选举竞争激烈，但双方候选人能够达成协议，也按老办法；如果选举竞争激烈而且双方不能达成协议，那就一定要按一人一票的方式投票（参见胡荣，2001a）。

第六，受教育程度对村民参与选举的程度有微弱影响。现代化理论认为，经济的发展能够提升公民的受教育程度，从而促进公民的政治参与。虽然在模型1中，受教育程度对村民参与选举的程度有一点影响（标准回归系数为0.084），但是，从回归模型2中可以看出，受教育程度对选举竞争激烈程度的影响不具有统计显著性，模型3则表明受教育程度对选举规范程度具有微弱的负面影响。

第七，村庄离县城越近，村民参与选举的程度相对也较高。模型2中第三个控制变量是调查村庄离县城的距离，其对因变量的影响没有统计显著性，说明村庄距离县城的远近并不会对选举竞争的激烈程度产生影响。在模型1中，村庄距离县城的远近对因变量的标准回归系数为-0.143，而且具有统计显著性，表明村庄离县城越近，村民就会更多地接受来自当地政治文化中心的信息，更多地了解选举法规，因而参与选举的程度较高。但是，在模型3中，村庄距离县城的远近对选举规范实施的影响的标准回归系数仅为-0.049，但不具有统计显著性，说明村庄距离县城的远近对村委会选举没有实质影响。

第八，外出打工的村民越多，村民参与选举的程度和选举竞争的激烈程度也越高。与相关研究者认为外出打工的村民越多，村民参与选举的程度越低的断言不同，表5的回归模型表明，外出打工村民的比例这一变量对村民参与选举的程度和选举竞争的激烈程度这两个因变量都有显著影响。虽然外出打工的村民对自己村庄的选举不是很感兴趣（因为他们更多地从村庄之外的其他渠道获得经济利益），但外出打工者每年春节回家时却可以带回大量在经济发达地区打工的见闻和信息。在外出打工的村民比例较高的村庄，那些目前在家没有外出的年轻村民很大一部分可能都有过打工的经历。自身的外出打工经历和其他外出打工的村民带回的信息都极大地拓展了村民的视野，使得他们更加积极地参与选举或作为候选人参加竞选。这便是为什么外出打工的村民比例高的村庄，村民参与选举的程度和选举竞争的激烈程度都较高的原因。

四　结论

我们在福建省的调查表明，在已经实行村级选举的村庄中，经济的发展有利于竞争性的村委会选举制度的实施。经济越发达，村委会选举搞得越好。也就是说，随着经济的发展，集体收入的增加使得村委会能够支配更多的经济资源，村庄整体的相对生活水平得到提高，从而增加了村委会的权力，激起村民参与选举的热情和候选人的积极参选，使得选举竞争变得更加激烈，村委会选举规范得到有效实施。根据以上分析，本文可以得出如下结论：在已经全面推行村级选举制度的村庄中，在村委会选举制度的实施过程中，村庄的经济发展水平是一个很重要的因素。经济越是发达，村集体的收入也越多，村委会控制的经济资源较多，村委会的选举与村民的利益越密切，更多的人越想竞争村干部的职位，村民参与选举的程度较高，选举竞争也较为激烈。在竞争激烈的情况下，村委会选举的制度性规定就成为调节村民与村民之间、候选人与候选人之间利益纷争的一个有效机制，从而村委会选举制度得到有效的实施。

如前所述，由于不同省份有关村委会选举的制度性规定有很大的差异，为了克服以往研究存在的偏差和不足，本项研究只是在福建省的范围内选取样本进行调查，这使得我们能够在相对一致的制度背景下比较不同的经济发展水平对村委会选举的影响。我们既没有从不同省份中选取样本进行比较，也没有考虑到诸如华西村、大邱村以及南街村等仍然在整体上保留集体经济的特殊村庄的情况。因此，本项研究的结论只针对那些在实行生产责任制以后已经全面推行村级选举制度的村庄得出的。由于中国不同省份、不同地区的情况有很大的差异，只在一个省抽样调查得出的结论能否在更广的范围内适用还有待进一步的研究加以验证。

尽管我们探讨的是基层社区自治组织的选举，但这并不意味着我们的村级民主与整个中国的民主化进程是没有联系的。事实上，许多学者也试图从中国民主化的进程来看村级选举所具有的意义。[①] 中国是个农业大国，大部分人口在农村。村级民主选举的训练对于培养农民的民主价值观、对于中国的进一步民主化无疑有着深远的意义。

参考文献

樊平，1999，《1998 年：中国农民状况报告》，载汝信等主编《1999 年：中国社会形势分析与预测》，社会科学文献出版社。

福建省民政厅，1994，《村委会选举工作指南》，福建教育出版社。

胡荣，1998，《村民委员会的自治及其与乡镇政府的关系》，《二十一世

[①] 例如，裴敏欣就认为村级选举是中国"渐进民主"的一部分（Pei, 1995），陈（Chan, 1998）则把村民自治看作是中国公民社会的增长点。

纪》第 50 期。

胡荣，2001a，《理性选择与制度实施：中国农村村民委员会选举的个案研究》，远东出版社。

胡荣，2001b，《村委会选举中村民的自主式参与》，载李连江主编《村委会选举观察》，天津人民出版社。

李普塞特，1997，《政治人：政治的社会基础》，张绍宗译，上海人民出版社。

王振耀、汤晋苏等，1994，《中国农村村民委员会换届选举制度》，中国社会出版社。

王振耀、汤晋苏等，1995，《中国农村村民代表会议制度》，中国社会出版社。

王仲田，1998，《中国农村基层的民主发展与农民的民主权利保障》，中国大陆村级组织建设研讨会论文，10月8～9日。

郑永年，1996，《乡村民主与中国政治进程》，《二十一世纪》第 35 期。

Almond, Gabriel A. and Sidney Verba. 1963. *Civil Culture*. Princeton: Princeton University Press.

Bian, Yanjie. 1994. *Work and Inequality in Urban China*. Albany: State University of New York.

Bian, Yanjie. 1997. "Bring Strong Ties Back In: Indirect Ties, Network Bridges, and Job Searches in China." *American Sociological Review* 62: 266 – 285.

Burns, John. 1988. *Political Participation in Rural China*. Berkeley: University of California Press.

Chan, Sylvia. 1998. "Research Notes on Villagers' Committee Election: Chinese Style Democracy." *Journal of Contemporary China* 7 (19): 507 – 521.

Downs, Anthony. 1957. *An Economic Theory of Democracy*. New York: Harper Collins Publishers.

Elklit, Jorgen. 1997. "The Chinese Village Committee Electoral System." *China Information*, Vol. 11, No. 4, pp. 1 – 13.

Epstein, Army. 1997. "Village Elections in China: Experimenting with Democracy." In Join Economic Committee, Congress of the United States, *China's Economic Future*. Armonk, NY: M. E. Sharpe.

Lawrence, Susan V. 1994. "Democracy, Chinese Style." *The Australian Journal of Chinese Affairs* 32: 59 – 68.

Lipset, Seymour Martin. 1959. "Some Social Requisites of Democracy: Economic Development and Political Legitimacy." *American Political Science Review* 53: 69–105.

Nie, Norman H., Bingham G. Powell Jr., and Kenneth Prewitt. 1969a. "Social Structure and Political Participation: Developmental Relationships, Part I." *American Political Science Review* 63 (2): 361–378.

Nie, Norman H., Bingham G. Powell Jr., and Kenneth Prewitt. 1969b. "Social Structure and Political Participation: Developmental Relationships, Part II." *American Political Science Review* 63 (3): 808–832.

O'Brien, Kevin J. 1994. "Implementing Political Reform in China's Villages." *The Australian Journal of Chinese Affairs* 32: 33–59.

O'Brien, Kevin J. and Lianjiang Li. 2000. "Accommodating 'Democracy' in a One-Party State: Introducing Village Elections in China." *The China Quarterly* 162: 465–489.

Oi, Jean C. 1989. *State and Peasant in Contemporary China: The Economy of Villages Government.* Berkeley: University of California Press.

Oi, Jean C. 1996. "Economic Development, Stability and Democratic Village Self-Governance." In Maurice Brosseau, Suzanne Pepper, and Tsang Shu-ki (eds.), *China Review 1996.* Hong Kong: The Chinese University Press.

Oi, Jean and Scott Rozelle. 1997. "Democracy and Markets: The Link Between Participatory Decision-Making and Development in China's Economy." Presented at the International Symposium on State and Society in China, University of Shzuoka, Japan, November 23–24.

Oi, Jean and Scott Rozelle. 2000. "Elections and Power: The Locus of Decision-Making in Chinese Villages." *The China Quarterly* 162: 513–539.

Pastor, Robert A. and Tan, Qingshan. 2000. "The Meaning of China's Village Elections." *China Quarterly* 162: 490–512.

Pei, Minxin. 1995. "Creeping Democratization in China." *Journal of Democracy* 6 (4): 65–79.

Prezeworski, Adam and Limongi, Femando. 1997. "Modernization: Theories and Facts." *World Politics*, Vol. 49, No. 2, pp. 155–183.

Shi, Tianjian. 1999. "Economic Development and Village Elections in Rural China." *Journal of Contemporary China* 8 (22): 425–442.

Shi, Tianjian. 2000. "Cultural Values and Democracy in the People's Republic of China." *The China Quarterly* 162: 540 – 559.

Thurston, Anne F. 1998. "Muddling Toward Democracy: Political Change in Grassroots China." *Peaceworks*, No. 23, United States Institute of Peace.

Walder, Andrew. 1986. *Communist Neo-Traditionalism: Work and Authority in Chinese Industry*. University of California Press.

Weiner, Myron. 1971. "Political Participation: Crisis of the Political Process." In Leonard Binder et al. (eds.), *Crisis and Sequences in Political Development*. Princeton University Press.

影响妇女在村级选举中参与的
诸因素分析[*]

一 文献回顾和问题的提出

20 世纪 80 年代中期开始在中国农村实行的村民自治在很大程度上激发了农村居民的政治参与热情。村级选举不同于过去流于形式的选举，村民在选举中可以通过选票表达自己的意愿，是一种有选择的选举（参见胡荣，2001a），因此村民在选举中的参与也被看作是一种自主式的参与（胡荣，2001b）。村民委员会直选，为农村妇女参与政治创造了新的发展机遇。在村委会选举中，随着选举制度的不断完善，女性选民的参与程度也在逐步提高。例如，有关研究表明，吉林省梨树县在没有完全实行"海选"前，没有一名妇女当选村委会主任和村委会副主任。而从第三届"海选"普遍推广以后，妇女当选村干部有了零的突破：第三届有 2 位妇女当选村委会主任，第四届产生了 4 名女性村委会正副主任，第五届产生了 6 名女性村委会正副主任。在第五届选举中，妇女参选率达 98.1%，全县 86.3% 的村委会中有女委员当选（白艳、张桂华、郭峰，2004）。但是，不少研究发现，中国农村妇女参与政治的状况并不容乐观：中国农村妇女政治参与的民主意识淡漠、选举信任感低下、参与行为被动（张勇，2004；张凤华，2002）。

---

[*] 本文发表于《华东师范大学学报》2006 年第 5 期。

有的研究者在浙江的调查发现,妇女在村委会成员中所占的比例极小,多的地方可达 22.7%(如余姚市),少的地方只有 6.66%(如嵊州市),农村妇女政治参与的程度不高,妇女实际参政水平相当低,普遍存在"三多三少"的现象,即基层领导多,高层次领导少;副职多,正职少;虚职的多,实职的少(何包钢、郎友兴,2001)。还有的研究者指出,中国农村妇女政治参与的广度不够,妇女参与政治的广度明显低于男性,妇女参与政治的主动性也低于男性(董善浦,2004)。

为什么农村妇女的参政水平没有随着政治民主化进程的深入而自发地提高呢?现有的研究分别从社会和文化的环境因素、农村妇女自身的主体因素、农村政治参与制度方面的客体因素三个方面来分析。农村社会环境中,"男主内,女主外"的性别分工模式和从夫居的婚姻模式,以及农村传统的以男性为本位并在男性审视之下的文化,给妇女的参政带来了许多无形障碍(杨翠萍,2002;李慧英、田晓红,2003;刘中一,2001)。在政治参与的主体方面,妇女集家务劳动、生育和社区管理三重角色于一身,参与选举力不从心(李慧英、田晓红,2003;刘中一,2001),妇联组织在村落权力结构中的边缘地位也弱化了农村妇女参与政治的积极性(向常春,2003;杨翠萍,2002)。村民自治的政策和制度的实施对农村妇女参与政治也产生了一定的影响,特别是选举过程的形式化、选举机构不健全和选举活动的不规范挫伤了农村妇女参与选举的积极性;采取"村聘乡管"的补救措施以及指派和荐举的方式,给妇女参选设置了人为的障碍(张勇,2004;杨翠萍,2003;赵倩倩,2003)。除了以上因素制约农村妇女的政治参与外,也有研究指出宗族对选举的控制也造成了对妇女权力空间的侵犯(刘中一,2001);农村妇女参与政治处于低谷的状况,根本原因在于中国农村、农民的劣势处境(何包钢、郎友兴,2001)。

从以上简略的回顾中可以看出,现有的研究对于我们了解农村妇女在村级选举中的参与现状是有帮助的。但是,现有的研究还很不够,一些研究只是基于对个案选举的观察得出结论;有的研究虽有定量的调查,但只是一些频数和百分比的分析,停留在简单的描述分析阶段。为了能够较为深入地探讨影响妇女在村级选举中参与情况的不同因素,本文根据 1999 年在福建省寿宁县和厦门市两地调查所得的数据进行分析。

本项研究于 2001 年 9~10 月进行抽样调查。样本按多段抽样法抽取,分别在福建省寿宁县和厦门市各抽取 5 个乡镇,然后从每个乡镇中各抽 4 个行政村,共抽取 40 个行政村。再从每个行政村中按随机原则抽取 25 位 18 周岁以上的村民,共成功访问村民 913 人。在这 913 人中,男性占 56.3%,女性占 43.7%。[1] 从年龄结构看,30 岁以下的村民占 24.4%,31~40 岁的村民占 28.1%,41~50 岁的村民占 23.6%,51~60 岁的村民占 12.9%,61 岁及以上的村民占 11.0%。

二 影响女性政治参与的诸因素分析

诺曼·尼(Norman Nie)和西德尼·伏巴(Sidney Verba)把政治参与界定为"平民或多或少以影响政府人员的选择及(或)他们采取的行动为直接目的而进行的合法活动"(诺曼·尼、西德尼·伏巴,1996:290)。在本项研究中,我们在问卷中列了 16 个方面的问题测量村民在选举中的参与情况,这些问题包括是否参与候选人的提名、是否参与投票等。从表 1 中我们可以看出,男女村民在这 16 个项目中的参与比例均存在很大差异。我们根据主成分法对这 16 个项目进行因子分析,经过最大方差法旋转,共提取 4 个因子。根据因子负载,将这些因子分别命名为预选因子、竞选因子、提名因子和罢选因子。预选因子包括这样几个项目:"参加预选会"、"参加候选人情况介绍会"、"在候选人的竞选演说会上向候选人提问"、"参加候选人的竞选演说会""在候选人的竞选演说会上发表看法"以及"对于不恰当的选举安排提出批评和建

---

[1] 在这 913 人中,男性 513 人,女性 398 人,其中 2 人为缺省值。

议"。竞选因子包括这样几个项目:"动员别人投票支持自己拥护的候选人"、"劝说别人不投自己反对的候选人的票"、"帮助自己拥护的候选人竞选"以及"参加投票"。提名因子包括的项目有:"单独提名候选人"、"动员别人提名候选人"、"与其他村民一起提名候选人"以及"毛遂自荐当候选人"。罢选因子只包括两个项目:"因为对选举安排不满意而拒绝参加投票"和"因为对选举安排不满意而动员别人不参加投票"。(见表2)为了把村民在村级选举中的参与程度综合用一个变量来表示,我们把4个因子的值分别乘以其方差后相加,即:村民在选举中的参与程度=预选因子值×0.21197+竞选因子值×0.13489+提名因子值×0.10638+罢

表 1　村民在村委会选举中的参与程度

单位:人,%

项　目	男性 人数	男性 比例	妇女 人数	妇女 比例
1. 单独提名候选人	37	7.4	19	5.0
2. 动员别人提名候选人	16	3.2	5	1.3
3. 与其他村民一起提名候选人	50	9.8	18	4.7
4. 毛遂自荐当候选人	11	2.2	5	1.3
5. 参加预选会	82	16.1	29	7.6
6. 动员别人投票支持自己拥护的候选人	35	6.9	13	3.4
7. 劝说别人不投自己反对的候选人的票	29	5.7	15	3.9
8. 参加投票	425	83.3	299	77.1
9. 帮助自己拥护的候选人竞选	37	7.3	18	4.7
10. 对于不恰当的选举安排提出批评和建议	33	6.5	11	2.9
11. 参加候选人情况介绍会	50	9.9	19	5.0
12. 在候选人的竞选演说会上向候选人提问	28	5.5	2	0.5
13. 参加候选人的竞选演说会	45	8.9	14	3.6
14. 在候选人的竞选演说会上发表看法	25	4.9	4	1.0
15. 因为对选举安排不满意而拒绝参加投票	14	2.8	3	0.8
16. 因为对选举安排不满意而动员别人不参加投票	3	0.6	1	0.3

选因子值×0.09167。转换后，村民在选举中参与程度的平均值为6.61分，其中，男性村民的参与值为8.57分，女性村民的参与值为3.97分，二者存在显著差异。

表2 村民在选举中参与情况的因子分析

项 目	预选因子	竞选因子	提名因子	罢选因子	共量
单独提名候选人	0.297	0.079	0.398	-0.063	0.257
动员别人提名候选人	0.189	0.382	0.531	0.106	0.474
与其他村民一起提名候选人	0.110	0.007	0.651	0.036	0.437
毛遂自荐当候选人	-0.039	0.249	0.622	-0.047	0.453
参加预选会	0.566	-0.113	0.435	0.066	0.527
动员别人投票支持自己拥护的候选人	0.101	0.743	0.111	0.153	0.598
劝说别人不投自己反对的候选人的票	-0.010	0.713	0.137	0.181	0.560
参加投票	0.059	-0.351	0.333	0.187	0.273
帮助自己拥护的候选人竞选	0.339	0.681	0.168	-0.012	0.606
对于不恰当的选举安排提出批评和建议	0.462	0.359	0.118	0.261	0.424
参加候选人情况介绍会	0.788	0.016	0.215	0.026	0.668
在候选人的竞选演说会上向候选人提问	0.821	0.256	0.033	-0.095	0.750
参加候选人的竞选演说会	0.818	-0.047	0.136	0.042	0.692
在候选人的竞选演说会上发表看法	0.790	0.230	-0.039	0.086	0.686
因为对选举安排不满意而拒绝参加投票	0.017	0.055	0.082	0.780	0.618
因为对选举安排不满意而动员别人不参加投票	0.052	0.179	-0.065	0.811	0.696
特征值	3.392	2.158	1.702	1.467	8.719
解释方差	21.197%	13.489%	10.638%	9.167%	54.491%

为什么男女村民在村级选举中的参与情况存在如此之大的差

异呢？是妇女的文化程度低，还是其他因素导致女性的政治参与程度偏低？在这里，我们将使用比较平均值的方法，分别在加入受教育程度、年龄和政治面貌等因素的情况下，比较男女村民在村级选举中的参与情况。

我们先来看一看在控制了受教育程度之后男女村民在村级选举中的参与情况。在中国农村，男女两性的受教育程度确实存在较大的差异。在本项研究中，我们也发现男性被访者的平均受教育年限为 6.5 年，女性被访者的平均受教育年限为 4.59 年，而且二者的差异具有统计显著性。但是，在控制了受教育程度之后，男女两性之间的政治参与程度依然存在很大的差异。从图 1 可以看出，在未上过学者中，男性村民的政治参与情况得分为 7.77 分，比女性村民的 2.54 分高 5.23 分；而随着受教育程度的提高，男女村民政治参与程度的差异进一步扩大，对于上学 1~3 年者差距达 7.10 分；虽然受教育年限为 4~6 年和 7~9 年这两组男女村民的政治参与程度差异有所缩小，但对于受教育年限为 10~12 年的被访者来说，二者之间的差距更高达 9.43 分。不过，对于受教育年限达 13 年及以上者，女性村民的政治参与程度却远远高于男性。为什么会出现这一情况呢？在农村地区，接受过 13 年及以上教育者通常具有大专或本科学历，他们大多离开农村到城市工作，因此，具有大专以上学历而又留在农村者是非常少的。在本次调查

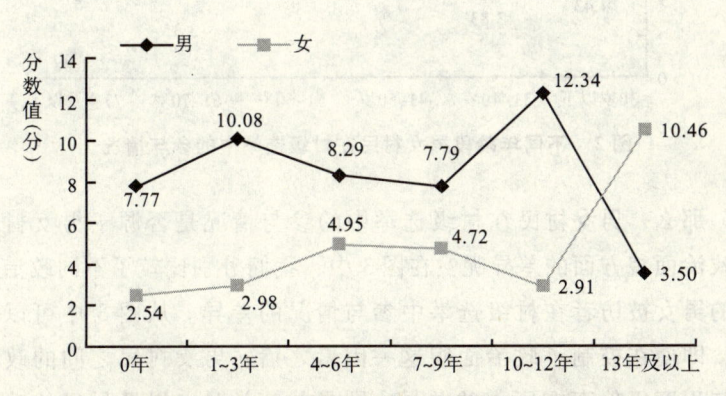

图 1 不同受教育程度的男女村民在村级选举中的参与情况

中，具有13年及以上受教育程度者只有12人，仅占全部被访者的1.3%。通常，具有大专以上文化程度的男性被访者即使待在农村，也只是暂时性的，他们还是有到城市发展的计划，因此对村级选举远没有一般村民那样关心和投入。但对于仍然留在农村的具有大专文化的女性被访者来说，她们人数虽少，但却可能作为妇女干部被加以培养，因此她们参与选举的程度自然也就比较高。

我们再来看一看不同年龄段男女村民参与选举的情况。在控制了年龄因素之后，男女村民之间的政治参与情况仍然呈现很大的差异。从图2中可以看出，男性村民的政治参与情况呈明显的倒U形曲线，即年轻的男性村民的政治参与程度普遍较低，但随着年龄的增长政治参与程度也不断提高，到41~50岁年龄组达到最高峰，而后又随着年龄的增长而减弱。但是，对于女性村民来说，这一变化并不明显，即在不同的年龄段，女性村民的政治参与程度始终维持在一个很低的水平上。

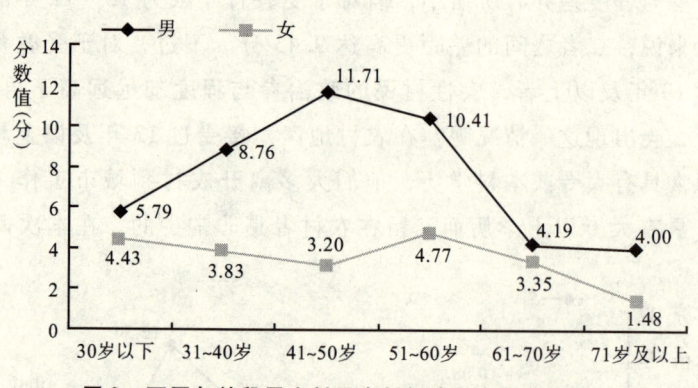

图2 不同年龄段男女村民在村级选举中的参与情况

那么，男女村民在村级选举中的参与情况是否源于男女村民在政治面貌方面的差异呢？在图3中，我们分别比较了不同政治面貌的男女被访者在村级选举中参与情况的差异。从图3中可以看出，即使在控制了政治面貌这一因素之后，男女村民之间的政治参与程度仍然存在巨大的差异：同是共产党员，男性村民的政治参与程度得分比女性村民高 9.42 分；同是共青团员，男性村民的政治参与程度得分比女性村民高 2.92 分；同是曾入过团者，男性村民的政治参与程度得分比女性村民高 6.89 分；一般群众中男性村民的政治参与程度得分也比女性村民高 2.55 分。因此，政治面貌的不同并不能解释男女村民在村级选举中参与情况的差异。

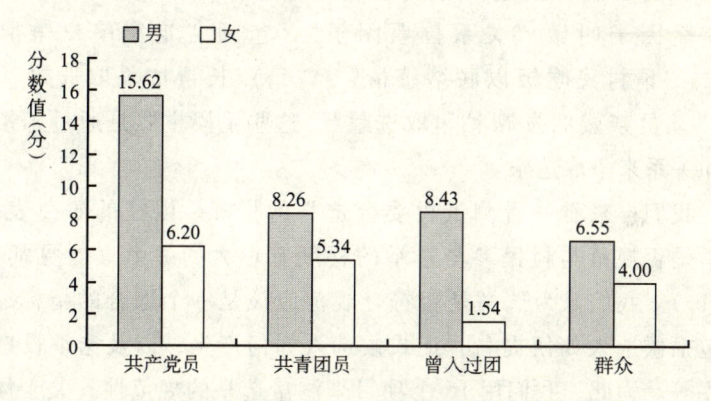

图 3　不同政治面貌的男女村民在村级选举中的参与情况

三　多元回归分析

以上分别在控制了受教育程度、年龄和政治面貌等因素之后，分析比较男女村民政治参与情况的差异。为了更为深入地分析不同因素对男女村民在村级选举中参与程度的影响，我们打算建立一个多元回归方程。在回归方程中，除了加入被访者个人特征的一些变量，如年龄、受教育程度、是否党员、是否当过村组干部等进行预测外，我们还加入了村庄离县城的距离以及测量选举竞争的激烈程度和选举规范程度的变量作为控制变量。为了测量选举竞争的激烈程度，我们在问卷中设计了这样的问题："在最近一次村委会选举中，你们村有没有候选人用下列方法争取选票？"在问题之后我们分别列了 9 种竞选拉票的方法。根据被访者对这 9 个项目回答的情况,我们进行因子分析,发现可以提取两个因子:第一个因子我们称之为"竞选承诺因子",因为它包括"答应当选后为村民办实事"、"答应当选后少收甚至不收提留"、"答应当选后调查前任村干部的腐败问题"、"答应当选后带领大家致富"以及"答应当选后用自己的钱为大家谋福利"这几个项目,这些手段主要表现为候选人通过承诺当选后做一些事来争取选票;第二个因子叫做"关系拉票因子",包括"走家串户争取支持"、"请村民吃饭以联络感情"、"请族长帮忙争取选票"以及"动员亲戚朋友帮忙争取选票",这些手段主要是通过感情联系和关系来争取选票。

我们再来看一看测量村委会选举的指标。以往的研究表明,选举是否规范与村民参与选举的程度有很大的关系(参见胡荣,2001a)。我们认为选举是否符合规范应该是一个综合的指标,这里包括候选人如何提名、正式候选人如何产生,以及选举投票的程序等。为此,我们用15个项目来测量选举的规范性。关于候选人如何提名的项目包括:①村民直接提名候选人(包括单独提名和联合提名);②村党支部提名候选人;③乡镇选举指导小组提名候选人;④上届村委会提名候选人;⑤村民代表提名候选人;⑥村民自荐成为候选人。在这6个项目中,①、⑤和⑥都是正向的,如果越多的被访者对这些项目的回答是肯定的,则表明选举提名的基础越广泛,不是由上级在小圈子中圈定候选人。②、③、④则是负向的,如果越多的被访者对这些问题的回答是肯定的,则表明提名的程序越不民主,是由少数上级领导在小圈子中圈定候选人。⑦~⑩是关于正式候选人如何产生的:⑦正式候选人是否由村民投票产生;⑧正式候选人是否由村党支部决定;⑨正式候选人是否由乡镇选举指导小组决定;⑩正式候选人是否由村民代表投票决定。最后5个问题是关于投票选举方式的:⑪是否实行差额选举;⑫是否开选举大会由全体选民投票;⑬是否使用流动票箱;⑭是否设立固定投票站;⑮是否设立秘密划票间。因此,除了把是否差额选举、是否开选举大会由全体选民投票作为选举是否规范的指标外,我们还把是否设立流动票箱、是否设立固定投票站以及是否设立秘密划票间作为选举是否规范的指标。每个村庄在这15个项目上的得分加在一起就是该村在选举规范性方面的总得分。

表3 影响男性村民在村级选举中参与情况的诸因素的回归分析

预测变量	模型 I	模型 II
性别	4.667 (0.153) ****	4.246 (0.139) ****
选举规范程度	0.818 (0.145) ****	0.859 (0.152) ****
选举竞争的激烈程度		
竞选承诺因子	3.058 (0.204) ****	2.617 (0.175) ****
关系拉票因子	-1.384 (-0.092) **	-1.150 (-0.076) **
村庄离县城的距离	-0.179 (-0.152) ****	-0.217 (-0.183) ****
是否党员		6.040 (0.141) ****
是否当过村组干部		6.759 (0.161) ****
是否参军		2.264 (0.038)
年龄		0.343 (0.314)
年龄的平方		-4.279E-03 (-0.371) *
受教育程度		5.014E-02 (0.012)
Constant	4.944 ****	-2.622
N	710	694
Adjusted R^2	11.9%	18.3%
F	20.098	15.090

* $p<0.10$, ** $p<0.05$, *** $p<0.01$, **** $p<0.001$。

从回归分析的结果可以看出以下几点。

第一,在加入其他控制变量后,男女村民在村级选举中参与情况的差异仍然很大。在模型 I 中,只有选举竞争的激烈程度的两个因子、选举规范程度和村庄离县城的距离这几个控制变量,从回归系数可知,男性村民比女性村民的政治参与程度高4.667分;在模型 II 中进一步加入是否党员、是否当过村组干部、是否参军、年龄、受教育程度等因素之后,男女村民在村级选举中参与程度的差异仍然很大,男性村民比女性村民的政治参与程度高4.246分,只比模型Ⅰ降低了0.421分。这说明男女村民在村级选举中参与情况的差异很大程度上是由性别差异本身造成的,而不是由于男女村民在政治面貌、是否当过村组干部、有没有参军的经历以及受教育程度等方面的差异造成的。

第二,是否党员和是否当过村组干部对村民的政治参与程度有很大影响。在控制了其他相关变量的情况下,党员比非党员的政治参与程度高6.040分,当过村组干部者比一般村民高6.759分。不过,参军的经历对村民在村级选举中的参与程度并没有影响。

第三,年龄对村民选举参与程度的影响呈倒U形,受教育程度对选举参与程度的影响不具有统计显著性。就像前面比较平均值分析所表明的,年龄对选举参与程度的影响呈倒U形,即随着年龄的增长对选举的参与程度也逐渐提高,但到一定程度后又随着年龄的增长而下降。不过,在控制其他变量的情况下,受教育程度对选举参与程度的影响并不具有统计显著性。实际上,由于村级选举只是在行政村的小范围内进行,参与村级公共事务并不一定要具备一定的文化程度。

第四,选举规范程度和选举竞争的激烈程度都对村民参与选举的程度有很大的影响。在两个模型中,选举规范程度这一变量对因变量的影响不仅具有统计显著性,而且标准回归系数分别高达0.145和0.152。虽然两个反映选举竞争激烈程度的因子对因变量的影响都具有统计显著性,但它们的影响程度和方向是不一样的:竞选承诺因子对选民参与选举不仅影响程度大,而且是正向的,即候选人越是较多地用积极承诺的方式争取选票,村民参与选举的程度也就越高;关系拉票因子对选民参与选举的程度有一定影响,但不是太大,而且是负向的。

四 小结

从以上的分析中可以看出,男女村民在农村选举中的政治参与程度存在着很大的差异。从总体上看，男性村民的参与值为8.57，妇女只有3.97，不到男性的一半。在分别加入受教育程度、政治面貌、年龄、是否当过村组干部等因素后，男女村民在政治参与情况上仍然存在很大的差异。这表明，农村妇女在村级选举中参与程度低并不能简单地从妇女文化程度低或妇女干部少这些方面加以解释。一些跨国比较研究表明，在发达国家，男女两性的政治参与程度差异不大，而发展中国家的差异较大（Nie, Verba, & Kim, 1974）；一个国家内部的比较研究也表明经济发达地区男女两性在政治参与方面的差异小于经济发展落后地区（Goel, 1975）。史天健在北京城市社区的研究表明，男女市民的投票参与情况虽然都受年龄的影响较大，但二者的参与率相差不大（Shi, 1997: 170）。北京是中国的政治和文化中心，那里的居民素质较高，女性就业的比例也相当高，因此，男女两性的政治参与情况差别不大。但中国农村多为落后地区，居民文化素质较低，男女性别分工存在很大的差异，在"男主外，女主内"的性别分工模式下，通常女性很少参与村中的公共事务，而是把更多的精力放在家务和子女教育方面，因此二者在政治参与方面才会存在如此巨大的差距。因此，在现阶段，要从总体上提高妇女的政治参与水平，不仅有赖于进一步推进和完善村民自治，还应该从整体上提高农村居民的文化素质，从根本上改变妇女处于从属地位的传统性别角色分工。

参考文献

白艳、张桂华、郭峰，2004，《从农村基层民主选举看妇女参政——对吉林省梨树县村委会直选的思考》，《长白学刊》第3期。

董善浦，2004，《中国妇女政治参与存在的问题与改善》，《改革与发展》第2期。

何包钢、郎友兴，2001，《妇女与村民选举：浙江个案研究》，《中国农村观察》第1期。

胡荣,2001a,《村民委员会选举中村民的自主式参与》,载徐勇、吴毅主编《乡土中国的民主选举》,华中师范大学出版社。

胡荣,2001b,《理性选择与制度实施:中国农村村民委员会选举的个案研究》,远东出版社。

李慧英、田晓红,2003,《制约农村妇女政治参与相关因素的分析——村委会直选与妇女参政研究》,《中华女子学院学报》第2期。

刘中一,2001,《对一次民主选举的考察——农村政治民主化进程中妇女参政的难点及制约因素分析》,《妇女研究论丛》增刊。

诺曼·尼、西德尼·伏巴,1996,《政治参与》,载格林斯坦、波尔比编《政治学手册》(下册),竺乾威等译,商务印书馆。

向常春,2003,《民主与自主:农村妇女民主参与制的因素分析》,《社会主义研究》第4期。

杨翠萍,2002,《性别与民主:村委会选举中的妇女参与——以河南曹村为例》,《华中师范大学学报》(人文社会科学版)第6期。

杨翠萍,2003,《村委会选举:农村妇女参与缺失的原因分析》,《社会主义研究》第4期。

俞歌春,2003,《村民自治:中国乡村女性民主政治参与的转型》,《福建论坛·经济社会版》第3期。

张凤华,2002,《农村妇女在村委会选举中的参与意识分析》,《华中师范大学学报》(人文社会科学版)第6期。

张勇,2004,《农村妇女参与村委会选举的现状及其影响因素》,《社会实证》第4期。

赵倩倩,2003,《从韶关市村委会的构成看农村妇女政治参与》,《广东行政学院学报》第3期。

Goel, Lal M. 1975. *Political Participation in Developing Nation: India.* New York: Asia Publishing House.

Nie, H. Norman, Sidney Verba, & Jae-on Kim. 1974. "Political Participation and Life Cycle." *Comparative Politics* 6 (3): 319 - 340.

Shi, Tianjian. 1997. *Political Participation in Beijing.* Cambridge: Harvard University Press.

第二部分

农村基层政权建设

农村基层政权内卷化与农民上访

一　研究背景与问题的提出

"内卷化",英文为 involution,是美国人类学者克利弗德·吉尔茨（Geertz, 1963）在研究爪哇农业时首先提出的一个概念,它指的是这样一种情况：在殖民地和后殖民地时代的爪哇,农业生产长期以来未能发展,只是不断地重复简单再生产。尽管这种生产并未导致人均收入的急剧下降,但它阻碍了经济的发展,人均产值并未提高。后来,汉学家黄宗智（2000a, 2000b）又借用这一概念,研究中国小农经济问题。在《华北的小农经济与社会变迁》一书中,黄宗智以充分的资料为依据,提出了"不要把商品经济的发展简单地等同于向资本主义过渡"。在《长江三角洲小农家庭与乡村发展》一书中,他进一步阐释了"内卷化型商品化"（另译"过密型商品化"）的概念,描述了同西方国家完全不同的商品化概念。他认为,中国农村的商品化不是由经营型农场主的获利动机驱使的,而是人口过多对土地的压力推动的,以密集的劳动投入为代价,因此,并不存在劳动生产率的提高,小农生产者只能长期处于糊口水平,中国人口的大部分仍被束缚于粮食生产。这种商品化不仅难以导致小农经济解体,反而会延续小农经济。

美国学者杜赞奇（1994）也曾借用"内卷化"这一概念来描述 20 世纪前半期中国国家政权的扩张及其现代化过程。杜赞奇在 1994 年出版的《文化、权力与国家：1900~1942 年的华北农村》

一书中，提出了"国家政权内卷化"这一概念。杜赞奇注意到，随着地方乡绅从传统的乡村自治中退出，农村政治领域出现了真空，地方恶势力进入乡村政治之中。这些地头蛇、恶霸、地痞、无赖等为非作歹之徒与地方政府官员结成同盟。一方面，他们帮助地方政府盘剥农民，为国家搜刮资源，似乎是强化了国家能力；但是另一方面，他们也利用与政府的联姻以为国家征收税费为名中饱私囊、横行乡里、欺压良善，造成国家税源的流失。他们对地方政府官员有极大的腐蚀作用，许多地方政府官员逐渐放弃了原有的政治角色，蜕变为身着官服的恶势力，不是管理、服务农民，而是鱼肉农民。杜赞奇借用著名人类学家吉尔茨的概念，把这种国家能力貌似增强实则衰退的矛盾现象称为国家政权的内卷化。杜赞奇认为，国家政权的扩张应建立在提高效益的基础上，否则其扩张便会成为吉尔茨所描述的那种"内卷化"。按照杜赞奇的理解，"国家政权内卷化"具有双重含义：国家政权内卷化在财政方面的最充分表现是，国家财政每增加一分，都伴随着非正式机构收入的增加，而国家对这些机构缺乏控制力，即国家财政收入的增加与地方上的无政府状态的发展是同步的；更广泛地说，国家政权内卷化是指国家机构不是靠提高旧有或新增机构的效益，而是靠复制或扩大旧有的国家或社会体系（如中国旧有的赢利型经纪体制）来扩大其行政职能（杜赞奇，1994：66～67）。"国家政权内卷化"虽然在短期内给中央政府提供了税款，在表面上增强了国家汲取资源的能力，但事实上是从结构上架空了中央政府，弱化了国家能力。"国家政权内卷化"使中央政府从结构上失去了对于农村税收的有效控制，连带丧失了对地方政府的有效控制，并最终丧失了对乡村社会的控制能力。

20 世纪 90 年代以来，我国农村不少地区的政治都发生了内卷化现象，其表现方式与杜赞奇描述的"国家政权内卷化"非常类似。一方面，在增强国家能力的旗号下，各级政府对农民经济资源的汲取能力确实是增强了。但是，在资源汲取能力增强的同时，中央政府却不能对地方政府特别是基层政权进行有效的政治管制。

例如，虽然中央三令五申要地方政府减轻农民负担，但却无法得到有效实施。乡镇政府官员的一些行为，不仅没有起到增强国家能力的作用，反而动摇了国本。

与农村基层政权内卷化相关的"三农"问题已经引起了政府和学者的重视，一些学者对农民问题进行了大量的研究。例如，有的学者注意到影响农村稳定的主要因素已由过去发生在农民与农民之间的群体性事件（械斗），过渡为主要针对基层政府和组织的群体性事件（萧唐镖，2003）。由农村基层政权内卷化引发的上访问题也引起了一些学者的关注（如方江山，2000；应星，2001），但目前对上访等问题进行研究的大多是公、检、法等部门的研究机构或研究人员，而且主要是对村民集体上访及其引发的群体性事件的诱发原因、发展规律及对策设计等进行一般性解释与阐述，缺乏理论深度和学理上的分析。

现有的国外学者对基层政权的研究大多是探讨其在经济体制改革以及政治改革中的作用，诸如其在村民自治和乡镇直选中扮演的角色（参见 Kelliher, 1997；Li, 2001），只有少数涉及与基层政权内卷化有关的政府暴力问题（例如，Li and O'Brien, 1996；Wedeman, 1997；Li, 2001）。与此同时，对中国农民政治行为的研究也只是集中于"每日的抗争形式"（参见 Scott, 1985, 1986；Oi, 1989），制度化的参与（Burns, 1988；Jennings, 1997），由社区内部或不同家族的矛盾引发的暴力和改革导致的社会冲突（Perry, 1985），以及争取权利的斗争（例如，Li and O'Brien, 1996；O'Brien, 1996, 2002）。但是，目前学者尚未对农村基层政权的内卷化现象进行全面的研究。

与现有的这些研究不同，本文打算运用问卷调查得来的数据探讨基层政权的内卷化与农民上访之间的关系。基层政权的内卷化表现是多方面的，那么，究竟是基层政权内卷化的哪些因素促使农民上访呢？是基层政权内卷化的不同表现共同导致农民的上访，还是其中某些因素起的作用更大一些？另外，哪些因素可以减少农民的上访？其他一些因素，诸如农民政治参与范围的扩大和司法的公正是否能够减少农民的上访呢？弄清了哪些因素导致农民上访及其起作用的机制，将可以在此基础上探讨解决农村基层政权内卷化的相应对策。

二 研究设计与变量测量

本项研究的数据来自 2003～2005 年的问卷调查。调查共分两部分。第一部分是 2003 年 11 月在福建省寿宁县和浙江省泰顺县进行的入户调查。这一部分的样本是完全按照随机原则抽取的，先从各县各抽取 5 个乡镇，然后再从各乡镇中随机抽取 4 个行政村，从每个行政村中再随机抽取 20 户左右的村民。这次调查共成功访问村民 812 人，其中，在过去十多年中有过上访经历的村民为 45 人，占被访村民总数的 5.5%。第二部分采用同样的问卷法调查曾经有过上访经历的农民，分别在 2004 年 1 月、2004 年 8～9 月和 2005 年 1 月通过厦门大学的学生利用假期返乡的时间进行调查。这次调查无法按随机原则抽样，范围遍及全国沿海和内陆的不同省份，共成功访问上访者 205 人。在总样本 1017 人中，男性 599 人，占 58.9%，女性 418 人，占 41.1%；不同年龄段被访者的比例分别为，30 岁以下的被访者占 23.4%，31～40 岁的被访者占 32.0%，41～50 岁的被访者占 21.5%，51～60 岁的被访者占 15.1%，61 岁及以上的被访者占 8.1%；被访者中有过上访经历者共 241 人，占总样本的 23.7%，其中党员 180 人，占总样本的 17.7%。

在本项研究中，最主要的因变量是农民上访的情况。我们在问卷中向被访者询问这样的问题："在过去十年中，你本人是否上访过？"在我们成功访问过的 1017 人中，有过上访经历的为 241 人。在这 241 人中，只到过乡镇一级政府上访的为 18 人，上访最高到过县一级政府的为 51 人，到过市级政府的为 81 人，到过省政府的为 68 人，到过北京的为 23 人。

为了了解基层政权内卷化与相关因素对农民上访的影响，我们设计了这样几个预测变量：一是测量基层政权内卷化的变量；

二是测量农民政治参与的变量；三是测量司法公正的变量。

我们先来看一看测量基层政权内卷化的几个变量。相关的报道和研究表明，许多地方的农民上访与地方政府在执行计划生育政策和收缴税费方面存在偏差有很大关系。为了贯彻实施计划生育这一基本国策，在一段时间里，地方政府手中拥有很大的权力，可以对违反计划生育规定的农民进行处罚。而为了解决地方政府日益增加的财政开支问题，地方政府往往在国家规定的税收之外再收取统筹和提留。虽然中央政府三令五申要地方政府减轻农民负担，但在税费取消之前，由于基层政府受利益驱动，农民的负担并没有得到有效减轻。在问卷中，我们设计了这样的问题：①在过去十年中，你和你的家人是否因为违反计划生育政策而受到处罚？②在过去十年中，你和你的家人是否因为交不上税费而受处罚？③在过去十年中，你和你的家人是否被干部乱收费、乱罚款？被访者对上述三个问题做出肯定回答的比例分别为21.5%、5.9%和26.0%（见表1）。

表1　在过去十年中，你和你的家人是否遇到如下情况？

单位：%，人

项　　目	有	没　有	合　计
因为违反计划生育政策而受到处罚	21.5（215）	78.5（784）	100（999）
因为交不上税费而受处罚	5.9（58）	94.1（921）	100（979）
被干部乱收费、乱罚款	26.0（240）	74.0（683）	100（923）

注：括号内为个案数。

基层政权内卷化的另一个表现是它不能为农民主持公道。一些地方政府，特别是县乡两级政府，成为政治上的独立利益主体，只执行"约民"的政策，即最终落实到农民头上的中央政策，例如税费和计划生育；但是对于"约官"的中央政策，即最终落实到官员自身的政策，例如减轻农民负担、反对腐败、推进基层民主，则既没有动力也没有能力加以实施。为了测量被访者对各级党委和政府的看法,我们在问卷中设计了这样的问题:"你认为下列各级党委和政府有没有能力为农民主持公道?"党委和政府的层级越高,认为党委和政府有能力为农民主持公道的被访者越多,认为乡党委乡政府有能力为农民主持公道的被访者比例达60.0%,县委县政府为63.9%,市委市政府升到72.3%,省委省政府达79.3%,党中央国务院达85.7%(见表2)。我们把被访者对各级党委和政府是否有能力为农民主持公道的三种回答分别赋值:回答"有"赋值3分,回答"可能有"赋值2分,回答"没有"赋值1分,然后运用主成分法进行因子分析,得到1个因子,命名为"政府主持公道能力因子"(分析结果见表3)。

表2 你认为下列各级党委和政府有没有能力为农民主持公道?

单位:%,人

各级党委和政府	有	可能有	没有	合计
乡党委乡政府	60.0(557)	17.0(158)	23.0(214)	100(929)
县委县政府	63.9(591)	19.1(177)	17.0(157)	100(925)
市委市政府	72.3(659)	18.3(167)	9.3(85)	100(911)
省委省政府	79.3(718)	14.6(132)	6.1(55)	100(905)
党中央国务院	85.7(776)	10.3(93)	4.0(36)	100(905)

注:括号内为个案数。

表3 各级党委和政府有没有能力为农民主持公道:因子分析

项　目	政府主持公道能力因子
你认为乡党委乡政府有没有能力为农民主持公道	0.821
你认为县委县政府有没有能力为农民主持公道	0.886
你认为市委市政府有没有能力为农民主持公道	0.944
你认为省委省政府有没有能力为农民主持公道	0.898
你认为党中央国务院有没有能力为农民主持公道	0.766
特征值	3.744
解释方差	74.881%

正如一些研究者所指出的,现阶段农民的政治参与渠道十分有限。虽然村级选举搞得有声有色,但这种具有竞争性的选举也只限于村一级,农民只能在行政村的范围内通过参与选举表达自己的利益。虽然乡镇人大代表也是通过直接选举产生的,但其发挥的作用还是十分有限的。我们在问卷中用如下几个问题测量村民在村级选举和乡镇人大代表选举中的参与情况:①在最近一次村委会选举中有没有亲自参加投票?②在最近一次村委会选举中有没有自己提名候选人或者与别人一起提名候选人?③在最近一次村委会选举中有没有动员别人投某个人的票?④在最近一次村委会选举中有没有劝说别人不投某个人的票?⑤在最近一次乡镇人大代表选举中有没有亲自参加投票?⑥在最近一次乡镇人大代表选举中有没有自己提名候选人或者与别人一起提名候选人?⑦在最近一次乡镇人大代表选举中有没有动员别人投某个人的票?在这7个项目中,参与村委会选举的投票比例最高,达74.2%,其次是参与村委会候选人提名的比例,达27.5%。相比之下,村民对乡镇人大代表选举的参与程度要低得多,只有23.6%的被访者参与最近一次乡镇人大代表选举的投票,而参与乡镇人大代表候选人提名的比例只有9.0%。(见表4)

我们运用主成分法对测量农民政治参与的7个项目进行因子分析,经最大方差法旋转,提取3个因子。第一个因子包括"在最近一次村委会选举中有没有动员别人投某个人的票"和"在最近一次村委会选举中有没有劝说别人不投某个人的票"2个变量,可命名为"村级选举中的竞选性参与因子";第二个因子包括"在最近一次乡镇人大代表选举中有没有亲自参加投票"、"在最近一次乡镇人大代表选举中有没有自己提名候选人或者与别人一起提名候选人"和"在最近一次乡镇人大代表选举中有没有动员别人投某个人的票"3个变量,可命名为"乡镇人大代表选举中的参与因子";第三个因子包括"在最近一次村委会选举中有没有亲自参加投票"和"在最近一次村委会选举中有没有自己提名候选人或者与别人一起提名候选人"2个变量,可命名为"村级选举中的程序

性参与因子"。(见表5)

表4 农民在村级选举和乡镇人大代表选举中的参与情况

单位：人，%

项　目	人　数	比　例
①在最近一次村委会选举中亲自参加投票	751	74.2
②在最近一次村委会选举中自己提名候选人或者与别人一起提名候选人	278	27.5
③在最近一次村委会选举中动员别人投某个人的票	107	10.6
④在最近一次村委会选举中劝说别人不投某个人的票	81	8.0
⑤在最近一次乡镇人大代表选举中亲自参加投票	239	23.6
⑥在最近一次乡镇人大代表选举中自己提名候选人或者与别人一起提名候选人	91	9.0
⑦在最近一次乡镇人大代表选举中动员别人投某个人的票	39	3.9

司法公正对于维护社会正义具有十分重要的意义。各级法院如果能够秉公办案，农民在自身利益遭受地方政府的侵犯时就可以通过起诉地方政府来维护自己的利益，而不必通过上访来达到这一目的。为了测量农民对司法制度的信心，我们在问卷中设计了这样的问题："如果你起诉不依法行政的乡政府，你认为下列各级法院会不会秉公办案？"从表6中可以看到，回答县法院"肯定会"秉公办案的比例只有20.2%，市中级法院为29.0%，省高级法院为42.8%，而最高人民法院达59.7%。我们把被访者对这个问题的三种回答分别赋值：回答"肯定会"赋值3分，回答"也许会"赋值2分，回答"肯定不会"赋值1分，然后运用主成分法对测量各级法院是否能秉公办案的4个变量进行因子分析，得到1个因子，命名为"司法公正因子"（分析结果见表7）。

表5　农民政治参与的因子分析

项　目	村级选举中的竞选性参与因子	乡镇人大代表选举中的参与因子	村级选举中的程序性参与因子	共量
在最近一次村委会选举中有没有亲自参加投票	0.157	0.01149	0.822	0.700
在最近一次村委会选举中有没有自己提名候选人或者与别人一起提名候选人	-0.03545	0.299	0.729	0.622
在最近一次村委会选举中有没有动员别人投某个人的票	0.889	0.02176	0.156	0.816
在最近一次村委会选举中有没有劝说别人不投某个人的票	0.903	0.01287	0.05203	0.819
在最近一次乡镇人大代表选举中有没有亲自参加投票	0.04057	0.758	0.239	0.633
在最近一次乡镇人大代表选举中有没有自己提名候选人或者与别人一起提名候选人	-0.003024	0.835	0.124	0.713
在最近一次乡镇人大代表选举中有没有动员别人投某个人的票	0.554	0.556	-0.173	0.646
特征值	1.942	1.670	1.336	4.948
解释方差	27.741%	23.863%	19.091%	70.695%

表6　如果你起诉不依法行政的乡政府，你认为下列各级法院会不会秉公办案？

单位：%，人

各级法院	肯定会	也许会	肯定不会	合　计
县法院	20.2（196）	48.9（474）	30.9（299）	100（969）
市中级法院	29.0（273）	55.7（525）	15.4（145）	100（943）
省高级法院	42.8（404）	48.6（459）	8.6（81）	100（944）
最高人民法院	59.7（567）	33.6（319）	6.7（64）	100（950）

注：括号内为个案数。

表7 司法公正因子分析

	司法公正因子
如果你起诉不依法行政的乡政府，你认为县法院会不会秉公办案	0.774
如果你起诉不依法行政的乡政府，你认为市中级法院会不会秉公办案	0.906
如果你起诉不依法行政的乡政府，你认为省高级法院会不会秉公办案	0.911
如果你起诉不依法行政的乡政府，你认为最高人民法院会不会秉公办案	0.804
特征值	2.895
解释方差	72.379%

三 研究发现

我们以农民上访最高所到达的政府层级为因变量建立多元逻辑斯蒂回归，预测变量有：测量基层政权内卷化的3个指标（自己和家人是否因为违反计划生育政策而受到处罚、自己和家人是否因为交不上税费而受处罚、自己和家人是否被干部乱收费、乱罚款）、"政府主持公道能力因子"，测量农民政治参与的3个因子——"村级选举中的竞选性参与因子"、"乡镇人大代表选举中的参与因子和村级选举中的程序性参与因子"、"司法公正因子"。在这几个预测变量中，测量基层政权内卷化的3个指标为虚拟变量。此外，我们加入了被访者的性别、年龄、受教育年限和是否党员几个控制变量，其中，性别和是否党员为虚拟变量。为了便于分析说明，所有因子值我们都用公式转换成1～100之间的指数。①

从多元逻辑斯蒂回归模型的结果中，我们有如下发现。

第一，性别对于农民上访的影响具有统计显著性。在回归模型中，性别对因变量的影响不仅具有统计显著性，而且对回归系

---

① 转换公式是：转换后的因子值 =（因子值 + B）· A。其中，A = 99/（因子最大值 - 因子最小值），B =（1/A）- 因子最小值。B 的公式亦为，B = [（因子最大值 - 因子最小值）/99] - 因子最小值（参见边燕杰、李煜，2000）。

数值影响非常大。实际上，在上访的241人，女性只有21人，男性为220人，男性占上访者总数的91.3%。

第二，年龄对于农民上访有一定影响，年龄越大者上访的可能性也越大。从表8中可以看出，年龄对到乡镇一级政府上访的影响不具有统计显著性，但对到其他层级政府上访均具有统计显著性：年龄每增长1岁，到县一级政府上访的可能性增加9.0%，到市级政府上访的可能性增加3.6%，到省政府上访的可能性增加8.0%，到北京上访的可能性增加10.7%。

第三，受教育年限对于农民上访的影响基本不具有统计显著性。受教育年限除了对到省政府上访有微弱的统计显著性外（受教育年限每增加1年，到省里上访的可能性增加12.8%），对到其他层级政府的上访均不具有统计显著性。

第四，除了对到乡镇一级政府上访的影响具有一定的统计显著性外，因自己和家人违反计划生育政策而受到处罚对到其他层级政府上访的影响不具有统计显著性。从表8中的回归系数可以看出，与未因违反计划生育政策而受处罚的被访者相比，因违反计划生育政策而受处罚的被访者到乡镇一级政府上访的可能性增加了196.3%。

第五，因自己和家人交不上税费而受处罚对于到县、市和省级政府上访的影响具有统计显著性。在上访者所到的5个政府层级中，这一预测变量除了对到乡镇和中央两级政府上访不具有统计显著性外，对到县、市和省级政府上访的影响都具有统计显著性。与从未因交不上税费而受处罚的被访者相比，受过处罚的被访者到县级政府上访的可能性增加了257.8%，到市级政府上访的可能性增加了305.1%，到省政府上访的可能性增加了304.3%。

第六，自己和家人被干部乱收费、乱摊派对除到中央以外的其他层级政府上访都具有统计显著性。干部乱收费、乱摊派对农民到乡镇政府上访的影响最大，与从未受过干部乱收费、乱摊派的被访者相比，受过干部乱收费、乱摊派的被访者到乡镇政府上访的可能性增加了1110.2%，到县级政府上访的可能性增加了330.5%，

表 8 影响农民上访因素的逻辑斯蒂回归分析〔括号内为 Exp (B)〕

预测变量	乡镇	县	市	省	中央
性别[b]	18.466 (104641445.876)***	2.559 (12.926)*	2.013 (7.485)***	1.759 (5.806)**	2.142 (8.519)**
年龄	0.017 (1.017)	0.087 (1.090)***	0.035 (1.036)*	0.077 (1.080)***	0.102 (1.107)***
受教育年限	−0.012 (0.988)	0.105 (1.110)	−0.084 (0.919)	0.120 (1.128)	0.119 (1.126)
是否党员[c]	1.420 (4.139)**	−0.251 (0.778)	−0.384 (0.681)	−1.095 (0.334)#	−2.026 (0.132)*
自己和家人因违反计划生育政策而受到处罚[d]	1.086 (2.963)	0.740 (2.096)	0.531 (1.700)	0.444 (1.559)	0.916 (2.499)
自己和家人因交不上税费而受处罚[e]	0.290 (1.336)	1.275 (3.578)	1.399 (4.051)*	1.397 (4.043)**	0.063 (1.065)
自己和家人被干部乱收费、乱摊派[f]	2.493 (12.102)***	1.460 (4.305)***	1.690 (5.422)***	1.931 (6.899)***	0.107 (1.113)
村级选举中的竞选性参与因子	−0.032 (0.969)	−0.005 (0.995)	0.003 (1.003)	0.002 (10.002)	0.011 (1.011)
乡镇人大代表选举中的参与因子	−0.009 (0.991)	−0.024 (0.976)	−0.021 (0.979)	−0.010 (0.990)	−0.071 (0.932)*

因变量: 上访到达层次[a]

续表 8

因变量：上访到达层次[a]

预测变量	乡 镇	县	市	省	中 央
村级选举中的程序性参与因子	0.000 (1.000)	-0.008 (0.992)	-0.001 (0.999)	-0.005 (0.995)	0.005 (1.005)
司法公正因子	0.013 (1.013)	-0.010 (0.990)	-0.017 (0.983)*	-0.017 (0.983)*	-0.018 (0.982)
政府主持公道能力因子	-0.014 (0.987)	-0.007 (0.993)	-0.009 (0.991)	-0.023 (0.977)***	-0.025 (0.975)**
Intercept	-23.156***	-7.947***	-3.582**	-5.799***	-6.838***
Pseudo-R-Square (Nagelkerke)	0.524				
-2 Log Likelihood	857.086				
Chi Square	410.039				
D. F.	60				
N	720				

#p < 0.10, *p < 0.05, **p < 0.01, ***p < 0.001。
a. 参考类别为"未上访"；b. 参考类别为"未被处罚"；c. 参考类别为"非党员"；d. 参考类别为"未因违反计划生育政策受到处罚"；e. 参考类别为"未因交不上税费而受到处罚"；f. 参考类别为"未被干部乱收费、乱摊派"。

到市级政府上访的可能性增加了 442.2%，到省级政府上访的可能性增加了 589.9%。

第七，对村级选举的参与对农民上访没有影响，但对乡镇人大代表选举的参与可以在一定程度上减少被访者到中央政府的上访。在测量农民政治参与的 3 个因子中，村级选举中的竞选性参与因子和村级选举中的程序性参与因子对于上访的影响都不具有统计显著性。乡镇人大代表选举中的参与因子虽然对到其他层级政府上访的影响不具有统计显著性，但对到中央政府的上访却具有统计显著性：被访者在乡镇人大代表选举中的参与因子得分每增加 1 分，他到中央政府上访的可能性就会减少 6.8%。

第八，司法公正因子对农民到市、省和中央政府上访的影响具有统计显著性。虽然司法公正因子对于被访者到乡镇、县两级政府上访不具有统计显著性，但对到市、省和中央政府上访却具有统计显著性。从表 8 中的回归系数可以推算出：司法公正因子值每增加 1 分，被访者到市和省级政府上访的可能性就会减少 1.7%，到中央政府上访的可能性就会减少 1.8%。

第九，政府主持公道能力因子对于被访者到省和中央两级政府上访都具有统计显著性，但对农民到乡镇、县和市级政府上访的影响不具有统计显著性。政府主持公道能力因子值每增加 1 分，被访者到省政府上访的可能性就会减少 2.3%，到中央政府上访的可能性就会减少 2.5%。

四 讨论与对策思考

近年来，农民上访人数不断增加，而且形成了信访洪峰。虽然信访是制度化的政治参与渠道，但由于现行信访制度本身的缺陷，农民上访造成了政治认受性的流失。实际上，信访制度的观念基础不是民主，也不是以民为本，而是中国的封建人治传统。信访活动本来是《中华人民共和国宪法》和国务院《信访条例》承认的政治参与行为，但实际上经常被地方政府视为闹事甚至敌对行动而受到打击和压制。在现有的体制下，上访人数的多少和程度是上级考核地方官员政绩的重要指标。在这种情况下，地方政府"输不起"，一旦有人上访，他们必然以种种手段加以压制、打击和报复。由于地方政府"输不起"，因而直接导致上访农民的"输不起"。在地方政府的压力下，农民一旦走上上访这条路，如果他们没有办法告倒地方官员使自己的问题得到解决，他们就会受到地方政府的无情打击（参见李钧德，2003）。因此，面对地方政府的打击和迫害，上访的农民如果不想彻底认输的话，就要继续不断地通过上访把事情闹大以保护自己（参见应星，2001）。在深度访谈中我们发现，不少到北京上访的人的主要诉求已经不是最初促使他们上访的冤屈，而是上访过程中遭受的打击。另外，上访农民在上访过程中实现横向联合，针对地方政府不忠实执行中央政策和国家法律的集体抗争活动快速增长。《2006年：中国社会形势分析与预测》一书中的数据实料表明，1993～2003年间，中国"群体性事件"的数量已由1万起增加到6万起，参与人数也由约73万人增加到约307万人。这项统计没有区分城市和农村，但据我们了解的情况，农村的情况比城市严重。对抗激化的主要原因是农民上访长期无效，农民的不满情绪爆发，以暴力冲击县乡政府的方式向上级政府施加压力，以期解决问题。

农村基层政权内卷化的发生和深化，有着政策和制度方面的根源。政策性根源之一是片面追求经济的高速增长。在党的十一届三中全会以后，工作重心从过去的阶级斗争转移到经济建设上来。但基层政府在很长一段时间内片面强调经济指标的增长，以牺牲其他东西为代价。为了追求GDP的增长，基层政府的行为通常是只顾当前，不管长远。农村基层政权内卷化的政策性根源之二是地方政府成了具有独立利益的政治经济主体。近十多年来所进行的财税体制改革，使地方政府特别是县乡两级政府成为具有独立利益的政治经济主体。1994年分税制实施以后，中央财政与地方财政实现了分灶吃饭，地方利益的边界更加清晰，地方政府追求地方利益的动机也更加明显。由于县乡两级地方财政普遍困难，上级政府就以"给政策"的名义把官僚体制多年恶性膨胀的后果强加在农民的头上。根据我们此次的调查数据，虽然农民因交不起税费而受处罚的比例只有5.9%，而被干部乱收费和乱摊派的比例则高达26.0%。前文的回归分析也表明，导致农民上访的直接原因是农民交不起税费而被处罚，或是因为干部对农民乱收费、乱摊派。造成基层政权内卷化的政策性根源之三是对上负责的官员考核制度。由于计划生育作为一项基本国策，上级政府对基层党政官员的考核往往采取"一票否决"和"政治承包"，因此，一些基层党政官员就采取诸如重罚、抄家、限制人身自由、强行手术、近亲连坐等"非常手段"来对待和处理那些超生的村民。把政治权力的空白支票交给没有民权约束的下级，造就的不仅仅是不受约束的权力，而且是一个名义上受体制保护的权力，这种权力的破坏力极大，它所造成的所有破坏，账最终都会算在中央政府的头上。

农村基层政权内卷化还有制度层面的原因。从制度层面看，基层政权内卷化主要是如下几个相互制约的因素造成的：第一，地方官员为了晋升，追求短期内的政绩成为一个普遍的现象，异地为官、频繁调动以及过分量化的政绩评价制度使有政治抱负的县乡干部有动力从事短期行为，追求政绩，不顾长远的经济效益和政治后果。现有干部晋升制度的结果是，地方政府官员追求在任期内做出引人注目的成绩，向上级考核机构发出有关自己能力和工作绩效的信号，以便得到晋升。第二，由于上下级政府的同构性，下级存在的问题很难在上级那里得到纠正。在组织制度中，地方政府官员的考察、提拔、去留和待遇都取决于直接上级部门的决策，但上一级政府也面临着类似的制度环境和考核制度，因此，身处其中的政府官员也表现出类似的目标追求和行为方式。第三，缺乏对基层干部自下而上的有效约束。由于我们的干部都是自上而下任命的，他们只会对他们的直接上级效忠，而不会对一般的老百姓负责，因此，一般的老百姓并没有有效的渠道可以影响和约束官员。

因此，在现有的体制和政策环境下，一方面，地方政府成为具有独立利益的政治经济主体；另一方面，中央政府又没有有效的手段可以对地方政府进行有效的约束。那么，作为执政者应该如何去面对和解决目前存在的基层政权内卷化现象，从而减少农民的上访呢？既然基层政权内卷化的原因是基层政权的权力扩张但没有受到有效约束，那么，最根本的解决办法就是要建立相应的制度去约束基层政府的官员，即通过制度创新来避免在国家建设过程中丧失对基层政府官员的控制和约束力。

具体来说，首先，应该在现有体制的基础上逐步扩大基层的政治参与，让广大农民能够通过更为广泛而有效的渠道来表达他们的利益。造成基层政权内卷化的最根本的原因是官权膨胀、民权式微。自20世纪80年代中期以来开始的村级选举使农民可以通过民主的方式选举村一级的干部并在一定程度上以民主的方式参与村庄事务的管理（胡荣，2001）。但是，在更广的范围内，农民却缺乏有效的政治参与渠道（胡荣，2006）。本项研究的数据表明，虽然参与乡镇人大代表选举的村民比例不高，但是，参与乡镇人大代表的选举却可以在一定程度上减少农民到中央政府的上访。这充分表明，政治参与对于维护农民权益的重要性。在目前的情况下，中央必须拿出具体的措施，积极稳妥地推进政治体制改革，让作为弱者的农民能够有较多的政治参与的渠道和途径。我们认为，目前可以通过完善人民代表会议制度来扩大基层的政治参与。人民代表大会制度是我国根本的政治制度，虽然近年来人大的作用不断加强，但仍存在不少问题。要改变这种情况，我们认为可以从减少代表名额、实行代表专业化和延长会期等方面入手逐步改革和完善人民代表大会制度。当然，更为重要的是要逐步扩大人大代表的直选范围，可以先从县级扩展到市一级，然后再扩展到省一级。可以预见，随着人大代表的专职化和直选范围的扩大，人大代表的选举将会日趋激烈，人民代表大会制度将会发挥越来越重要的作用。

其次，维护司法公正，真正做到依法行政，让老百姓树立对司法制度的信心，这对于维护农民的权益和有效管束基层政府官员都具有非常重要的意义。在目前的情况下，农民法律意识不强，不善于利用法律武器，通过诉讼或者仲裁这些程序来解决问题，而是一味地按自己的主观想法去直接找领导或有关职能部门，通过上访喊冤这种古老的形式来解决问题。这与我们的法律体制存在种种问题有一定的关系。比如，律师收费过高，很多贫困农村里的农民交不起诉讼费、律师费，虽然如今有了法律援助，但受人员、经费等因素的制约，根本顾不过来，而且法院司法不公正的现象也在一定程度上存在。一个普通的民事诉讼案件通过正常的法律途径，有时候一两年都不能解决什么问题，使得有些老百姓不敢通过正常法律途径打官司。如果能够做到司法公正，通过诉讼比上访更能帮助农民解决权益受侵害的问题，那么，农民就会更多地通过法律途径而不是上访来维护自己的权益。

总之，基层政权内卷化是体制上的原因造成的。要走出基层政权内卷化的怪圈，就必须有体制上的改革和创新，建立起能够对基层政府官员进行有效管束的制度。也只有这样，社会才能稳定，国家才能长治久安。

参考文献

边燕杰、李煜，2000，《中国城市家庭的社会网络资本》，《清华社会学评论》第2期。

陈桂棣、春桃，2004，《中国农民调查》，人民文学出版社。

杜赞奇，1994，《文化、权力与国家：1900~1942年的华北农村》，江苏人民出版社。

方江山，2000，《非制度参与——以转型期中国农民为对象分析》，人民出版社。

胡荣，2001，《理性选择与制度实施》，远东出版社。

胡荣，2006，《社会资本与中国农村居民在村级选举中的地域性自主参与》，《社会学研究》第2期。

黄宗智，2000a，《长江三角洲小农家庭与乡村发展》，中华书局。

黄宗智，2000b，《华北的小农经济与社会变迁》，中华书局。

李钧德，2003，《上访该不该被判刑：河南唐河县五名上访村民被判刑的调查》，《瞭望新闻周刊》第 14 期。

萧唐镖，2003，《二十年来大陆农村的政治稳定状况——以农民行动的变化为视角》，《二十一世纪》第 2 期。

应星，2001，《大河移民上访的故事》，三联书店。

于建嵘，2003a，《农民有组织抗争及其政治风险》，《战略与管理》第 3 期。

于建嵘，2003b，《农村黑恶势力和基层政权内卷化——湘南调查》，《战略与管理》第 5 期。

詹洪春，2003，《上访族探秘》，《记者观察》第 2 期。

Burns, John P. 1988. *Political Participation in Rural China*. Berkeley: University of California Press.

Geertz, Clofford. 1963. *Agricultural Involution: The Process of Ecological Change in Indonesia*. Berkeley: University of California Press.

Jennings, Kent M. 1997. "Political Participation in the Chinese Countryside." *American Political Science Review* 91 (2): 361 – 372.

Kelliher, Daniel. 1997. "The Chinese Debate Over Village Self-Government." *China Journal* 37: 63 – 86.

Li, Lianjiang. 2001. "Elections and Popular Resistance in Rural China." *China Information* 15 (2): 1 – 19.

Li, Lianjiang. 2002. "The Politics of Introducing Township Elections in Rural China." *China Quarterly* 171: 704 – 723.

Li, Lianjiang and Kevin J. O'Brien. 1996. "Villagers and Popular Resistance in Contemporary China." *Modern China* 22 (1): 28 – 61.

McAdam, Doug, John D. McCarthy, and Mayer N. Zald (eds.). 1996. *Political Opportunities, Mobilizing Structures, and Cultural Framings*. New York: Cambridge University Press.

O'Brien, Kevin J. 1996. "Rightful Resistance." *World Politics*, Vol. 49, No. 1.

O'Brien, Kevin J. 2002. "Collective Action in the Chinese Countryside." *China Journal* 48: 139 – 154.

Oi, Jean C. 1989. *State and Peasant in Contemporary China: The Political E-*

conomy of Village Government. Berkeley: University of California Press.

Oi, Jean C. 1995. "The Role of the Local State in China's Transitional Economy." *China Quarterly* 144: 1132 – 1149.

Perry, Elizabeth J. 1985. "Rural Violence in Socialist China." *China Quarterly* 103: 414 – 440.

Pye, Lucian. 1992. *The Spirit of Chinese Politics.* Cambridge, Mass.: Harvard University Press.

Scott, James C. 1985. *Weapons of the Weak: Everyday Forms of Resistance.* New Haven: Yale University Press.

Scott, James C. 1986. "Everyday Forms of Peasant Resistance." *Journal of Peasant Studies* 13 (2): 5 – 35.

Wedeman, Andrew. 1997. "Stealing From China's Farmers: Institutional Corruption and the 1992 Iou Crisis." *China Quarterly* 152: 805 – 931.

农民上访与政治信任的流失[*]

近年来,有关农民上访的报道不断见诸报端。据报道,近十多年信访总量不断上升,并在 2003 年遭遇了信访洪峰(参见胡奎、姜抒,2003;于建嵘,2005b)。随着信访人数的增加,有关信访制度的作用和改革引起了许多学者的关注。有的主张取消信访制度,有的则强调要加强信访工作。虽然国务院于 2005 年 1 月 10 日颁布了新的《信访条例》,但有关信访制度改革的争论并没有停止。究竟应该如何看待现有的信访制度呢?本文打算根据调查数据来探讨上访对政府信任产生的影响,并在此基础上讨论改革我国信访制度的建议。

一 理论背景与问题的提出

政治信任通常被定义为公民对政府或政治系统将运作产生出与他们的期待相一致的结果的信念或信心(参见 Easton, 1965; Miller, 1974; Citrin, 1974; Hetherington, 1998)。政治信任具有不同层次的内容,在最高层次上,它指的是公民对整个政治共同体——公民所属国家的态度。在第二个层次上,它指的是公民对诸如民主等政治制度的态度。它还可以指公民对诸如议会和政府机构等国家机构的态度。最后,是指公民对政治行动者,即作为

---

[*] 本文发表于《社会学研究》2007 年第 3 期。

个体的政治家的判断和态度（Norris，1999）。由于政治信任度的多层次性，它可能与特定职位的任职者相联系，可能与特定的政权相关联，也可能与制度相联系（Craig et al.，1990；Craig，1993）。公众对政府信任度的下降可能反映了公民对政府制度的不满（Miller，1974），也可能反映了公民对在任政治领导的不满（Citrin，1974；Citrin et al.，1975）。

自从20世纪60年代以来，公众对政府信任度的变化引起了政治学者的兴趣，一些学者对影响政治信任的因素做过研究。莱恩（Lane，1969）认为，政治信任主要是一个人对他人信任的函数，就像阿伯巴克（Joel D. Aberbach）和沃克（Jack L. Walker）所指出的，是与政治因素无关的个人因素的结果（Aberbach & Walker，1970）。在莱恩（Lane，1969：164）看来，"如果一个人在一般情况下不能信任他人，他当然不能信任由于权力的诱惑而担任公职的那些人。对当选官员的信任看来只是对一般人信任的特例"。艾杰等人（Agger，Goldstein，& Pearl，1961：490）发现，个人犬儒主义与政治犬儒主义之间具有相关性："当从每一个受教育层次来看待个人犬儒主义对政治犬儒主义的影响时，我们发现在每一种情况下，当个人犬儒主义增加时，政治犬儒主义也随着增加。"同样，阿尔蒙德和维巴（Almond & Verba，1963：283）指出，政治疏离与社会信任和不信任的一般态度相关联，那些对别人有较高信任者往往表现出政治方面的信任。另一些学者则强调政治效能感对政治信任产生的影响。阿伯巴克和沃克对政治效能感对政治信任的影响进行了详细的研究，并得出结论认为，在对政治信任具有影响的诸多变量中，政治效能感是最重要的。在把政治效能感的项目和个人特征的项目进行对比之后，他们发现，"与对他人的信任相比，政治指标与政治信任感具有更强的联系"（Aberbach & Walker，1970：1204）。在随后的研究中，学者们进一步从不同的方面分析政治信任流失的原因。正如尼（Nye，1997）所做的划分一样，这些因素可以被分为经济的、社会文化的以及政治的。有的学者认为，政治信任受国民经济和公众对经济的评估的影响，对经济负面的评价会导致对政府的不信任（Citrin & Green, 1986; Citrin & Luks, 1998; Feldman, 1983; Hetherington, 1998; Miller & Borrelli, 1991）；一些学者则把政治信任的流失归结为诸如犯罪率的上升和儿童贫困等社会文化因素（Mansbridge, 1997; Pew Research Center, 1998）；还有的学者把政治信任的流失归结为许多政治因素，包括公民对在任领导和制度的评价（Citrin & Green, 1986; Citrin & Luks, 1998; Craig, 1993; Erber & Lau, 1990; Feldman, 1983; Hetherington, 1998; Miller and Borrelli, 1991; Williams, 1985）、不断曝光的政治腐败和丑闻（Garment, 1991; Orren, 1997）以及冷战的结束（Nye, 1997）。

阿伯巴克和沃克曾讨论过政治信任对于民主社会的规范意义和实践意义。在规范方面，不信任政府的公民的存在是实现"民主理念"的障碍。在实践方面，他们认为，在代议制民主制下领导人只有获得公民的信任才能成功，"如果不信任政府的群体没有接近决策者的渠道，或是制度刚性太强而无法适应变迁，那就可能在社会中造成破坏性的冲突或崩溃"（Aberbach & Walker, 1970）。伊格利津（Iglitzin, 1972）也探讨了同样的问题，他认为，对制度的信心可以"促使对制度和平的和自愿的支持。但是，当这种信心转变为冷漠、不信任和犬儒主义之后，这些态度就很容易转化成无法控制的行为"。达尔（Robert A. Dahl）认为，信任促进"多头政治"（民主）而不信任产生"霸权"（专制），至少有三个方面的理由：第一，信任可以增进对民主政体来说是必不可少的沟通；第二，信任使公民易于建立可以促进他们目标实现的组织；第三，如果人们缺乏互信，冲突就会具有更大的危险性，并因此危及民主（Dahl, 1971）。其他一些学者也认为，公民对政府的信任对于政治领导人做出有约束力的决定、动员资源以实现全社会的目标（Gamson, 1968），以及在不诉诸武力的情况下获得公民的顺从（Barber, 1983; Levi, 1997; Scholz & Lubell, 1998; Scholz & Pinney, 1995; Tyler, 1990）都是非常重要的。如果公民收回对政府的支持而且不太愿意服从政府的决定，那么民主政体的合法性就会产生问题（Easton，1965；1975）。

　　虽然政治信任问题在西方得到了学界的广泛关注和研究，但目前学者对于中国的政治信任情况研究得并不多。一些学者已经讨论过农民对政府的信任问题，例如，欧博文（Kevin J. O'Brien）和李连江指出，农民中有两种看待政府的不同观点：顺从与反抗的村民都把政府看作是统一的，而依法抗争者则在基层政府和上层政府之间进行了区隔（O'Brien，1996；Li & O'Brien，1996）。伯恩斯坦（Thomas P. Bernstein）和吕晓波也发现，一些村民相信，在限制地方官员的过度盘剥方面，中央政府是站在农民一边的（Bernstein & Lü，2000；Lü，1997）。李连江也曾对中国农村的政治信任问题做过研究，发现农民对于政府的信任是分为不同层次的（Li，2004）。

　　信访问题近年来受到国内学术界的高度关注，不少人在这方面进行了研究（参见行健、黄啸，2003；郑卫东，2004；房桂芝、董礼刚，2005；于建嵘，2005a）。但还没有人运用实证的方法分析上访与政治信任之间的关系。与现有的研究不同，本项研究打算运用问卷调查得到的数据，通过建立回归模型，在控制各种变量的情况下，着重探讨上访对农民对各级政府的政治信任所产生的影响。

二 调查数据与研究设计

　　本项研究的数据来自 2003~2005 年的问卷调查。调查共分两部分：第一部分是 2003 年 11 月在福建省寿宁县和浙江省泰顺县进行的入户调查。这一部分的样本是完全按照随机原则抽取的，先从各县各抽取 5 个乡镇，然后再从各乡镇中随机抽取 4 个行政村，从每个行政村中再随机抽取 20 户左右的村民。这次调查共成功访问村民 812 人，其中，在过去十多年中有过上访经历的村民为 45 人，占被访村民总数的 5.5%。第二部分采用同样的问卷法调查曾经有过上访经历的村民，分别在 2004 年 1 月、2004 年 8~9 月和 2005 年 1 月通过厦门大学的学生利用假期返乡的时间进行调查。

这次调查无法按随机原则抽样，范围遍及全国沿海和内陆的不同省份，共成功访问上访者205人。在总样本1017人中，男性599人，占58.9%，女性418人，占41.1%；不同年龄段被访者的比例分别为，30岁以下的被访者占23.4%，31～40岁被访者占32.0%，41～50岁的被访者占21.5%，51～60岁的被访者占15.1%，61岁及以上的被访者占8.1%；被访者中有过上访经历者共241人，占总样本的23.7%，其中党员180人，占总样本的17.7%。

本项研究的因变量是农民对各级党委和政府的信任度，我们在调查中要求被访者分别对党中央国务院、省委省政府、市委市政府、县委县政府以及乡党委乡政府的信任度进行评价，答案根据利克特量表设计成5个等级："很低"、"较低"、"一般"、"较高"和"很高"，并由低到高分别赋值1～5分。从表1可以看出，多达70.5%的被访者对党中央国务院的信任度"很高"，而对省委省政府信任度"很高"的比例为45.1%，对市委市政府信任度"很高"的比例则降为30.5%，而对县委县政府信任度"很高"的比例仅为17.8%，对乡党委乡政府信任度"很高"的比例则仅为12.4%。由此可以看出，农民对党中央国务院的信任度最高，省委省政府次之，市委市政府排第三，县委县政府列第四，乡党委乡政府最低。

表1 农民对各级党委和政府信任度的评价

单位：%，人

评价	党中央国务院	省委省政府	市委市政府	县委县政府	乡党委乡政府
很低	0.6（5）	1.2（10）	3.3（27）	11.5（99）	26.5（229）
较低	1.1（10）	2.3（19）	7.2（60）	14.9（129）	15.8（136）
一般	6.8（60）	15.3（129）	23.5（195）	32.3（279）	28.6（247）
较高	21.0（185）	36.1（304）	35.5（295）	23.5（203）	16.7（144）
很高	70.5（620）	45.1（379）	30.5（253）	17.8（154）	12.4（107）
合计	100（880）	100（841）	100（830）	100（864）	100（863）

注：括号内为个案数。

为了解被访者对各级党委和政府信任度的评价之间的关系，我们运用主成分法对5个调查项目的调查结果进行因子分析。经最大方差法旋转，5个调查项目的结果可以分为两个因子（见表2）。第一个因子包括被访者对市委市政府、县委县政府和乡党委乡政府三级党委和政府在农村信任度的评价，我们可以称之为"基层政府信任因子"。第二个因子包括被访者对党中央国务院和省委省政府在农村信任度的评价，可称之为"高层政府信任因子"。为了便于在回归模型中更为直观地分析各个自变量对因变量的影响情况，我们运用公式把这两个因子转换为1～100之间的指数，作为两个多元回归模型的因变量。①

表2　农民对各级党委和政府在农村信任度评价的因子分析

项　　目	基层政府信任因子	高层政府信任因子	共量
农民对党中央国务院的信任度	0.012	0.917	0.841
农民对省委省政府的信任度	0.345	0.854	0.848
农民对市委市政府的信任度	0.662	0.619	0.821
农民对县委县政府的信任度	0.909	0.234	0.880
农民对乡党委乡政府的信任度	0.928	0.060	0.864
特征值	20.243	20.012	40.255
解释方差	44.855%	40.238%	85.093%

那么，哪些因素影响农民对各级党委和政府的信任度呢？本项研究的主要目的是要弄清楚上访与农民对政府的信任度之间的关系，因此农民上访的情况是本文的主要预测变量。在问卷中，我们设计了这样的问题："在过去十几年中，你本人是否上访过？"在我们所调查的1017人中，有过上访经历者共241人。接着，我

---

① 转换公式是：转换后的因子值 =（因子值 + B）· A。其中，A = 99/（因子最大值 - 因子最小值），B =（1/A）- 因子最小值。B的公式亦为，B = [（因子最大值 - 因子最小值）/99] - 因子最小值（参见边燕杰、李煜，2000）。

们向被访者询问这样的问题："如果你上访过，请问你最高到过哪一级党委和政府？"从调查情况看，到过党中央国务院的有23人，到过省委省政府的有68人，到过市委市政府的有81人，到过县委县政府的有51人，只到过乡党委乡政府的有18人。我们把这一问题的5种回答都作为虚拟变量放入回归方程，参考变量为"从未上访者"。

有关文献中对于政治信任的原因可以归纳为三类：个人变量、社会经济因素和政治效能感（参见 Cole, 1973; Aberbach & Walker, 1970）。艾杰及其同事发现，年龄对政治犬儒主义具有独立影响（Agger, Goldstein, & Pearl, 1961），其他学者（如 Litt, 1963; Milbrath, 1965: 81）也有类似的发现，即年龄较大者对政府的信任度较低。麦克迪尔和里德利（McDill & Ridley, 1962）的研究表明，较低的社会地位更可能导致失范和政治疏离；艾杰等人（Agger, Goldstein, & Pearl, 1961）发现，受教育程度较高者对政府的信任度也较高；莱恩贝利和萨坎斯基（Lineberry & Sharkansky, 1971）则发现，低收入人群对政府及其政策最为不满；麦克迪尔和里德利（McDill & Ridley, 1962）也发现，受教育程度较低者与失范和政治疏离相联系。

基于以往研究的结果，在本项研究中，我们也加入了一些测量社会经济地位、个人变量和政治效能感的变量作为控制变量。在回归方程中，我们加入了被访者的性别、年龄、受教育年限、是否党员以及是否当过村干部或村民小组长这几个变量。在这些变量中，年龄和受教育年限为定距变量，性别、是否党员和是否当过村干部或村民小组长为虚拟变量。

为了测量被访者的经济状况，我们向被访者询问这样的问题："你家的经济状况与五年前相比有什么变化？"答案分别为："好多了"、"好一些"、"没变化"、"差一些"和"差很多"，我们把对这一问题的5种回答由高到低依次赋值5至1分。虽然这是一个定序变量，但在回归方程中我们将其看作一个定距变量。

为了测量被访者的政治效能感，我们向被访者询问这样几个问题:①如果你听了乡(镇)长的工作报告,能不能判断他干得好不好?②如果你听了县长的工作报告,能不能判断他干得好不好?③如果你听了市长的工作报告,能不能判断他干得好不好?④如果你听了省长的工作报告,能不能判断他干得好不好?⑤如果你听了国家主席的工作报告,能不能判断他干得好不好?答案分别为"肯定能"、"也许能"、"大概不能"和"肯定不能"4种,我们把对这一问题的4种回答由高到低依次赋值4至1分。运用主成分法对测量被访者政治效能感的5个问题进行因子分析,得到一个因子,将其命名为"政治效能感因子",并将其作为控制变量加入回归方程。另外,我们还加入了"你或你的家人在历次政治运动(如反'右'、'四清'、'文化大革命')中是否受过不公正的待遇"这一变量。

表3 政治效能感因子分析

项 目	政治效能感因子	共量
①如果你听了乡(镇)长的工作报告,能不能判断他干得好不好	0.887	0.787
②如果你听了县长的工作报告,能不能判断他干得好不好	0.963	0.927
③如果你听了市长的工作报告,能不能判断他干得好不好	0.974	0.949
④如果你听了省长的工作报告,能不能判断他干得好不好	0.965	0.931
⑤如果你听了国家主席的工作报告,能不能判断他干得好不好	0.918	0.842
特征值	4.436	4.436
解释方差	88.726%	88.726%

三 研究发现

我们先来看一看作为控制变量的个人因素对政府信任所产生的影响。在比较平均值的分析中,我们发现,男女两性对基层政府和高层政府的信任度有显著差异,女性对基层政府的信任度高于男性，而男性对高层政府的信任度高于女性（见表4）。在多元回归模型中，在加入其他变量的情况下，性别对因变量的影响仍然具有一定的统计显著性。

表4　影响政治信任的个人因素：平均值

性　别	基层政府信任因子	高层政府信任因子
女	59.5003 (18.5688)	76.9276 (16.11072)
男	48.1172 (22.9368)	79.2217 (14.07204)
F	49.236***	4.158*
年龄分组	基层政府信任因子	高层政府信任因子
30岁以下	58.3677 (19.20961)	75.9951 (18.16724)
31~40岁	56.0197 (20.52132)	78.8947 (14.95003)
41~50岁	49.7195 (22.15798)	77.4813 (14.36204)
51~60岁	44.4568 (23.47598)	79.1636 (12.37528)
61岁及以上	45.5372 (25.1373)	83.4586 (8.69478)
F	11.136***	3.162*
受教育年限	基层政府信任因子	高层政府信任因子
6年以下	50.4858 (23.33099)	79.6217 (14.33694)
7~9年	53.7519 (21.38160)	77.6747 (14.62687)
10年及以上	55.0416 (19.26245)	75.6204 (17.04794)
F	2.629	3.38*
是否党员	基层政府信任因子	高层政府信任因子
不是	52.0664 (22.42272)	78.3402 (15.42301)
是	54.1710 (20.77292)	78.4190 (12.61413)
F	1.073	0.003
是否当过村干部或村民小组长	基层政府信任因子	高层政府信任因子
没有	52.4247 (21.60176)	78.2958 (15.14294)
当过	51.8717 (23.94277)	78.9557 (13.60426)
F	0.074	0.235

* $p < 0.05$，** $p < 0.01$，*** $p < 0.001$。

注：括号内为标准差。

在比较平均值的分析中，年龄对政府信任度的影响均具有统计显著性，被访者随着年龄的增长对基层政府的信任度相应降低，30岁以下年龄组对基层政府信任的平均值为58.3677分，而到61岁及以上年龄组降为45.5372分。不过，对于高层政府的信任度则存在相反的趋势，即年龄越大者对高层政府的信任度越高，30岁以下年龄组对高层政府信任的平均值为75.9951分，而到了61岁及以上年龄组则升为83.4586分。不过，在多元回归模型中，在控制了其他变量以后，年龄对因变量的影响不再具有统计显著性。艾杰及其同事发现，年龄对政治犬儒主义具有独立影响，年龄较大者"更具政治犬儒主义倾向"（Agger, Goldstein, & Pearl, 1961）。利特（Litt, 1963）在对波士顿的研究中也有类似的发现。在控制受教育程度和其他人口学特征之后，米尔布拉斯（Milbrath, 1965: 81）发现了一个明显的倾向，即年龄较大者对政府的信任度较低。我们在本研究中发现的被访者年龄与对基层政府的信任度的关系和国外的发现是一致的。

从受教育年限看，虽然在多元回归分析中在加入其他控制变量的情况下受教育年限对政府信任度的影响不具有统计显著性，但在表4的比较平均值中我们还是可以看出受教育年限对政府信任度有一定程度的影响。尽管被访者的受教育年限对基层政府信任度的方差检验不具有统计显著性，但可以看出存在这样一个趋势，即被访者的受教育年限越高，对基层政府的信任度也越高。受教育年限对高层政府的信任度的影响具有一定的统计显著性，不过，其趋势与对基层政府的信任情况刚好相反，即随着受教育年限的增加对高层政府的信任度逐渐降低：受教育年限6年以下者对高层政府信任的平均值为79.6217分，7~9年者为77.6747分，10年及以上者则降为75.6204分。我们这里所发现的受教育年限与对基层政府信任度之间的关系和国外学者的发现是一致的。例如，艾杰等人（Agger, Goldstein, & Pearl, 1961: 484）发现，"受教育程度较高者比受教育程度较低者的政治信任度高"。同样，麦克迪尔和里德利（McDill & Ridley, 1962）发现，受教育程度较低者与失范和政治疏离相联系。

除了性别、年龄和受教育年限这些个人变量外，我们还加入了是否党员和是否当过村干部或村民小组长这样的变量。在中国农村，党员和村组干部的身份是社会地位的重要标志。以往的研究也表明，党员身份和是否当过村组干部对政治参与具有显著影响（胡荣，2006）。不过，在比较平均值和多元回归的分析中，这两个变量对政治信任的影响都不具有统计显著性。

以往的研究表明，包括种族、阶级在内的社会经济因素对政治信任具有很大的影响。阿伯巴克和沃克（Aberbach & Walker, 1970）使用底特律的调查资料得出的研究结论表明，种族对政治信任具有影响，黑人比白人的信任度低。麦克迪尔和里德利（McDill & Ridley, 1962）通过对美国纳什维尔市（Nashville）的数据进行分析发现，阶级和疏离之间有着直接的联系："较低的社会地位更可能导致失范和政治疏离。"莱恩贝利和萨坎斯基（Lineberry & Sharkansky, 1971）认为，"低收入人群对政府及其政策最为不满"。还有一些学者的研究表明，对经济状况评价的改善会增进人们对政府的信任（Citrin & Green, 1986; Miller, 1983）。在本项研究中，我们发现，被访者的家庭年收入对他们的政治信任没有影响，但不管是在比较平均值的分析中还是多元回归模型中，家庭经济状况的变化对于基层政府的信任度的影响均具有统计显著性。这与国外学者的相关研究结果也是一致的。家庭经济状况的明显改善可以增进被访者对基层政府的信任度，家庭经济状况改善程度越大，人们对基层政府的信任度也越高。不过，家庭经济状况的变化对于高层政府信任度的影响却不具有统计显著性。

一些学者强调政治效能感对政治信任的影响。阿伯巴克和沃克（Aberbach & Walker, 1970）的研究表明，政治效能感对政治信任有很大的影响。在多元回归分析中，只有在模型Ⅰ中政治效能感对基层政府信任因子的影响具有统计显著性，而在模型Ⅱ中政治效能感对高层政府信任因子的影响不具有统计显著性。另外，虽然在多元回归模型中"在历次政治运动中是否受过不公正的待遇"这一变量对因变量的影响不具有统计显著性,但在比较平均值的分析中我们可以发现,这一变量对基层政府信任因子还是有一定的影响的。在表5中,在历次政治运动中自己或家人受过不公正待遇者对基层政府信任的平均值为45.5324分,比未受过不公正待遇者低近8分。

表5 影响政治信任的经济和政治因素:平均值

家庭经济状况变化	基层政府信任因子	高层政府信任因子
差很多	39.9358(19.60923)	81.0471(12.17776)
差一些	37.9466(20.04278)	79.4904(10.76134)
没变化	53.6903(22.51091)	76.7124(16.0417)
好一些	52.3029(21.14443)	77.9379(15.39192)
好多了	56.3569(22.06299)	79.3250(14.44425)
F	8.504***	0.897
在历次政治运动中是否受过不公正的待遇	基层政府信任因子	高层政府信任因子
否	53.2393(21.89527)	78.2439(15.02331)
是	45.5324(22.61433)	79.3341(13.89503)
F	9.546**	0.416
是否上访	基层政府信任因子	高层政府信任因子
从未上访过	58.8238(19.44529)	78.6023(15.50575)
到乡镇政府上访过	44.2257(18.66629)	82.4382(9.20083)
到县政府上访过	39.2716(17.58860)	78.9419(11.09353)
到市政府上访过	29.4024(15.19806)	79.8916(10.71288)
到省政府上访过	28.8484(18.49767)	73.9358(15.72886)
到中央上访过	27.8773(15.05085)	72.6824(15.26648)
F	56.801***	0.113

* $p<0.05$,** $p<0.01$,*** $p<0.001$。
注:括号内的数字为标准差。

现在我们再来看一看作为本项研究主要预测变量的上访情况对政治信任所产生的影响。不管是比较平均值的分析,还是在加入其他控制变量情况下的多元回归分析,上访对于政治信任的影响不仅具有统计显著性,而且其影响程度非常大。先看上访对基层政府信任因子的影响。在模型Ⅰ中,除了"到乡镇政府上访过"对因变量的影响没有统计显著性外,到其他政府层级上访的虚拟变量对因变量的影响都具有统计显著性。也就是说,上访的层次每提高一个级别,对基层政府的信任度就降低一个档次,到过县政府的上访者比从未上访者对基层政府信任的平均值要低17.282分,到过市政府的上访者比从未上访者对基层政府信任的平均值低22.414分,到过省政府的上访者比从未上访者对基层政府信任的平均值低22.996分,而到过中央的上访者比从未上访者对基层政府信任的平均值低28.866分。与上访对基层政府信任度的巨大影响相比,虽然上访对高层政府的信任度也产生一定的影响,但其程度要小得多。从模型Ⅱ可以看出,到乡镇、县、市三级政府上访对高层政府信任度的影响没有统计显著性,到省政府上访对因变量的影响有统计显著性,从回归系数可以看出,到过省里的上访者比从未上访者对高层政府信任的平均值减少了9.113分。到中央上访对高层政府信任度的影响也有微弱的显著性,到过中央的上访者比从未上访者对高层政府信任的平均值减少7.459分(见表6)。

表6 影响农民政治信任因素的多元回归分析

自变量	模型Ⅰ:基层政府信任因子			模型Ⅱ:高层政府信任因子		
	Sig.	B	Beta	Sig.	B	Beta
性别[a]	-3.180	-0.074	0.078	2.603	0.090	0.059
年龄	2.879E-02	0.017	0.703	5.685E-02	0.050	0.323
受教育年限	-0.368	-0.056	0.173	-0.270	-0.061	0.191
是否党员[b]	-2.505	-0.049	0.275	-2.434	-0.071	0.164
是否当过村干部或村民小组长[c]	2.189	0.042	0.358	1.908	0.054	0.293
家庭经济情况与五年前相比的变化	1.810	0.085	0.033	0.183	0.013	0.776

续表 6

自变量	模型Ⅰ：基层政府信任因子			模型Ⅱ：高层政府信任因子		
	Sig.	B	Beta	Sig.	B	Beta
在历次政治运动中是否受过不公正的待遇[d]	-3.173	-0.050	0.195	1.167	0.027	0.532
政治效能感	3.137	0.147	0.000	0.765	0.053	0.214
是否上访过[e]						
到乡镇政府上访过	-8.526	-0.061	0.106	2.434	0.026	0.545
到县政府上访过	-17.282	-0.191	0.000	-5.090E-02	-0.001	0.985
到市政府上访过	-22.414	-0.244	0.000	-1.776	-0.029	0.520
到省政府上访过	-22.996	-0.230	0.000	-9.113	-0.136	0.002
到中央上访过	-28.866	-0.215	0.000	-7.459	-0.082	0.058
Constant	54.877		0.000	76.842		0.000
N	563			563		
Adjusted R^2	23.5%			2%		
F	14.312		0.000	1.903		0.027

　　a. 参考变量为"女性"；b. 参考变量为"非党员"；c. 参考变量为"未当过村干部或村民小组长"；d. 参考变量为"未受过不公正的待遇"；e. 参考变量为"从未上访过"。

四　讨论与对策思考

　　以上的多元回归分析表明，农民上访的直接结果是造成了各级政府在农村政治信任的流失。对于包括市、县和乡镇在内的基层政府来说，它们在农村的信任度不仅普遍偏低，而且农民上访的层次每提高一个级别，他们对基层政府的信任度就降低一个档次，即农民上访到过的政府层级越高，对基层政府的信任度越低。另外，虽然到市级以下政府上访没有对高层政府的信任度产生直接的影响，但随着上访层次的提高，上访也对高层政府的信任度产生了显著的负面影响，到过省政府和中央的上访者，对中央和省政府的信任度明显降低。实际上，到北京上访的次数越多、逗留的时间越长、走访的部门越多，上访者对中央的信任度越低。必须注意的是，上访所造成的负面效应并不仅仅局限于上访者，而且也会对其他未上访的农民产生不良的影响。绝大多数农民或许沉默不语，但他们对于发生在身边的事情是关注的，对于上访者的经历是清楚的。上访农民经历的失望乃至挫折，不可避免地会影响、感染其他农民。

政治信任对于政府的顺利运作和社会稳定都具有重要意义，因为它是"政治支持"的重要组成部分，并构成政治制度合法性的基础（Easton，1965：273；Easton，1975）。信任政府的公民更可能遵纪守法、支持政府的倡议和在无需借助强制力的情况下追随政治领袖（Luhman，1979）。对政府较高的信任度与较少介入动员式参与相联系（Seligson，1980），而对政府低度的信任使得政治领袖的成功更为困难（Hetherington，1998），并导致政府在一系列国内政策上无法得到支持（Chanley et al.，2000）。对政府信任的缺失还与参与骚乱（Paige，1971）和其他反对体制的政治活动（Muller et al.，1982）相关联。再者，公众对政府信任的长期缺失还会导致对政治制度及其基本原则信任的崩溃（Nye，1997）。在某种程度上，政治信任独立于直接的政策结果，因此享有较高信任度的政府在完成紧迫的政治任务时一旦遇到困难便具有更大的机动空间（Patterson et al.，1970），获得公众高度信任的政府在遇到政策失误之后具有更大的回旋余地。

对于中国政府来说，改革是一条前人没有走过的路，在"摸着石头过河"的过程中不可避免地有一些政策失误，在这种情况下，民众对政府的信任就显得更为重要。政府信任流失的直接后果是政府在决策方面的回旋空间变小了。对于信任度高的政府来说，一方面，正确的决策可以获得民众的广泛支持；另一方面，决策的失误也可以得到民众的谅解，可以避免由于决策失误直接导致的合法性危机。在改革过程中难免会有一些政策上的失误，因此，得到民众的高度信任对于中国政府来说尤其重要。

虽然在因子分析中农民对高层政府的信任与对基层政府的信任分属两个不同的因子，而且他们对高层政府的信任值也远高于对基层政府的信任值，但执政者绝不可以因为目前高层政府还享有较高的政治信任度而心安理得和掉以轻心。如果说基层政府是高层政府的防火墙的话，高层政府应该竭力维护这堵防火墙，基层政府政治信任的流失自然会影响民众对高层政府的信任，甚至可能导致政治上的激进主义。虽然绝大多数上访代表仍然坚持在体制内维权，但有一些上访代表，特别是到京上访的农民，已经与体制渐行渐远。上访有成为政治激进主义思想、激进主义行动乃至激进主义政治组织的温床的危险。

为什么农民的上访会导致政治信任的流失呢？这要从中国的信访制度中去寻找答案。现行信访制度成了政治信任流失的渠道。从政治思想角度看，设立信访制度的初衷是建立一条民意"上达"的渠道，而不是民意"表达"的渠道（李连江，2004）。这个制度在计划经济和阶级斗争时代是能够起到一些积极作用的，但到了以规则平等、程序正义和利益团体为基础的市场经济时代，到了掌握国家政权的共产党不能再以赢得内战为其政治认同性的主要根基的时期，到了革命党必须转变成执政党的时刻，就必然显得捉襟见肘了。信访活动本来是《中华人民共和国宪法》和国务院《信访条例》承认的政治参与活动，但实际上经常被少数地方党政官员视为闹事甚至敌对行动而遭到干扰。正是因为这些地方党政官员"输不起"，才直接导致上访农民的"输不起"。在这些地方党政官员的管理下，农民一旦由于对上级政府特别是中央高度信任而上访，就会被地方政府逼入要么彻底认输，要么与地方政府对抗到底的绝境。因为他们对中央有信心，上访农民普遍低估上访的实际风险，所以，一旦上访，他们几乎必然遭遇失望。面对各种挫折、屈辱、打击和失败，有些上访农民吞下了找不到正义的苦果。但是，也有不少上访农民拒绝接受不公正的结果。他们愈挫愈奋，百折不回。他们的抗争心理和行动，一旦开始，就必须进行下去，不能中途退却或放弃。其结果是，不少到京上访的人的主要控诉已经不是最初促使他们上访的冤屈，而是上访过程中遭受的打击。

如何改革中国的信访制度，国内学术界曾有过不少讨论。根据于建嵘（2005a）的概括，有三种不同的观点。第一种观点主张重新构建信访体系框架，整合信访信息资源，探索"大信访"格局，并通过立法统一规范信访工作，从而建立高效的信访监督监察机制，其核心观点是扩大信访机构的权力，使之具有调查、督办甚至弹劾、提议罢免等权力。国家信访局研究室负责人认为，信访机构权力有限是导致信访效率低下的主要原因，而要解决"信访洪峰"就得强化信访部门的权力。这种观点以杜钢建与康晓光等人为代表。第二种观点以于建嵘等人为代表，主张首先从政治体制现代化的视野来重新确定信访的功能目标，即在强化和程序化信访制度作为公民政治参与渠道的同时，要把公民权利救济方面的功能从信访制度中分离出去，以确定司法救济的权威性。其次，要改革目前的信访体制，可以考虑撤销各部门的信访机构，把信访全部集中到各级人民代表大会，通过人民代表来监督"一府两院"的工作，以加强系统性和协调性。再次，也是最为重要的，要切实保障信访人的合法权益，对少数地方党政官员迫害信访者的案件要坚决查处。第三种观点则主张废除信访制度，因为现行信访制度的许多规定，其实是直接跟《中华人民共和国宪法》或法律相抵触的，出现了行政权僭越立法权或者司法权的现象。这既体现在行政法规和地方性法规或者政策中，也体现在具体的实践里。

其实，我们应该从更广阔的制度背景来审视现有的信访制度。信访制度有其自身的不足与缺陷，但要从根本上解决问题，并不能仅仅从信访制度本身的改革着手。于建嵘等人主张撤销各部门的信访机构，统一集中到各级人民代表大会，但是，在目前人大代表的权力还十分有限的情况下就匆忙地把其他政府机关的信访机构合并到人民代表大会，会在很大程度上削弱信访机构的作用。我们要解决由信访带来的农民对政府信任流失的问题，一方面应该从源头上解决问题,即在减少农民上访的原因上做文章。前几年,农民上访者中有相当一部分是由于负担重引起的。在取消农业税之后,由于负担问题而导致的农民上访事件已经大幅度减少,近几年更多的是征地过程中农民利益被侵害而导致的上访(于建嵘,2005b)。另一方面,更为重要的是在更广的范围内进行制度改革,通过建立一套较为完善的制度来切实保障作为弱势群体的农民的利益。因此,当务之急应该探讨如何在现有的制度下建立较为完善的农民利益表达机制,使广大农民的政治参与不仅仅限于行政村的地域之内(参见胡荣,2006),让他们在更广的范围内和对更重大的事情上能够表达意见。执政党还应该通过切实有效的措施来消除司法腐败,使农民对司法制度有信心,让农民更多地通过司法途径而不是上访来保护自己的利益。当然,人民代表大会制度也应在《中华人民共和国宪法》的框架内进一步完善和加强。只有农民的利益能够得到有效的保护之后,农民的上访事件才会减少,只有相应的条件成熟之后,才能水到渠成地改革信访制度,例如把政府部门的信访机构合并到各级人民代表大会。

参考文献

边燕杰、李煜,2000,《中国城市家庭的社会网络资本》,《清华社会学评论》第2期。

房桂芝、董礼刚,2005,《建立完善的农民利益表达与沟通渠道》,《国家行政学院学报》第5期。

胡奎、姜抒,2003,《2003年中国遭遇信访洪峰,新领导人面临考验》,12月8日《瞭望东方周刊》。

胡荣,2006,《社会资本与中国农村居民在村级选举中的地域性自主参与》,《社会学研究》第2期。

李连江,2004,《农民上访与政治认同性的流失》,未发表。

行健、黄啸,2003,《一个农民举报人的遭遇》,《中国改革·农村版》第1期。

于建嵘，2005a，《信访制度改革与宪政建设》，《二十一世纪》6月号第89期。

于建嵘，2005b，《土地问题已经成为农民维权抗争的焦点》，《调研世界》第3期。

郑卫东，2004，《农民集体上访的发生机理：实证研究》，《中国农村观察》第2期。

Aberbach, Joel D. & Jack L. Walker. 1970. "Political Trust and Racial Ideology." *American Political Science Review* 64 (4): 1199-1219.

Agger, Robert E., Marshall N. Goldstein, & Stanley A. Pearl. 1961. "Political Cynicism: Measurement and Meaning." *Journal of Politics* 23: 447-506.

Almond, Gabriel A. & Sidney Verba. 1963. *The Civic Culture.* Boston: Little, Brown & Company.

Barber, Bernard. 1983. *The Logic and Limits of Trust.* New Brunswick, NJ: Rutgers University Press.

Bernstein, Thomas P. & Xiaobo Lü. 2000. "Taxation Without Representation: Peasants, the Central and the Local States in Reform China." *China Quarterly* 163: 742-763.

Chanley, Virginia A., Thomas J. Rudolph, & Wendy M. Rahn. 2000. "The Origins and Consequences of Public Trust in Government—A Time Series Analysis." *Public Opinion Quarterly* 64 (3): 239-250.

Citrin, Jack. 1974. "Comment: The Political Relevance of Trust in Government." *American Political Science Review* 68 (3): 973-988.

Citrin, Jack & Donald Philip Green. 1986. "Presidential Leadership and the Resurgence of Trust in Government." *British Journal of Political Science* 16: 431-453.

Citrin, Jack & Samantha Luks. 1998. "Political Trust Revisited: Déjà vu All Over Again?" Paper presented at the 1998 Hendricks Symposium on Public Dissatisfaction with Government, University of Nebraska, Lincoln.

Citrin, Jack, Herbert McClosky, J. Merrill Shanks, & Paul M. Sniderman. 1975. "Personal and Political Sources of Political Alienation." *British Journal of Political Science* 5: 1-31.

Cole, Richard L. 1973. "Toward a Model of Political Trust: A Causal Analysis." *American Journal of Political Science* 17 (4): 809-817.

Craig, Stephen C. 1993. *The Malevolent Leaders: Popular Discontent in*

America. Boulder, CO: Westview.

Craig, Stephen C., Richard G. Niemi, & Glenn E. Silver. 1990. "Political Efficacy and Trust: A Report on the NES Pilot Study Items." *Political Behavior* 12 (3): 289 – 314.

Dahl, Robert A. 1971. *Polyarchy*. New Haven: Yale University Press.

Easton, David. 1965. *A Systems Analysis of Political Life*. New York: Wiley.

Easton, David. 1975, "A Re-Assessment of the Concept of Political Support." *British Journal of Political Science* 5 (4): 444 – 445.

Erber, Ralph & Richard R. Lau. 1990. "Political Cynicism Revisited: An Information-Procession Reconciliation of Policy-Based and Incumbency-Based Interpretations of Changes in Trust in Government." *American Journal of Political Science* 34: 236 – 253.

Feldman, Stanley. 1983. "The Measure and Meaning of Trust in Government." *Political Methodology* 9: 341 – 354.

Gamson, William A. 1968, *Power and Disconnect*. Homewood, IL: Dorsey.

Garment, Suzanne. 1991. *Scandal: The Crisis of Mistrust in American Politics*. New York: Random House.

Hetherington, Marc J. 1998. "The Political Relevance of Political Trust." *American Political Science Review* 92 (4): .791 – 808.

Iglitzin, Lynne B. 1972. *Violent Conflict in American Society*. San Francisco: Chandler Publishing Compay.

Lane, Robert E. 1969. *Political Life*. Glencoe: Free Press.

Levi, Margaret. 1997. *Consent, Dissent and Patriotism*. New York: Cambridge University Press.

Li, Lianjiang. 2004. "Political Trust in Rural China." *Modern China* 30 (2).

Li, Lianjiang & Kevin J. O'Brien. 1996. "Villagers and Popular Resistance in Contemporary China." *Modern China* 22 (1): 28 – 61.

Lineberry, Robert L. & Ira Sharkansky. 1971. *Urban Politics and Public Policy*. New York: Harper & Row.

Litt, Edgar. 1963. "Political Cynicism and Political Futility." *Journal of Politics* 25 (1): 113 – 138.

Lü, Xiaobo. 1997. "The Politics of Peasant Burden in Reform China." *The Journal of Peasant Studies* 25.

Luhman, Niklas. 1979. *Trust and Power*. New York: John Wiley & Sons.

Mansbridge, Jane. 1997. "Social and Cultural Causes of Dissatisfaction with U. S. Government." In *Why People Don't Trust Government*, eds. by Joseph S. Nye, Jr., Philip D. Zelikow, & David C. King. Cambridge, MA: Harvard University Press.

McDill, Edward L. & Jeanne Clare Ridley. 1962. "Status, Anomi, Political Alienation, and Political Participation." *American Journal of Sociology* 68: 205 – 217.

Milbrath, Lester W. 1965. *Political Participation*. Chicago: Rand McNally.

Miller, Arthur H. 1974. "Political Issues and Trust in Government, 1964 – 1970." *American Political Science Review* 68 (3): 951 – 972.

Miller, Arthur H. 1983. "Is Confidence Rebounding?" *Public Opinion* 6 (June-July): 16 – 20.

Miller, Arthur H. & Stephen A. Borrelli. 1991. "Confidence in Government During the 1980s." *American Politics Quarterly* 19: 147 – 173.

Muller, Edward N., Thomas O. Jukam, & Mitschella Seligon. 1982. "Diffuse Political Support and Antisystem Political Behavior: A Comparative Analysis." *American Journal of Political Science* 26 (2): 240 – 264.

Norris, Pippa. 1999. "Introduction: The Growth of Critical Citizens?" In P. Norris (ed.), *Critical Citizens*. Oxford: Oxford University Press.

Nye, Joseph S. Jr. 1997. "Introduction: The Decline of Confidence in Government." In Joseph S. Nye, Jr., Philip D. Zelikow, & David C. King (eds.), *Why People Don't Trust Government*. Cambridge, MA: Harvard University Press.

O'Brien, Kevin J. 1996. "Rightful Resistance." *World Politics* 45 (1): 31 – 55.

Orren, Gary. 1997. "Fall from Grace: The Public's Loss of Faith in Government." In Joseph S. Nye, Jr., Philip D. Zelikow, and David C. King. (eds.), *Why People Don't Trust Government*. Cambridge, MA: Harvard University Press.

Paige, Jeffery. 1971. "Political Orientation and Riot Participation." *American Sociological Review* 36 (5): 810 – 820.

Patterson, Samuel C., John C. Wahlke, & G. R. Boynton. 1970. "Dimensions of Support in Legislative System." In Alan Kornberg (ed.), *Legislatures in Comparative Perspective*. New York: Mckay.

Pew Research Center. 1998. *Deconstructing Trust: How Americans View Government*. Washington, DC: Pew Research Center of the People and the Press.

Scholz, John T. & Mark Lubell. 1998. "Trust and Taxpaying: Testing the Heuristic Approach to Collective Action." *American Journal of Political Science* 42 (2): 398 – 417.

Scholz, John T. & Neil Pinney. 1995. "Duty, Fear, and Tax Compliance: The Heuristic Basis of Citizenship Behavior." *American Journal of Political Science* 39 (2): 490 – 512.

Seligson, Michell. 1980. "Trust, Efficacy and Modes of Political Participation: A Study of Costa Rican Peasants." *British Journal of Political Science* 10 (1): 75 – 98.

Tyler, Tom K. 1990. *Why People Obey the Law*. New Haven, CT: Yale University Press.

Wang, Zhengxu. 2005. "Before the Emergence of Critical Citizens: Economic Development and Political Trust in China." *International Review of Sociology*, January.

Williams, John T. 1985. "Systemic Influences of Political Trust: The Importance of Perceived Institutional Performance." *Political Methodology* 11: 125 – 142.

农村居民的收入差距与原因分析[*]

一 导言

自从改革开放以来,随着生产责任制的实施,农村居民的收入水平有了很大的提高。但是,与此同时,农村居民之间的收入差距也日益扩大。有关统计(参见唐平、曹蓉,1996)表明,1980~1985年,中国东、中、西部地区农村居民人均纯收入年递增速度分别为16.4%、14.6%和12.9%。尽管东、中、西部地区农村居民的收入水平均有大幅度提高,但地区差距却不断扩大。1980年,中、西部农村居民与东部农村居民收入的绝对差距分别为37元和46元,到1995年收入绝对差距扩大到724元和1066元。中国农村居民收入差距的扩大引起了许多相关学者的注意。张平在研究中国农村发展过程中的不平等问题时,试图回答乡镇企业在农村收入不平等中所起的作用,认为中国农村的收入差距既来自区域内也来自区域间,其中区域间收入差距对总的不平等的贡献在加大,而区域间收入差距加大的最主要的原因是区域间工资性收入的不平等,即各个区域间农村非农化就业机会上的不均等(张平,1998)。赵满华、窦文章(1997)在归纳农村居民收入发生变化的几个特征时,也谈到了不同区域之间农村居民的收入差距扩大和家庭经营性纯收入的比重明显上升。

---

[*] 本文发表于《学海》2003年第6期。

农民收入差距的扩大也引起了社会学者的关注。美国学者倪志伟根据其于1985年在福建农村调查所得的数据提出了著名的市场转型理论（Nee，1989）。倪志伟的研究表明，在人力资本和家庭组成因素一致的情况下，现任干部家庭的收入水平低于一般农户。现任干部家庭、离任干部家庭的收入水平与企业主家庭相比存在相当大的差距。因此，倪志伟认为，市场转型经济降低了对政治权力的回报，与此同时，人力资本对收入的作用得到提升，这表现在经济体制改革后夫妻合计受教育程度对家庭收入的影响是正向的，且具有统计显著性。而国内学者陆学艺（1999）则根据农村居民收入的变化以及农民的分化情况，认为农民已经分化为8个阶层：农业劳动者、农民工、雇工、农民知识分子、个体劳动者与个体工商户、私营企业主、乡镇企业管理者、农村管理者。

为了进一步研究农村社会分层中地域差异的影响，我们于2001年10月在福建省厦门市和寿宁县进行了问卷调查。本次调查抽取了福建省寿宁县的5个乡镇和厦门市同安区的4个乡镇以及厦门岛内的禾山镇，从每个乡镇中再抽取4个行政村，按随机原则抽取20~25位访谈对象。此次调查共取得有效样本913个，其中，男性样本513个，女性样本398个，缺省值为2。本文拟根据此次调查的数据对福建农村居民收入的差距及其原因进行分析。

之所以在福建省内选择厦门和寿宁的农村进行调查，是因为这两个地区较具有代表性。厦门是五个经济特区之一，享受国家的优惠政策，在制度上相对宽松，经济发展水平相当高，二、三产业发达，吸引外资数量也很多。城市周边地区的农村也相应地受到厦门岛内的辐射，因此，这些地区的经济发展水平在农村地区是非常高的。而寿宁地处北部山区，是福建省较穷的一个县。这里交通不便，可利用资源虽然很多，但开发不够，农民的主要产业就是种植业和养殖业，除此之外矿藏很少。种植和养殖出的产品由于交通不便和远离闹市地区，销量很差。同时，当地又缺少先进的科学技术指导，因此，生产效率不高。

二 两地农户收入情况及内部差异

本次调查所设计的问卷中与本文分析相关的项目可分为两大部分：第一部分为农民去年（2000年）的经济收入状况，包括去年家庭总收入、种植业收入、养殖业收入、家庭经营收入、外出打工收入、房屋出租收入等。其中，种植业收入包括种粮食以及蔬菜、水果、茶叶等经济作物的收入；养殖业收入包括养猪、养鸡、养鸭、养鱼等的收入；家庭经营收入包括办工厂、开商店等的收入；外出打工收入包括劳务输出的收入。第二部分属于自变项，包括个人特质、人力资本和政治资本等。个人特质包括性别、年龄、婚否等；人力资本主要是受教育程度；政治资本包括是否党员、是否担任过村干部。

从统计结果来看，农村居民的收入差距很大。两地农村居民家庭年平均收入为15226.25元，而标准差则为40200.22元，离散系数高达264%。另外，从表1可以看出，在所调查的家庭中，去年（2000年），收入最高的5%家庭年平均收入高达100476.41元，而收入最低的5%家庭年平均收入只有1086.54元，前者是后者的92倍；收入最高的10%家庭年平均收入为66533.50元，而收入最低的10%家庭年平均收入只有1459.62元，前者是后者的46倍。从整体看，收入较高者之间的收入差距也较大。收入最高

表1　寿宁与厦门两地农村居民最高与最低收入家庭的年平均收入

单位：元，%

	收入最高的5%家庭	收入最低的5%家庭	收入最高的10%家庭	收入最低的10%家庭
2000年家庭平均收入	100476.41	1086.54	66533.50	1459.62
标准差	154266.62	474.04	112103.97	669.52
离散系数	1.535	0.436	1.684	0.458

的 10% 家庭年平均收入的离散系数高达 168%，而收入最低的 10% 家庭年平均收入的离散系数只有 46%。

两地农户之间的收入差距也相当大。从表 2 可以看出，寿宁 415 个被调查家庭的年平均收入为 8690.61 元，标准差为 8645.98 元；厦门 364 个被调查家庭的年平均收入为 22677.59 元，标准差为 57217.59 元。方差分析表明，两地农户收入的差距具有统计显著性（$p<0.001$）。从两地农户收入的离散系数可以发现，厦门农户之间的收入差距远远大于寿宁农户之间的收入差距。从不同乡镇的情况看，寿宁县的大安、犀溪、竹管垅三个乡的农户年平均收入都在 10000 元以下，只有鳌阳和武曲 2 个镇农户的年平均收入在 10000 元以上。厦门 5 个乡镇家庭的年平均收入都在 10000 元以上，其中，同安区的莲花、大嶝、内厝都在 10000 元以上 15000 元以下，而湖里区的禾山镇接近 30000 元，同安区的马巷镇高达 40000 多元（参见表 3）。方差分析表明，不同乡镇农户收入的差距也具有统计显著性（$p<0.001$）。

表 2　寿宁与厦门两地农村居民家庭年平均收入与家庭人均收入

单位：元，个

调查地点	家庭年平均收入			家庭年人均收入			N
	平均值	标准差	离散系数	平均值	标准差	离散系数	
寿　宁	8690.61	8645.98	0.99	1955.09	1955.67	1.00	415
厦　门	22677.59	57217.59	2.52	4781.92	7712.00	1.61	364
两地合计	15226.25	40200.22	2.64	3275.97	5637.09	1.72	779

表 3　寿宁与厦门两地不同乡镇农户年平均收入

单位：元，个

所调查的乡镇	平　均　值	标　准　差	N
大　安	5873.56	5477.85	87
犀　溪	7422.54	7306.44	71

续表3

所调查的乡镇	平均值	标准差	N
竹管垅	8190.70	5532.45	86
鳌 阳	10635.66	8480.76	91
武 曲	11204.50	13254.82	80
莲 花	11510.52	9481.76	67
大 嵙	12247.89	10522.42	71
内 厝	13870.83	12365.48	72
禾 山	28869.73	29186.04	75
马 巷	43669.72	115552.30	79
总 计	15226.25	40200.22	779

三 影响农户收入差距的原因分析

是哪些因素造成农村居民在收入上有如此巨大的差距呢？根据调查资料，我们从两个方面进行了分析：一是收入来源；二是个人因素，包括是否村干部、是否党员以及受教育年限等。

先来看收入来源对农户收入的影响。在问卷中我们向被访者询问其是否有种植业收入、养殖业收入、家庭经营收入、外出打工收入和房屋出租收入以及这些收入的具体数字。为了便于分析，我们把种植业收入与养殖业收入合为一项称为"农业收入"。统计表明，在780户被访家庭中，有农业收入的家庭为486户，占62.3%；有家庭经营收入的家庭为188户，占24.1%；有外出打工收入的家庭为251户，占32.2%；有房屋出租收入的家庭为54户，占6.9%。从表4可以看出，有农业收入的农户年人均收入为2447.20元，没有农业收入的农户年人均收入为4646.97元，后者远远高于前者；没有家庭经营收入的农户年人均收入为2974.83元，有此项收入的农户年人均收入则高达4225.79元；没有房屋出租收入的农户年人均收入为3033.34元,有房屋出租收入的农户年人均收入则达6543.41元。方差分析表明,是否具有上述三项收入对农户年人均收入造成的差异具有统计显著性。在表4所列的几项收入来源中,有打工收入与没有打工收入的农户年人均收入水平相差不大,而且这种差异也不具有统计显著性。这表明,以农业为主要收入的家庭的收入都较低,而搞家庭经营和房屋出租都能大大提高家庭的收入。

表4 收入来源与农户年人均收入

单位:元

是否有农业收入	是否有家庭经营收入	是否有打工收入	是否有房屋出租收入
4646.97 ****	2974.83 ***	3263.77	3033.34 ****
(2447.20)	(4225.79)	(3302.84)	(6543.41)

注:括号外的数据为无该项收入的家庭的年人均收入,括号内的数据为有该项收入的家庭的年人均收入。ANOV分析的显著性水平:*$p<0.10$,**$p<0.05$,***$p<0.01$,****$p<0.001$。

那么,个人因素对家庭年人均收入的影响又如何呢?从个人的政治面貌看,在寿宁的413个被访者中,按家庭年人均收入的高低排列依次为:共产党员2523.18元、共青团员2234.66元、曾入过团者2217.84元、群众1807.32元,但方差分析表明这种差异不具有统计显著性。在厦门的362个被访者中,家庭年人均收入最高的是共青团员,为7489.39元,其次是共产党员(5707.42元),曾入过团者排在第三位(5311.22元),最后是群众(4339.82元),但这些差异也不具有统计显著性(见表5)。从是否担任过村干部这方面看,在寿宁的被访者中,目前担任村干部的家庭年人均收入最高,其次是曾经担任过村干部者;而在厦门组中,曾经担任过村干部的家庭年人均收入最高,其次才是目前在任的村干部。但这些差异在统计上不具有显著性,表明是否担任过村干部并不是造成家庭年人均收入差异的原因(见表6)。

表5　被访者的政治面貌与家庭年人均收入

单位：元，人

调查地点	政治面貌	家庭年人均收入	人数
寿宁	共产党员	2523.18	49
	共青团员	2234.66	19
	曾入过团者	2217.84	50
	群众	1807.32	295
	小计	1959.29	413
厦门	共产党员	5707.42	63
	共青团员	7489.39	11
	曾入过团者	5311.22	42
	群众	4339.82	246
	小计	4786.23	362
两地合计		3278.05	775

表6　是否担任过村干部与家庭年人均收入

单位：元，人

调查地点	是否担任过村干部	家庭年人均收入	人数
寿宁	目前就是	3367.31	26
	曾经担任过	2294.85	38
	从没担任过	1821.61	304
	小计	1973.52	368
厦门	目前就是	4958.51	24
	曾经担任过	5801.35	39
	从没担任过	4291.13	266
	小计	2773.33	329
两地合计		3385.68	697

为了进一步分析农村居民在收入上存在差异的原因，在表7中我们建立了两个不同的回归模型。在模型Ⅰ中，我们分别以虚拟变

表 7 回归分析

自变量	模型 I 总样本	模型 I 寿宁	模型 I 厦门	模型 II 总样本	模型 II 寿宁	模型 II 厦门
是否有农业收入[a]	−1048.65** (−0.090)	−951.098**** (−0.211)	−1101.31 (−0.071)	−636.63 (−0.054)	−767.36**** (−0.169)	−612.23 (−0.039)
是否有家庭经营收入[b]	1165.482** (0.088)	1039.545**** (0.236)	1430.452 (0.075)	926.51** (0.069)	929.75**** (0.210)	1396.9 (0.072)
是否有打工收入[c]	−460.71 (−0.038)	415.0483*** (0.090)	−1178.42 (−0.075)	−564.55 (−0.046)	379.73* (0.082)	−1301.4 (−0.082)
是否有房屋出租收入[d]	2359.133*** (0.106)	477.4176 (0.042)	3011.563** (0.123)	1841.64** (0.082)	488.86 (0.043)	1874.69 (0.076)
是否寿宁[e]	−2507.81**** (−0.222)			−2385.96**** (−0.209)		
是否党员[f]	503.21 (0.030)	499.48* (0.082)	406.16 (0.019)			
是否现任村干部[g]	−335.02 (−0.021)	175.53 (0.032)	−932.30 (−0.043)			
受教育年限	423.4813**** (0.274)	124.26**** (0.222)	646.53**** (0.321)			

农村居民的收入差距与原因分析

续表 7

自变量	模型 I			模型 II		
	总样本	寿 宁	厦 门	总样本	寿 宁	厦 门
性别[h]（男=1）	-1520.87**** (-0.131)	-485.14** (-0.120)	-2401.61**** (-0.153)			
年龄	65.61**** (0.152)	16.68* (0.110)	97.41**** (0.166)			
N	778	414	363	762	406	355
Constant	4971.325****	2272.371****	5166.293****	567.189	1025.132*	-1273.937
Adjusted R^2	0.092	0.373	0.027	0.141	0.161	0.097

a. 参考类别为"没有农业收入"；b. 参考类别为"没有家庭经营收入"；c. 参考类别为"没有打工收入"；d. 参考类别为"没有房屋出租收入"；e. 参考类别为"厦门"；f. 参考类别为"非党员"；g. 参考类别为"不是现任村干部"；h. 参考类别为"女"。

注：表中的数据为非标准回归系数，括号内为标准回归系数。

显著性水平：* $p<0.10$，** $p<0.05$，*** $p<0.01$，**** $p<0.001$。

量"是否有农业收入"、"是否有家庭经营收入"、"是否有打工收入"以及"是否有房屋出租收入"作为自变量（1 = 有，0 = 无），用以预测家庭年人均收入。在包括寿宁和厦门两地的总样本中，有农业收入对家庭年人均收入有负面影响，且有统计显著性；有家庭经营收入和房屋出租收入对家庭年人均收入有正面影响，也有统计显著性。在总样本的方程中，我们还加入了"是否寿宁"作为控制变量，统计结果显示，区域对家庭年人均收入的影响是相当巨大的。而在寿宁县的样本中，值得注意的是，是否有房屋出租收入对家庭年人均收入的影响不具有统计显著性，而是否有打工收入则对家庭年人均收入具有正面影响，且有一定的统计显著性，这表明在寿宁，外出打工确实是家庭的一个重要收入来源。在厦门地区的样本中，是否有农业收入与是否有家庭经营收入对家庭年人均收入没有统计显著性，而只有房屋出租收入对家庭年人均收入的影响有统计显著性。

在模型Ⅱ中，我们增加了"是否党员"、"是否现任村干部"和"受教育年限"三个预测变量，另外加入被访者的性别和年龄作为控制变量。由于农村居民的收入通常是以家庭为单位计算的，因此我们在访谈中没有询问被访者个人的年收入是多少，只问被访者家庭的年收入是多少，而家庭年人均收入是通过将家庭的年收入除以家庭人口计算得来的。当我们用被访者的一些个人特质（是否党员、是否现任村干部以及受教育年限）作为自变量预测家庭年人均收入时，就必须控制性别和年龄这两个变量。在控制了性别和年龄这两个变量以后，个人的不同特质对家庭年人均收入的影响才可以进行比较。

根据表7的分析结果，有以下几点值得我们注意。

第一，农业收入对家庭年人均收入的影响具有很强的区域性。根据模型Ⅰ，在总样本中，"是否有农业收入"对家庭年人均收入的影响具有统计显著性，在寿宁县的样本中，这一预测变量对家庭年人均收入的影响也具有统计显著性，但在厦门地区的样本中则不具有统计显著性。在模型Ⅱ的总样本中，在加入上述预测变量和控制变量后,在模型Ⅰ中对家庭年人均收入具有统计显著性的"是否有农业收入"不再具有统计显著性,这说明在总样本中,"是否有农业收入"对家庭年人均收入的影响可能是其他因素导致的。根据模型Ⅱ,在厦门地区的样本中,农业收入对家庭年人均收入的影响也不具有统计显著性。但在寿宁县,在加入以上预测变量和控制变量后,农业收入对家庭年人均收入的影响还是具有统计显著性。

第二,是否党员与是否现任村干部对农民家庭年人均收入的影响不显著。在模型Ⅰ中,与非党员相比,党员家庭的收入显然略高一些,但在大部分情况下都不具有统计显著性,只有在寿宁县的样本中,这一预测变量才有微弱的统计显著性($p<0.1$)。

第三,受教育年限对家庭年人均收入的影响具有正面、积极的影响。不管是总样本,还是厦门地区或寿宁县的样本,受教育年限对家庭年人均收入都有着显著的积极影响。如果我们进一步比较寿宁与厦门两个样本的话,厦门地区的样本中受教育年限对家庭年人均收入的非标准回归系数为646.53,远远高于寿宁的124.26。这表明,经济发达地区教育对收入的影响更显著。

四 结论

根据以上分析,我们可以得出如下几个结论。

第一,农户家庭之间的收入差距日益扩大。经济学中通常用基尼系数来衡量收入的不平等。有关统计表明,从1980年到1995年,全国农村居民收入的基尼系数从0.24增加到0.34(参见张平,1998),从1981年到1996年,湖北省农村居民收入的基尼系数从原来的0.1739增加到0.2574(时明国,1998)。从统计上看,离散系数的意义与基尼系数是一样的,因此本文用离散系数来表示收入差距。本项调查的结果表明,农户收入的标准差高达264%,而收入最高的10%家庭的年平均收入竟是收入最低的10%家庭的年平均收入的46倍。从寿宁与厦门两地的比较来看,厦门地区经济发达，农村居民的收入也较高，但厦门农村居民之间的收入差距也较大。因此，随着经济的进一步发展，贫富差距有可能进一步加大，这是我们不能忽视的一个问题。

第二，地区条件差异是影响农村居民收入的一个重要因素。寿宁与厦门两地农户收入的差距十分显著。从总体看，农户家庭收入的离散系数高达264%，但把两地分开计算，寿宁农户之间收入的离散系数只有100%，厦门地区也降至161%。厦门地区的农户家庭年平均收入高达22677.59元，而寿宁只有8690.61元，前者是后者的2.6倍，而且回归分析也表明这种差距具有统计上的高度显著性。值得注意的是，农户收入的差距不仅表现在寿宁和厦门这两个条件和经济发展水平都存在差异的地区之间，同一地区不同乡镇农户之间的收入差距也相当大，而且方差分析表明，不同乡镇的这种差距也具有统计上的显著性。表4的数据和表7的回归分析充分表明不同的收入来源对家庭总体收入有着显著的影响，从事农业生产的家庭收入偏低，有经营收入或房屋出租收入的家庭收入较高。这正是寿宁和厦门两地农户家庭收入存在巨大差距以及不同乡镇农户家庭收入存在差距的主要原因。寿宁地处福建东北部，交通不便，以农业为主，而且有大量人口外出打工；厦门是改革开放后最早设立的经济特区之一，经济发达，有许多外资企业和私营企业，同时有大量外来人口涌入，许多农民也不再种田转而从事商业经营或以出租房屋为生。

第三，政治资本对家庭收入的影响并不显著。边燕杰与约翰·罗根在研究天津1978~1993年改革进程及居民收入变化情况时提出与倪志伟的市场转型理论相左的权力维续论（Bian and Logan, 1996）。他们认为，政治权力的维续在再分配和市场两种体制中都有体现。在再分配体制中，再分配的机制一直在起作用，劳动报酬的分配都受到政治权力的制约。在市场体制和条件下，政治权力之所以得到维续，是因为市场是在政治权力结构的影响下成长的，拥有政治权力者可以优先到市场体制中获取优惠利益。但本项研究的结果表明，政治权力对农户收入的影响并不显著。从政治面貌看，尽管在寿宁县党员家庭年人均收入略高，在厦门地区共青团员家庭年人均收入略高，但这些差异并不具有统计显著性。从是否现任村干部这方面看，寿宁的现任村干部家庭年人均收入略高于其他家庭，而在厦门则是曾经担任过村干部者比现任村干部和其他村民的家庭年人均收入略高。同样，这种差异也不具有统计显著性。进一步的回归分析表明，是否党员、是否现任村干部对家庭年人均收入并不具有显著影响。这说明在市场转型中的农村，权力在分配中的作用已经在一定程度上淡化了。

第四，人力资本对家庭收入的影响日益重要。根据倪志伟的市场转型理论（Nee，1989；1991），在市场化的过程中，随着政治权力淡出市场，人力资本的作用将提升，教育的投资回报将会增加，人力资本因此会在阶层化的过程中比政治资本发挥更大的作用。国内一些相关的研究（如李培林，1995）表明，教育对收入的回报显著而且稳定。我们的回归分析也证明了这一点：受教育年限不仅对家庭年人均收入具有显著影响，而且在市场化程度较高的厦门，受教育年限对家庭年人均收入的影响也远远大于市场化程度和经济发展程度相对较低的寿宁。

参考文献

　　李培林，1995，《再析新时期利益格局变动中的若干热点问题》，《社会学研究》第5期。
　　陆学艺，1999，《农村社会结构变化与原因分析》，（香港）第二届华人社会阶层研究研讨会，10月21~22日。
　　时明国，1998，《湖北农民收入差异研究》（上），《市场与人口分析》第4卷第1期。
　　唐平、曹蓉，1996，《我国东、中、西部农村居民生活差异的比较分析》，《消费经济》第5期。
　　张平，1998，《中国农村居民区域间收入不平等与非农就业》，《经济研究》第8期。

赵满华、窦文章，1997，《我国农村居民收入变化的几个特征》，《生产力研究》第6期。

Bian, Yanjie and John Logan. 1996. "Market Transition and the Persistence of Power: The Changing Stratification System in Urban China." *American Sociological Review* 61: 739 – 758.

Nee, Victor. 1989. "A Theory of Market Transition: From Redistribution to Markets in State Socialism." *American Sociological Review* 54: 663 – 681.

Nee, Victor. 1991. "Social Inequalities in Reforming State Socialism: Between Redistribution and Markets in China." *American Sociological Review* 56: 267 – 282.

第三部分

社会资本与农村居民的政治参与

影响村民社会交往的各因素分析[*]

一 导言

社会资本理论有两种不同的研究取向,其中一种是以林南为代表的个人取向的社会资本理论(林南通过对社会网的研究提出社会资源理论,并在此基础上提出了社会资本理论)。在林南看来,资源可分为两种:一种是个人拥有的资源,另一种是社会资源(Lin, 1982)。前者是被社会认为有价值的而且能够促进个人福利的东西,而后者则是"嵌入"于个人的社会网络之中的资源,是个人通过其直接或间接的社会联系而从他人那里获取的资源。与林南的社会资本理论不同,帕特南所说的社会资本并不是单个人所拥有的属物,而是一种公共物品,为特定的社区或共同体所拥有。帕特南是这样给社会资本下定义的:"这里所说的社会资本是指社会组织的特征,诸如信任、规范以及网络,它们能够通过促进合作来提高社会的效率。"(帕特南,2001:195)换言之,在一个拥有大量社会资本的共同体内,合作更容易出现。在帕特南看来,信任是社会资本必不可少的组成部分。在意大利公共精神发达的地区,社会信任一直都是伦理道德的核心,它维持了经济发展的动力,确保了政府的绩效。在一个共同体内,信任水平越高,合作的可能性就越大。那么,信任又是如何产生的呢?帕特

---

[*] 本文发表于《厦门大学学报》2005 年第 2 期。

南进一步指出，社会信任能够从互惠规范和公民参与网络这两个相互联系的方面产生。公民参与网络增加了人们在任何单独交易中进行欺骗的潜在成本；公民参与网络培育了强大的互惠规范；公民参与网络促进了交往，促进了有关个人品行的信息的流通；公民参与网络还体现了以往合作的成功，可以把它作为一种具有文化内涵的模板，未来的合作在此基础上进行。因此，在社会资本理论看来，社会交往所形成的关系网络是构筑人际信任的一个重要的桥梁。

帕特南所说的社会资本虽然不同于林南的社会资源，但二者还是有一定的联系的。林南所说的社会网络在一定条件下可以促进一个共同体内社会资本的发展。社会资源理论强调个人可以通过社会联系从他人那里获取资源，如果一个共同体中社会成员相互之间的联系越多，个人的社会资源也越多，相互之间的联系有助于共同体成员克服集体行动的困境而达成合作行为。近年来，不少学者运用社会资源理论对中国社会进行研究，有的探讨求职过程中社会网络的作用（Bian，1997；边燕杰、张文宏，2001），有的分析城市家庭或居民的社会网络资源（徐安琪，1995；边燕杰、李煜，2000；胡荣，2000），以及企业家（石秀印，1998；唐翌，2003）、进城农民工（李培林，1996）、海外移民（王春光，2000）、下岗职工（赵延东，2003）等不同群体的社会网络。但这些研究多限于城市社区或到城市寻找工作的农民工，对农村社区的社会交往网络所做的研究十分有限（阎云翔，2000；杨宜音，1999），而且还没有学者从帕特南的社会资本理论的角度来看待社会关系网络。本文试图运用帕特南的社会资本概念，分析不同因素对于行政村内村民的交往网络所产生的影响，数据来自2001年笔者在福建省农村进行的调查。

本项研究于2001年9～10月进行抽样调查。样本按多段抽样法抽取，分别在福建省寿宁县和厦门市各抽取5个乡镇，然后在每个乡镇中各抽4个行政村，共抽取40个行政村。再从每个行政村中按随机原则抽取25位18周岁以上的村民，共成功访问村民913人。在这913人中，男性占56.3%，女性占43.7%。从年龄结构看，30岁以下的村民占24.4%，31~40岁的村民占28.1%，41~50岁的村民占23.6%，51~60岁的村民占12.9%，61岁及以上的村民占11.0%。

二 村民社会交往网络的因子分析

如果说在改革开放之前村民的交往范围主要限于本村和自己的亲戚的话，那么随着大量农民工涌入城市，他们的交往范围早已跨越了本村、本乡和本县的界线而进入更广的范围之中。不过，帕特南把社会资本看作是社区的公共物品，是一个社区的从属物，因此在本文中我们只研究村民在行政村这一社区单位的交往网络，而不探讨其与行政村之外的联系。在研究中，我们通过向村民询问如下问题来了解村民的交往网络："你是否与下列人员经常来往？"列出的交往对象包括亲戚、本家族成员、同姓村民、同小组村民、同自然村村民、同行政村村民以及村干部，除亲戚有可能与被访者不属于同一行政村外，所列的其他交往对象一般都与被访者在同一个行政村之内。可供选择的答案有4个类别："经常来往"、"有时来往"、"很少来往"和"从不来往"。在表1中我们计算出被访者与不同交往对象的来往平均值（"经常来往"记4分，"有时来往"记3分，"很少来往"记2分，"从不来往"记1分），亲戚的平均值最高，为3.5564分，其次是本家族成员，为3.4362分。在同自然村这个范围内被访者与村民的交往平均值都在3分以上，但在更大范围的行政村内，被访者与村民的交往平均值只有2.8421分，而被访者与村干部的交往平均值只有2.3975分，介于"有时来往"和"很少来往"之间。从表1的调查结果可以看出，被访者最经常来往的是亲戚，其次是本家族成员，再次是同姓村民，最后是村干部。

我们对测量社会交往的这7个项目进行因子分析。采用主成分法对被访者在与不同的交往对象交往方面调查的结果进行因子分析，经最大方差法旋转（varimax rotation），所得的因子结果如表2

表1　与不同交往对象的交往平均值

交往对象	平均值	人数	标准差
亲戚	3.5564	904	0.64966
本家族成员	3.4362	901	0.66964
同姓村民	3.2105	893	0.72775
同小组村民	3.1288	885	0.76053
同自然村村民	3.0421	878	0.75916
同行政村村民	2.8421	855	0.77557
村干部	2.3975	888	0.86695

注：经常来往=4分，有时来往=3分，很少来往=2分，从不来往=1分。

所示。分析结果表明，从表2中所列的7个项目中可以提取2个因子。第一个因子包括同姓村民、同小组村民、同自然村村民、同行政村村民和村干部，可以称之为"村民交往因子"，第二个因子包括亲戚、本家族成员以及同姓村民（同姓村民的系数横跨在两个因子之间），可以称之为"亲属交往因子"。为了便于描述和解释，我们将亲属交往因子和村民交往因子分别转换为1~100的指数。①

表2　社会交往的因子分析

项目	村民交往因子	亲属交往因子
与亲戚交往	0.042	0.869
与本家族成员交往	0.312	0.822
与同姓村民交往	0.595	0.580
与同小组村民交往	0.839	0.282
与同自然村村民交往	0.882	0.233
与同行政村村民交往	0.868	0.127
与村干部交往	0.517	0.083
特征值	2.956	1.924
解释方差	42.229%	27.489%

---

① 转换公式是：转换后的因子值 =（因子值 + B）·A。其中，A = 99/（因子最大值 - 因子最小值），B =（1/A）- 因子最小值。B 的公式亦为，B = [（因子最大值 - 因子最小值）/99] - 因子最小值（参见边燕杰、李煜，2000）。

三 影响村民社会交往网络各变量的单因素分析

我们先从性别、年龄、受教育程度、政治面貌、收入等方面分别分析这些因素与亲属交往因子和村民交往因子之间的关系。

分析表明,男性村民的亲属交往因子为 65.39,明显高于女性村民 (59.58),而女性村民的村民交往因子则略高于男性村民,前者为 72.52,后者为 70.55。西方学者的一些研究表明男性与女性的网络规模是一样的 (Fisher, 1982; Marsden, 1987),但中国学者在城市社区进行了一些研究,结果却说明中国女性的网络规模要小于男性(胡荣, 2000)。在网络密度方面,西方学者的研究表明女性的网络密度明显高于男性 (Fisher and Oliver, 1983; Wellman, 1985)。中国台湾地区学者的研究也表明,女性将生活重点放在家庭等私领域,网络中亲属人数较多;男性将生活主要嵌入于工作等公领域,故网络成员中同事、朋友较多(熊瑞梅, 1994)。另外,中国台湾地区的学者还证实,即使在控制了结构变量后,男女两性之间的网络差异仍然存在(熊瑞梅, 2001)。中国大陆的学者在城市社区的研究也表明女性的网络密度明显高于男性。这说明男女两性社会网络资源的差异在不同的社会中都有相当的一致性,女性的交往对象中亲属占的比例较高,而男性则更倾向于与亲属之外的同事、朋友交往。但本项研究在农村地区的研究结果却表明,男性的交往更多地限于与亲属之间的交往,相反,女性的交往面要比男性宽。为什么会出现这种情况呢?这很可能是中国农村的婚姻习惯使然。在广大农村,妇女婚后迁入丈夫所在的村庄,与男方的家人住在一起。除非她丈夫与她是同一个村庄的,她在成婚之后就要离开她从小生活的村庄,到一个她从未生活过的陌生村庄,重新去认识新的亲戚、新的邻居和新朋友,这就使得一般妇女的交往圈子要远远大于她们的丈夫。

从年龄方面看，统计结果表明，不同年龄段的被访者在亲属交往因子值方面有一定的差异。30 岁以下和 31~40 岁这两个年龄组的村民的亲属交往因子平均值较低，均为 61.8 分；41~50 岁和 51~60 岁这两个年龄组的村民的亲属交往因子平均值较高，分别为 64.19 分和 64.98 分；61~70 岁这个年龄组则降至 63.68 分；而 71 岁及以上年龄组则降至 59.9 分，因此年龄与亲属交往因子的关系呈倒 U 形。但是，在村民交往方面，因子值则随着年龄的上升而略有下降。30 岁以下年龄组和 31~40 岁年龄组的村民的村民交往因子平均值较高，均为 72 分以上；而随着年龄的增长，这一数值有所下降。在年龄与网络资源的关系方面，一些研究表明年龄与网络资源也有很大的关联，在生命的不同周期社会网络的性质有很大的不同（Antounucci and Akiyama, 1987; Morgan, 1988）。有的研究则发现非亲属网络规模在 30 多岁时达到高峰，随后非亲属网络减小（Fisher, 1982; Marsden, 1987; Fisher and Oliver, 1983）。老年人不仅交往的圈子小、相互联系少，而且其交往对象多半限于亲属（Ajouch, Antounucci and Janevic, 2001）。中国大陆的学者在城市社区的研究则表明，年龄与社会交往呈负相关（胡荣，2000）。

从受教育程度看，受教育年限较高者的亲属交往因子值和村民交往因子值都较高。受教育年限达 13 年以上者的亲属交往因子平均值最高，为 64.94 分，而从未上过学者的这一因子平均值最低，为 61.23 分，但二者之间的差距并不算太大。就村民交往因子平均值来说，从受教育年限为 0 年这一组到受教育年限为 7~9 年这一组的差异都不大，接近 71 分，但从受教育年限为 10~12 年这一组开始村民交往因子平均值有了明显的提高，这一组的因子平均值为 73.18 分，而受教育年限为 13 年及以上这一组则更是高达 75.78 分。这里的发现与国外和国内的学者在城市社区的研究结果基本上是一致的（Campbell, Marsden, and Hurlbert, 1986；边燕杰、李煜，2000；胡荣，2000）。

在许多情况下，共产党员的身份成为一种重要的地位标志。统计分析表明，共产党员的亲属交往因子平均值最高，为 67.47

分，其次是民主党派，为66.99分，而共青团员与一般群众的因子平均值不相上下，不过，曾入过团者的因子平均值则高于一般群众。但是，在村民交往方面，因子平均值最高的是民主党派，其次是共青团员，而共产党员则位列第三，与一般群众相差无几。

从是否村组干部这一角度看，村组干部的亲属交往因子值和村民交往因子值都明显高于一般村民。目前担任村组干部者的亲属交往因子平均值为67.46分，曾当过村组干部者为65.42分，而从未当过村组干部的一般村民为62.15分。在村民交往因子平均值方面，目前担任村组干部者也是最高的，为73.65分，不过，曾当过村组干部者则略低于一般村民，为70.28分。

收入对人们的交往也会产生相当大的影响。因为农村地区的收入通常是以家庭为单位计算的，我们调查的原始数据是被访者的家庭年收入。家庭年人均收入根据被访者的家庭年收入除以家庭人口数计算得出。自从改革开放以来，随着生产责任制的实施，农村居民的收入有了很大的提高。但是，与此同时，农村居民之间的收入差距也日益扩大。从本次调查的统计结果来看（胡荣，2003），所调查的913户农村居民家庭年平均收入为15226.25元，而标准差则为40200.22元，离散系数高达264%。在所调查的家庭中，收入最高的5%家庭去年的年平均收入高达100476.41元，而收入最低的5%家庭去年的年平均收入只有1086.54元，前者是后者的92倍；收入最高的10%家庭去年的年平均收入为66533.50元，而收入最低的10%家庭去年的年平均收入只有1459.62元，前者是后者的46倍。分析表明，收入与亲属交往因子值呈正相关，年收入在500元以下者的亲属交往因子平均值只有61.45分，年收入在1501~2000元者为63.69分，而年收入在7001元以上者为69.87分。收入较低者的亲属交往因子平均值较低，而高收入者的亲属交往因子平均值较高。但是，调查数据表明，虽然高收入者的村民交往因子平均值也较高，但相互间的差异不是十分显著。这与其他一些相关研究的结果基本一致。坎贝尔等人的研究（Campbell, Marsden, and Hurlbert, 1986）也表明，家庭收入与网络规模、网络的多元性呈正相关,与网络密度呈负相关。边燕杰、李煜在国内若干城市的研究也证明家庭收入对网络规模、网络资源总量有显著影响(边燕杰、李煜,2000)。笔者在厦门市区的研究(胡荣,2000)表明,收入对拜年交往对象的职业类型数、拜年交往对象的职业声望总分、拜年交往对象单位类型的声望总分都具有统计显著性。

四 回归分析

以上分别分析了性别、年龄、受教育程度、政治面貌、是否村组干部以及家庭年人均收入等因素对被访者亲属交往因子和村民交往因子的影响。但由于单因素分析存在不足,为了进一步了解在控制其他变量之后各自变量对亲属交往因子和村民交往因子的影响,我们建立了两个多元回归模型进行分析(参见表3)。

表3 影响社会交往的因素:回归分析
(括号内为标准回归系数)

自变量	亲属交往因子	村民交往因子
性别(男=1)[a]	4.679 (0.156)****	-1.779 (-0.064)*
年龄	0.508 (0.454)**	-0.107 (-0.104)**
受教育程度	-0.024 (-0.006)	-0.212 (-0.057)
家庭年人均收入	0 (0.132)****	7.412E-05 (0.031)
是否党员[b]	3.233 (0.077)**	1.405 (0.036)
是否村组干部[c]	2.815 (0.069)*	-0.396 (-0.011)
年龄的平方	-0.005 (-0.394)**	
Constant	46.763****	78.579****
Adjusted R^2	6.4%	0.9%
F	8.45****	2.105
N	764	764

* $p \leqslant 0.10$, ** $p \leqslant 0.05$, *** $p \leqslant 0.01$, **** $p \leqslant 0.001$。
a. 参考类别为女性;b. 参考类别为"非党员";c. 参考类别为"非村组干部"。

在第一个模型中，因变量是转换后的亲属交往因子值，自变量是性别、年龄、受教育程度、家庭年人均收入、是否党员、是否村组干部以及年龄的平方。在这些自变量中，性别、是否党员、是否村组干部三个变量为虚拟变量，其他为数值型变量。第二个模型的因变量是转换后的村民交往因子值，第一个模型中的自变量除年龄的平方没有作为第二个模型的自变量外，其他自变量均相同。

通过对回归模型的分析，我们有如下发现。

第一，男性的亲属交往多于女性，但在村民交往方面不如女性。在加入其他变量后，性别对亲属交往因子和村民交往因子的影响都具有统计显著性，不同的是前者的回归系数是正值，而后者的回归系数为负值。

第二，年龄对亲属交往的影响呈倒U形，对村民交往则具有负面影响。在第一个回归模型中，我们同时以年龄和年龄的平方作为自变量，二者对亲属交往因子的影响都具有统计显著性。在第二个模型中，年龄对村民交往因子的回归系数为负数，表明年龄越大者与村民间的交往越少。

第三，家庭年人均收入对亲属交往具有积极影响，但对村民交往的影响不具有统计显著性。家庭年人均收入对亲属交往因子的影响具有统计显著性，表明收入越高者与亲属之间的交往越多。事实上，农村社区中亲属之间的交往更多地与交往者的经济实力联系在一起，逢年过节和红白喜事的送礼都需要以一定的经济实力为基础，根据阎云翔（2000）的研究，村民在送礼方面的开支约占每户年平均收入的20%。但对于与村民的交往来说，个人经济实力的重要性显然受到了削弱。

第四，党员和村组干部与亲属的交往程度高于非党员及非村组干部。是否党员对亲属交往的影响具有统计显著性，但对村民交往的影响不具有统计显著性。同样，是否村组干部对亲属交往的影响具有统计显著性，但对村民交往的影响不具有统计显著性。虽然两个自变量对亲属交往影响的标准回归系数都不大（前者为 0.077，后者为 0.069），但它们确实对因变量具有一定的影响。

五 结语

尽管在行政村的范围内村民的社会交往网络既包括与亲属交往，也包括与同小组村民、同行政村村民、同自然村村民和村干部在内的社会交往，但对村民来说，更为重要的仍是亲属交往。这首先表现为村民与包括亲属、本家族成员的交往明显多于与同村的村民以及村干部的交往。其次，不同村民在社会交往方面的差异不是很大，但在亲属交往方面却因个人的情况而存在较大的差别。那些社会经济地位较高者（如党员、家庭年人均收入较高者、现任村组干部等）往往更能体面地与亲属交往，因而与亲属保持着更密切的关系。另一方面，对广大村民来说，不管他们的交往圈子有多大，但是在生活中能够获得情感或经济方面支持的也只有从亲属和本家族成员那里。

从社会交往对于社会资本的作用的角度看，村民强调亲属交往而忽视与一般村民交往的倾向是十分不利于社会资本的建构的。帕特南曾把社会交往网络分为纵向的和横向的两种。在纵向的社会网络中，社会成员的关系是不平等的，这种交往关系的发展并不能促进社会资本的建构。在横向的社会网络中，社会成员的关系是平等的，横向的交往能够促进信任的建立，从而有助于社会资本的建构。村民之间的亲属关系在很大程度上是一种纵向交往网络，相互之间的等级和亲疏远近都有明确的界定。此外，村民之间的亲属关系往往以特殊主义为基础，缺乏能够在更广的范围内扩展的普遍主义精神，这也是与现代社会不相容的。因此，村民在行政村范围内的交往中将重点放在亲属交往而不是更广的村民交往上，将在一定程度上影响村民之间跨亲属社团的形成，从而影响社会资本的建构。

参考文献

边燕杰、李煜,2000,《中国城市家庭的社会网络资本》,《清华社会学评论》第2期。

边燕杰、张文宏,2001,《经济体制、社会网络与职业流动》,《中国社会科学》第2期。

胡荣,2000,《社会地位与关系资源》,《社会学研究》第5期。

胡荣,2003,《中国农村居民的收入差距与原因分析》,《学海》第6期。

李培林,1996,《流动民工的社会网络和社会地位》,《社会学研究》第4期。

帕特南,2001,《使民主运转起来》,王列、赖海榕译,江西人民出版社。

石秀印,1998,《中国企业家成功的社会网络基础》,《管理世界》第6期。

唐翌,2003,《社会网络特性对社会资本价值实现的影响》,《经济科学》第3期。

王春光,2000,《流动中的社会网络:温州人在巴黎和北京的行动方式》,《社会学研究》第3期。

熊瑞梅,1994,《影响情感与财物支持联系的因素》,《人文及社会科学研究集刊》第6期。

熊瑞梅,2001,《性别、个人网络与社会资本》,载边燕杰、涂肇庆、苏耀昌编《华人社会的调查研究》,(香港)牛津大学出版社。

徐安琪,1995,《城市家庭社会网络的现状和变迁》,《学术季刊》第2期。

阎云翔,2000,《礼物的流动》,李放春、刘瑜译,上海人民出版社。

杨宜音,1999,《"自己人":信任建构过程的个案研究》,《社会学研究》第2期。

赵延东,2003,《求职者的社会网络与就业保留工资:以下岗职工再就业过程为例》,《社会学研究》第4期。

Ajouch, Kristine J., Toni C. Antounucci, and Mary R. Janevic. 2001. "Social Networks Among Blacks and Whites: The Interaction Between Race and Age."

Journal of Gerontology: Social Sciences 56B: S112 – S118.

Antounucci, T. C. and Akiyama H. 1987. "Social Networks in Adult Life and a Preliminary Examination of the Convoy Model." *Journal of Gerontology: Social Sciences* 42: 519 – 527.

Bian, Yanjie. 1997. "Bring Strong Ties Back In: Indirect Ties, Network Bridges, and Job Searches in China." *American Sociological Review* 62: 266 – 285.

Campbell, E. Karen, Peter V. Marsden, and Jeanne S. Hurlbert. 1986. "Social Resources and Socioeconomic Status." *Social Networks* 8: 97 – 117.

Fisher, Claude. 1982. *To Dwell Among Friends.* Chicago: University of Chicago Press.

Fisher, Claude and Stacey Oliver. 1983. "A Research Note on Friendship, Gender, and the Life Cycle." *Social Forces* 62: 124 – 132.

Lin, Nan. 1982. "Social Resources and Instrumental Action." In Peter Marsden and Nan Lin (eds.), *Social Structure and Network Analysis.* Beverly Hills, CA: Sage Publications.

Marsden, Peter V. 1987. "Core Discussion Networks of Americans." *American Sociological Review* 52: 122 – 131.

Morgan, D. L. 1988. "Age Differences in Social Network Participation." *Journal of Gerontology: Social Sciences* 43: S129 – S137.

Wellman, Barry. 1985. "Domestic Work, Paid Work and Net Work." In *Understanding Personal Relationships*, edited by Steve Duck and Daniel Perlman. London: Sage Publications.

中国农村居民的社会信任[*]

一 导言

　　信任是社会资本的一个重要方面，许多社会学家都对信任进行过理论探讨。卢曼从一种新功能主义的角度来界定信任，认为信任是用来减少社会交往复杂性的机制（Luhman, 1979）。它之所以具有这一社会功能是因为它能超越现有的信息进而概括出对一些行为的预期，从而用一种带有保障性的安全感来弥补所需要信息的不足。卢曼还区分了人际信任与制度信任：前者建立在熟悉度及人与人之间的感情联系的基础上；后者则是用外在的，像法律一类的惩戒式或预防式的机制，来降低社会交往的复杂性。巴伯尔（Barber, 1983）将信任视为通过社会交往所习得和确定的预期。他用这种预期的具体内容将信任进行分类：最一般的一种预期是对自然及道德的社会秩序能坚持并履行的信心；第二种是相信对那些与自己有人际关系及社会制度角色往来的人能够有称职的表现的信心；第三种则是预期那些与自己往来的人能彻底承担他们被托付的责任与义务，也就是在必要时能为他人的利益而牺牲自己的利益。洛特（Rotter, 1980: 1）将信任定义为"个人拥有的关于其他个人或群体的言语、承诺、口头或书面的声明可以信赖的一般化的期待"。他将信任看作是在个人相互之间不是很熟

---

[*] 本文发表于《中共天津市委党校学报》2005 年第 2 期。

悉的环境中很容易出现的倾向。相反，甘比特（Gambetta，1988）则把信任看作是基于他人的个人特质和社会约束的计算之后与特定他人合作的决定。

一些学者还专门谈到中国人的信任问题。韦伯在关于中国宗教的研究中指出，中国人彼此之间普遍存在着不信任。他认为中国人的信任不是建立在信仰共同体的基础之上，而是建立在血缘共同体之上，即建立在家族亲属关系或准亲属关系之上，是一种难以普遍化的特殊信任（韦伯，1995）。福山则进一步认为，诸如中国、意大利和法国这样的国家，一切社会组织都是建立在以血缘关系维系的家族基础之上，因而对家族之外的其他人缺乏信任，这种社会是一种低度信任的社会，也是一种缺乏普遍信任的社会（福山，2001）。福山认为，中国是一个低度信任的国家，但是他的主张并没有实证材料的支持。事实上，许多实证的研究表明，中国是一个高信任度的国家。例如，英格哈特对 41 个国家的研究就表明，中国人相信大多数人值得信任的比例高达 60%，仅次于瑞典、挪威和芬兰，排在第四位，不仅高于大多数第三世界国家，也高于包括美国在内的大多数西方国家（Inglehart，1997：173）。

虽然许多文献都论及信任问题，但对中国社会中的信任问题进行实证研究的人并不多。目前，对中国人的社会信任进行研究的最主要的有彭泗清（1999）、杨宜音（1999）、王绍光和刘欣（2002）、李伟民和梁玉成（2002）等人。根据在福建省寿宁县和厦门市进行调查所得的资料，笔者打算探讨两个问题：一是一个人的个人特征（包括性别、年龄、受教育程度等）是如何影响其对他人的信任的，即我们的社会中哪些人更能够信任别人；另一个问题是，个人的社会交往对信任会产生什么样的影响，人们之间的交往能够在多大的程度上增进人际信任。

本项研究于 2001 年 9～10 月进行抽样调查。样本按多段抽样法抽取，分别在福建省寿宁县和厦门市各抽取 5 个乡镇，然后在每个乡镇中各抽取 4 个行政村，共抽取 40 个行政村。再从每个行政村中按随机原则抽取 25 位 18 周岁以上的村民，共成功访问村民

913 人。在这 913 人中,男性占 56.3%,女性占 43.7%。从年龄结构看,30 岁以下的村民占 24.4%,31~40 岁的村民占 28.1%,41~50 岁的村民占 23.6%,51~60 岁的村民占 12.9%,61 岁及以上的村民占 11.0%。

二 单因素分析

在本项研究中,我们设计了如下 7 个问题来测量村民的信任度:①你是否信任你的亲戚?②你是否信任本家族成员?③你是否信任同姓的村民?④你是否信任同小组的村民?⑤你是否信任同自然村的村民?⑥你是否信任同行政村的村民?⑦你是否信任村干部?这些问题的答案共分 4 个等级,即"很信任"、"较信任"、"有点信任"和"不信任",根据相应的回答由高到低分别给被访者记 4 至 1 分。我们的调查表明,农村居民的社会信任与其交往一样,也是按照"差序格局"由近及远地减弱。在越是亲近的小圈子里,日常交往的频率较高,信任度也较高;而随着范围的扩大,交往次数减少了,信任度也大大降低(见表 1、2)。

表 1　你是否信任下列人员?

单位:人,%

信任度	亲戚	本家族成员	同姓村民	同小组村民	同自然村村民	同行政村村民	村干部
很信任	414 (47.59)	302 (34.83)	187 (22.21)	150 (18.01)	128 (15.53)	106 (13.30)	98 (12.30)
较信任	332 (38.16)	379 (43.71)	372 (44.18)	350 (42.02)	333 (40.41)	292 (36.64)	269 (33.75)
有点信任	111 (12.76)	174 (20.07)	269 (31.95)	307 (36.85)	338 (41.02)	366 (45.92)	360 (45.17)
不信任	13 (1.49)	12 (1.38)	14 (1.66)	26 (3.12)	25 (3.03)	33 (4.14)	70 (8.78)
合计	870 (100)	867 (100)	842 (100)	833 (100)	824 (100)	797 (100)	797 (100)

注:括号中的数字为百分比。

表 2　对不同信任对象的平均信任度

单位：人

信任对象	回答人数	平均值	标准差
亲戚	870	3.31839	0.749995
本家族成员	867	3.1200	0.76855
同姓村民	842	2.8694	0.76923
同小组村民	833	2.7491	0.78183
同自然村村民	824	2.6845	0.76684
同行政村村民	797	2.5910	0.76894
村干部	797	2.4956	0.82000

注：很信任＝4分，较信任＝3分，有点信任＝2分，不信任＝1分。

根据这7个项目对村民信任度的测量结果，我们采用主成分法对其进行因子分析。这7个项目可以概括为一个社会信任因子（见表3）。

表 3　社会信任的因子分析

项　目	社会信任因子	项　目	社会信任因子
是否信任亲戚	0.704	是否信任同行政村村民	0.841
是否信任本家族成员	0.806	是否信任村干部	0.627
是否信任同姓村民	0.887	特征值	4.677
是否信任同小组村民	0.901	解释方差	66.81%
是否信任同自然村村民	0.913		

信任涉及两个方面：一是信任者，二是信任对象。有关村民对不同信任对象的信任格局已如前所述，在这里，我们想着重分析一下信任者的情况。从信任者的角度看，他们自身的不同特点是否会对他们对他人的信任产生影响呢？为了计算个人的社会经济地位指标对其信任度的影响，我们分别以性别、年龄、家庭年人均收入、受教育程度、政治面貌以及是否当过村组干部作为自

变量，分别计算其信任度的平均值。信任度是根据被访者对亲戚、本家族成员、同姓村民、同小组村民、同自然村村民、同行政村村民以及村干部信任度打分的结果进行因子分析。为了便于读者更直观地了解被访者对不同对象的信任度，我们根据边燕杰和李煜的公式将信任因子进行转换。转换前信任因子的最大值为 1.58，最小值为 -2.95，平均值为 0，标准差为 1；转换后信任因子的最大值为 100，最小值为 1，平均值为 65.36，标准差为 21.82。

从性别看，男性村民的信任度平均值为 66.70 分，明显高于女性村民的信任度平均值（63.62 分）（见表 4）。在农村地区，女性村民不仅在社会地位方面不如男性村民，她们在社会交往和政治参与方面也远不如男性村民，这可能是她们信任度较低的原因。

表 4 不同性别村民的信任度

单位：人

性 别	平均值	人 数	标准差
男	66.6954	513	21.03124
女	63.6227	398	22.75511
合 计	65.3530	911	21.84222

从不同的年龄段来看，表 5 表明，随着年龄的增长信任度也随之增大。30 岁以下的被访者的信任度平均值只有 62.55 分，而 71 岁及以上的被访者的信任度平均值则高达 68.54 分。王绍光和刘欣的研究（2002：34）也表明，年龄较大者更容易信任他人。为什么年龄较大的被访者对他人的信任度较高呢？一种解释是信任的认识发生论解释。根据这个理论，人们对他人的信任都是从自身以往的经验里学习得来的，幼年时期的生长环境对于信任感的产生和形成起着十分重要的作用。如果一个人幼年期生活在破碎的家庭中，父母离异，或受到父母的虐待，或是生长在充斥着暴力和犯罪的社区里，目睹了弱肉强食的现实，则很难使人产生对外部世界的信任感。相反，如果他出生于一个美满幸福的家庭，成

长于中上阶层居住的社区,就很容易产生对他人的信任感。王绍光和刘欣的研究虽然没有相关资料去推测被访者成长的家庭对其信任度的影响,但他们根据被访者的年龄将其分为四个组:"文化大革命"后成长起来的一代(19~20岁)、"文化大革命"中成长起来的一代(21~38岁)、"文化大革命"前成长起来的一代(39~48岁),新中国成立初成长起来的一代(49岁及以上)。他们认为不同时代成长起来的人受不同时代的影响,因而信任度各异。按这一说法,"文化大革命"后成长起来的一代的信任度应高于"文化大革命"中成长起来的一代,但事实并非如此。另一种解释是,随着年龄的增长社会地位提升增进了社会信任度。在农村地区,年龄和辈分仍是地位的重要指标,一些地方的族长或老家长都是由年长者和子孙较多者担任。另外,年长者通常有着更为丰富的阅历和经验,在与其他村民的交往中也更有经验和更自信。我们倾向于从后一种角度来解释随着年龄的增长而提升的信任度。

表5 不同年龄段被访者的信任度

单位:人

年 龄	平均值	人 数	标准差
30岁以下	62.5485	222	20.00164
31~40岁	64.7271	255	22.21293
41~50岁	66.8818	214	22.65725
51~60岁	66.6353	117	22.02231
61~70岁	68.0222	68	23.24181
71岁及以上	68.5411	32	20.85904
合 计	65.3294	908	21.83357

在表6中,我们根据被访者的家庭年人均收入来分析不同收入村民的平均信任度。从被访者的家庭年人均收入情况看,收入较高者对他人的信任度也较高。如果说在新中国成立初期以及后来相当长的一段时间家庭成分都是农村社区成员身份地位的标志的

话，那么改革开放以来家庭的经济状况则成为农村社区成员身份地位的新标志。许多先富起来的村民在社区中也享有较高的声望，因此，家庭经济状况较好的村民在与他人进行交往的过程中也更自信，更能给予他人信任。

表6 不同收入被访者的信任度

单位：人

收　　入	平均值	人　数	标准差
500元以下	60.3951	85	22.99763
501~1000元	63.2049	132	20.92832
1001~1500元	63.2207	99	19.08189
1501~2000元	68.3858	98	20.65340
2001~2500元	64.0553	72	19.82607
2501~3000元	69.4852	41	19.14585
3001~3500元	66.5202	35	21.89699
3501~4000元	71.4083	45	19.95796
4001~4500元	70.5846	22	20.41112
4501~5000元	70.8326	47	19.99973
5001~6000元	68.1840	17	21.87486
6001~7000元	73.7323	16	18.22974
7001元以上	71.3434	71	22.00174
合　　计	66.3153	780	20.91015

受教育程度是另一项重要的地位指标，其他一些研究（Yamagishi，2001；王绍光、刘欣，2002）也表明，受教育程度较高者的信任度也较高。不过，由于长期计划经济体制下形成的城乡二元格局，城乡居民的受教育程度有很大的差异。根据我们此次的调查结果，被访者的平均受教育年限只有5.53年（表7中未列出），而且18.16%的被访者是文盲。农村居民不仅受教育程度远低于城市居民，而且农村居民的孩子一旦考上大学或中专，其户口也由

农业户口转为非农业户口,毕业后留在城市工作,这更使得农业人口的受教育程度偏低。改革开放以来,虽然这种情况有所改变,但总体上农村居民的受教育程度还是偏低。从我们分析的结果看,除了受教育年限在1~3年和7~9年这两组的信任度平均值略低于文盲外,在其他各组中,随着受教育年限的增加,村民的信任度也相应提高(见表7)。

表7 受教育年限与信任因子值

受教育年限	平均值	人数	标准差
0年	65.4377	164	24.26584
1~3年	63.4506	109	25.18205
4~6年	65.9576	277	20.43226
7~9年	64.8244	257	20.59061
10~12年	67.5708	82	19.52746
13年及以上	72.9171	14	15.72797
合计	65.4924	903	21.68320

从政治面貌看,共产党员对他人的信任度最高,信任度平均值为70.92分,比一般群众的信任度(64.35分)要高,其次是民主党派(见表8)。虽然现在共青团员的信任度与一般群众的信任度不相上下,但曾入过团者的信任度要高于现在的共青团员和一般群众。

表8 政治面貌与信任因子值

政治面貌	平均值	人数	标准差
共产党员	70.9160	126	20.18790
共青团员	64.2348	41	22.70799
曾入过团者	65.2603	103	21.50781
民主党派	67.0730	3	14.31460
群众	64.3522	634	21.98009
合计	65.3709	907	21.77489

是否当过村组干部对于信任度也有显著的影响。目前就是村委会干部或村民小组长的被访者的信任度平均值高达75.79分,曾经当过村组干部者为67.73分,而从来没有当过村组干部者只有64.87分(见表9)。

表9 是否当过村组干部与信任因子值

单位:人

是否当过村组干部	平均值	人 数	标准差
目前就是	75.7888	56	18.24109
曾经当过	67.7254	91	21.29874
从没当过	64.8670	667	21.96882
合 计	65.9379	814	21.81914

三 多元回归分析

以上分别从性别、年龄、受教育程度、家庭年人均收入、政治面貌、是否村组干部在内的个人属性对村民信任感的建立所产生的影响进行了分析。由于单因素分析是在没有控制其他变量的情况下单独从每个自变量的角度来分析其对信任度的影响,分析结果只是初步的,没有排除这些自变量之间的相互影响。为了进一步分析这些自变量对信任度的影响,我们必须进行多元回归分析。多元回归模型的建立可以使我们在控制其他自变量的情况下,分别对每个变量所产生的影响进行准确的分析。

以转换后的信任因子作为因变量,我们建立了两个回归模型(见表10)。模型Ⅰ的解释变量是性别、年龄、受教育程度、家庭年人均收入、是否党员、是否村组干部以及外来人口的比例。在这些自变量中,性别、是否党员和是否村组干部为虚拟变量,其余为数值型变量。在模型Ⅱ中,除了这7个自变量外,还增加了亲属交往因子和村民交往因子两个自变量。有关被访者社会交往方面的情况，我们在问卷中设计了这样的问题：①你是否经常与亲戚来往？②你是否经常与本家族的成员来往？③你是否经常与同姓村民来往？④你是否经常与同小组的村民来往？⑤你是否经常与同自然村的村民来往、从不来往？⑥你是经常与同行政村的村民来往？⑦你是否经常与村干部来往？答案分为四个等级：经常来往、有时来往、很少来往。把被访者对这 7 个问题的回答进行因子分析，产生了两个因子：一个因子包括与亲戚、本家族成员的交往，可以称之为"亲属交往因子"；第二个因子包括与同小组村民、同自然村村民、同行政村村民以及村干部的交往，可以称之为"村民交往因子"。与同姓村民的交往这一变量横跨在两个因子之间。

表 10　影响信任因子的回归分析
（括号内为标准回归系数）

自变量	模型 I	模型 II
性别（男 = 1）[a]	2.217（0.052）	0.421（0.010）
年龄	0.115（0.073）	0.177（0.111）***
受教育程度	-0.188（-0.034）	0.038（0.007）
家庭年人均收入	0.000（0.12）**	0.000（0.057）
是否党员[b]	5.089（0.085）**	2.564（0.043）
是否村组干部[c]	0.623（0.011）	-0.400（-0.007）
外来人口的比例	-1.967（-0.139）****	-1.791（-.127）****
亲属交往因子		7.248（0.332）****
村民交往因子		8.738（0.364）****
N	616	616
Constant	61.153	58.227
Adjusted R^2	3.7%	23.7%
F	4.402	22.198

* $p \leqslant 0.10$, ** $p \leqslant 0.05$, *** $p \leqslant 0.01$, **** $p \leqslant 0.001$。
a. 参考类别为女性；b. 参考类别为"非党员"；c. 参考类别为"非村组干部"。

从两个模型的分析结果来看，我们有如下发现。

第一，在模型Ⅰ中，在控制了其他变量以后，性别、受教育程度、是否村组干部对信任因子的影响不具有统计显著性，但家庭年人均收入和是否党员对信任因子的影响具有统计显著性。在模型Ⅱ中，在加入测量社会交往的两个因子之后，家庭年人均收入与是否党员对信任因子的影响不再具有统计显著性，但原来在模型Ⅰ中不具有统计显著性的年龄在模型Ⅱ中反而具有统计显著性，这表明在控制了交往程度以后，年龄还是能够在很大程度上影响信任因子。换言之，对于与他人（包括亲属和非亲属）具有同等交往程度的被访者来说，年龄越大，对他人的信任度也越高。

第二，社会交往对信任度的影响相当大。亲属交往因子和村民交往因子对信任度的解释不仅具有统计显著性，而且其标准回归系数也相当高，其标准回归系数分别达到 0.332 和 0.364。如果把模型Ⅰ和模型Ⅱ进行对比的话，在未加入亲属交往因子和村民交往因子之前，模型Ⅰ调整后的方差只有 3.7%；而在加入这两个社会交往的变量之后，模型Ⅱ调整后的方差高达 23.7%，比模型Ⅰ整整提高了 20 个百分点。这说明社会交往对社会信任的影响极大。

第三，外来人口的增加不利于人际信任的建立。回归模型中村庄外来人口的比例对因变量的影响具有统计显著性。自 20 世纪 80 年代实施生产责任制以来，不仅有大量农村剩余劳动力进入城市打工，也有大量的农民工从经济发展水平落后的农村地区到经济发达的农村地区打工。据统计，1998 年在城市就业的农民工就达 3400 万人（樊平，1999：453）。从本次调查的数据看，在我们所调查的 40 个行政村中，平均每个村的外来人口为 1200 人，平均每个村的外来人口与本村人口的比例为 48.47%。当然，这些村中 24% 的村没有任何外来人口，而外来人口最多的村外来人口高达 20000 人，是本村人口的 6.3 倍。从理性选择理论的角度来看，人口流动的增加意味着一次性交易的增加。在囚徒悖论的博弈中，博弈双方在两种情况下是不太可能合作的：一是一次性交易，二是大家都事先知道游戏是有终点的。陌生人之间的关系正好具备了这两个特点,因此陌生人之间打交道,欺骗成了他们常用的策略。因此,流动人口的增加使得那里人际交往的匿名性加大,社会信任也因而受到削弱。

四 讨论与结论

以上的单因素和多元回归分析表明,被访者个人的一些特点对被访者对他人的信任有着重要的影响。从单因素分析来看,诸如性别、年龄、受教育程度、政治面貌以及是否村组干部对信任度有显著的影响。也就是说,男性的信任度高于女性,年龄大的村民的信任度高于年龄小的村民,受教育程度较高者信任度也较高,党员的信任度高于一般群众,目前担任村组干部者的信任度也高于一般村民。在回归分析中,在同时相互控制了自变量之后,年龄对信任的影响仍具有统计显著性。为什么个人的特征对信任有如此之大的影响呢?

实际上,信任与脆弱性是联系在一起的。米什拉(Mishra,1996)认为,如果不存在脆弱性,信任的概念也就没有必要了,因为结果对信任者并不产生影响。基和诺克斯(Kee and Knox,1970)主张信任的研究应涉及这样的情况:至少一方的利益会因另一方的背叛而受到损害。同样,甘比特声称,"与信任相关联的,是退场、告密和背叛的可能性"(Gambetta,1988:217)。同样,科尔曼认为,在信任的情景中,"一个人所承担的风险取决于另一个行动者的表现"(Coleman,1990:91),格兰诺维特主张信任最本质的东西是为信任对象的渎职行为提供了机会(Granovetter,1985)。既然信任是与风险联系在一起的,因此信任者对于信任对象可能失信所带来的风险的承受力是十分重要的(王绍光、刘欣,2002:31)。个人对于失信所造成的损失的承受力越强,他越可能给予别人信任。这就像做生意的人,资本越是雄厚,对风险投资所可能带来的损失的承受力也越强;而对于一些小本经营的人来说,资金有限,他们对风险的承受力不高,因此总是处处小心。所以，从这种意义上说，对他人的信任也是自信的一种表现。个人的社会经济地位越高，承受失信的风险的能力也越强，因此在人际交往中也就能够更自信，更能够给予别人信任。从本项研究的结果可以看出，在中国农村，性别、年龄、受教育程度、是否党员和村组干部，这些都是一个人社会经济地位的重要标志。男性村民的社会地位高于女性村民，男性村民的信任度也明显高于女性村民；年龄较大者通常具有较高的威望，这使得年龄对村民的信任度也有显著影响；受教育程度较高者通常见多识广，在农村社区中也有较高的地位，他们的信任度也比未受过教育的村民高；同样，党员和村组干部更多地介入村庄的公共事务，他们在村中具有较高的社会地位，他们的信任度也高于一般村民。

另外，本项研究也表明，作为社会资本构成要素的社会交往对社会信任具有很大的影响。根据帕特南的观点，社会信任能够从两个相互联系的方面产生：互惠规范和公民参与网络（帕特南，2001：204）。这些网络既有正式的，也有非正式的；既有横向的，也有纵向的。帕特南更强调横向的网络在这种信任建构中的作用，而纵向的网络无论对参与者多么重要，都无法维系社会信任与合作。在帕特南看来，横向的网络增加了人们在任何单独交易中进行欺骗的潜在成本，即公民参与网络增加了博弈的重复性和各种博弈之间的联系性。另外，公民参与网络促进了交往，促进了有关个人品行的信息的流通。帕特南写道："信任与合作，依赖于人们对潜在伙伴的以往行为和当前利益的真实了解，而不确定性则强化了集体行动的困境。因此，假设其他条件相同，参与者之间的交往（直接的或间接的）越多，他们之间的互信程度就越高，合作也就更容易。"（帕特南，2001：204）正因为社会交往网络对于信任的建立起着最直接的作用，在回归分析中，亲属交往因子和村民交往因子不仅对信任度的影响具有统计显著性，而且它们的加入也极大地提高了回归方程的解释力。

参考文献

边燕杰、李煜，2000，《中国城市家庭的社会网络资本》，《清华社会学评论》第 2 期。

樊平，1999，《1998 年：中国农民状况报告》，载汝信、陆学艺、单天伦主编《1999 年：中国社会形势分析与预测》，社会科学文献出版社。

福山，2001，《信任：社会美德与创造经济繁荣》，彭志华译，海南出版社。

李伟民、梁玉成，2002，《特殊信任与普遍信任：中国人的信任结构与特征》，《社会学研究》第 3 期。

帕特南，2001，《使民主运转起来》，王列、赖海榕译，江西人民出版社。

彭泗清，1999，《信任的建立机制：关系运作与法制手段》，《社会学研究》第 2 期。

王绍光、刘欣，2002，《信任的基础：一种理性的解释》，《社会学研究》第 3 期。

韦伯，1995，《儒教与道教》，王容芳译，商务印书馆。

杨宜音，1999，《"自己人"：信任建构过程的个案研究》，《社会学研究》第 2 期。

杨中芳、彭泗清，1999，《中国人人际信任的概念化：一个人际关系的观点》，《社会学研究》第 2 期。

Barber, B. 1983. *The Logic and Limits of Trust.* New Brunswick, NJ: Rutgers University Press.

Coleman, J. S. 1990. *Foundations of Social Theory.* Cambridge, MA: Belknap Press of Harvard University.

Gambetta, D. 1988. "Can We Trust?" In D. Bambetta (ed.), *Trust: Making and Breaking Cooperative Relations.* New York: Basil Blackwell.

Granovetter, M. 1985. "Economic Action and Social Structure: The Problem of Embeddedness." *American Journal of Sociology* 91: 481 – 510.

Inglehart, Ronald. 1997. *Modernization and Postmodernization: Cultural, Economic, and Political Change in 43 Societies.* Princeton: Princeton University Press.

Kee, H. W. & Knox, R. E. 1970. "Conceptual and Methodological Considerations in the Study of Trust and Suspicion." *Journal of Conflict Resolution* XIV: 357 – 366.

Luhman, N. 1979. *Trust and Power*. Chichester: John Wiley & Sons Ltd.

Mishra, A. K. 1996. "Organizational Responses to Crisis: The Centrality of Trust." In R. M. Kramer & T. R. Tyler (eds.), *Trust in Organizations: Frontiers of Theory and Research*. Thousand Oaks, CA: Sage.

Rotter, J. B. 1980. "Interpersonal Trust, Trust, Trust Worthiness, and Guilibility." *American Psychologist* 35: 1 – 7.

Yamagishi, Toshio. 2001. "Trust As a Form of Social Intelligence." In *Trust in Society*, edited by Karen S. Cook. New York: Russell Sage Foundation.

中国农村居民的社团参与[*]

一 研究背景

近年来,社会资本理论引起了学术界许多学者的关注。社会资本理论有两种不同的研究取向,其中一种是以林南为代表的个人取向的社会资本理论(林南通过对社会网的研究提出社会资源理论,并在此基础上提出了社会资本理论)。在林南看来,资源可以分为两种:一种是个人拥有的资源;另一种是社会资源(Lin, 1982)。资源是被社会认为有价值的而且能够促进个人福利的东西,它既包括诸如性别、种族、年龄等先赋性的因素,也包括诸如声望、权力等成就性因素。林南把那些"嵌入"于个人的社会网络之中的资源叫做社会资源。社会资源不是个人拥有的东西,而是个人通过其直接或间接的社会联系而从他人那里获取的资源。与林南的社会资本理论不同,帕特南所说的社会资本并不是单个人所拥有的属物,而是一种公共物品,为特定的社区或共同体所拥有。帕特南是这样给社会资本下定义的:"这里所说的社会资本是指社会组织的特征,诸如信任、规范以及网络,它们能够通过促进合作来提高社会的效率。"(帕特南,2001:195)换言之,在一个拥有大量社会资本的共同体内,合作更容易出现。在帕特南看来,信任是社会资本必不可少的组成部分。在意大利公共精神

---

[*] 本文发表于《中共福建省委党校学报》2004年第2期。

发达的地区，社会信任一直都是伦理道德的核心，它维持了经济发展的动力，确保了政府的绩效。在一个共同体内，信任水平越高，合作的可能性就越大。那么，信任又是如何产生的呢？帕特南进一步指出，社会信任能够从互惠规范和公民参与网络这两个相互联系的方面产生。公民参与网络增加了人们在任何单独交易中进行欺骗的潜在成本；公民参与网络培育了强大的互惠规范；公民参与网络促进了交往，促进了有关个人品行的信息的流通；公民参与网络还体现了以往合作的成功，可以把它作为一种具有文化内涵的模板，未来的合作在此基础上进行。帕特南在很大程度上把社会资本看作是社会成员对社团的参与。根据他对意大利的研究，意大利北方城市的民主运作得比较好，主要原因就是在那里有众多的横向社团，如邻里组织、合唱队、合作社、体育俱乐部、大众性政党等。这些社团成员之间有着密切的横向社会互动。这些网络是社会资本的基本组成部分，因为在一个共同体中，这类网络越密，其公民就越有可能进行有关共同利益的合作。帕特南严格区分了横向网络与纵向网络：前者是把具有相同地位和权力的人结合在一起；而后者是将地位和权力不平等的行为者结合到不对称的等级和依附关系之中。只有横向网络才能培育强大的互惠规范，而纵向网络无论多么密集，都无法维系社会信任和合作。阿尔蒙德和维伯在5个国家进行的公民文化调查也表明，参与社团的公民在政治上更成熟，更有社会信任感（阿尔蒙德、维伯，1989）。

　　本研究的目的是测量村民参与各种社团的情况，并分析影响村民参与社团的因素。我们所调查的村民参与的社团包括：共青团、妇代会、民兵组织、老人会、企业组织、科技组织、民间信用组织、体育组织、宗教组织和寺庙组织。这里既有"官办"的社团，也有近年来随着经济发展而出现的新型民间社团，还有一些并未正式注册的社团。

二 影响农村居民参与社团的因素

本项研究于 2001 年 9~10 月进行抽样调查。样本按多段抽样法抽取，分别在福建省寿宁县和厦门市各抽取 5 个乡镇，然后从每个乡镇中各抽取 4 个行政村，共抽取 40 个行政村。再从每个行政村中按随机原则抽取 25 位 18 周岁以上的村民，共成功访问村民 913 人。在这 913 人中，男性占 56.3%，女性占 43.7%。从年龄结构看，30 岁以下的村民占 24.4%，31~40 岁的村民占 28.1%，41~50 岁的村民占 23.6%，51~60 岁的村民 12.9%，61 岁及以上的村民 11.0%。

一些研究已经表明，改革开放之前的中国社会虽然是一个高度组织起来的社会，但社会成员之间更多的是一种纵向的联系（Walder，1986；Oi，1975）。改革开放之后，中国各地的社团大量增加，从 1979 年到 1992 年，全国性社团的数量已经翻了 7 番，平均每年增长 48%（Pei，1998）。据统计，中国目前已有全国性社团 1800 个，地方性社团近 20 万个（金世吉，1998）。与城市社区相比，农村社区社团的数量则十分有限，参与社团的人数占人口的比例也很小。从表 1 的调查结果可以看出，参与人数较多的社团是民兵组织和共青团，但占被访者的比例也不过是 13.00% 和 12.39%。参与其他社团的人数都在 10% 以下，其中，参与人数相对较多的是寺庙组织、妇代会和老人会，占被访者的比例分别为 7.17%、6.27% 和 6.17%。虽然民兵组织、共青团这些社团的参与人数较多，但根据笔者的访问，这些社团的活动却很少，相对活动较多的社团是老人会。因此，农村社区居民参与社团的比例不仅远远低于发达国家民众的水平，[①] 也低于城市居民。根据调查资料，农村居民参与社团活动的比例为 36%，多达 64% 的被访者

---

① 例如，根据阿尔蒙德和维伯的研究（1989：335），美国公民参与社团的比例为 57%，英国为 47%。

未参与任何社团。而且对于参与社团的被访者而言，绝大部分也只参与一个类型的社团活动（占被访者的24.2%），很少有被访者同时参与多个社团的活动。

表1 村民参与社团的比例

单位：人，%

是否参与	共青团	妇代会	民兵组织	老人会	企业组织	科技组织	民间信用组织	体育组织	宗教组织	寺庙组织
参与	111 (12.39)	56 (6.27)	116 (13.00)	55 (6.17)	10 (1.12)	19 (2.13)	9 (1.01)	17 (1.90)	34 (3.80)	64 (7.17)
未参与	785 (87.61)	837 (93.73)	776 (87.00)	837 (93.83)	883 (98.88)	872 (97.87)	884 (98.99)	876 (98.10)	861 (96.20)	829 (92.83)
合计	896 (100)	893 (100)	892 (100)	892 (100)	893 (100)	891 (100)	893 (100)	893 (100)	895 (100)	893 (100)

注：括号内数字为百分比。

那么，哪些因素影响和决定村民对社团的参与呢？从性别来看（参见表2），男性村民参与社团的平均数为0.5497个，而女性村民则为0.5226个，虽然男性村民的平均值略高于女性村民，但并不具有统计显著性。而从政治面貌看（参见表3），村民参与社团最多的是民主党派，达1.3333个——虽然其人数很少，只有3个。在中国，加入民主党派者通常都是高级知识分子，不仅文化程度高，而且也具有较高的社会地位。但在广大农村，民主党派成员的数量非常少。参与社团位居第二的是共青团员，其参与的平均数为1.1220个；共产党员略低于共青团员，为0.9762个；一

表2 性别与参与社团数

性 别	参与社团平均数	标准差	人 数
男	0.5497	0.88937	513
女	0.5226	0.88266	398
合 计	0.5379	0.88606	911

般群众仅为 0.3533 个。是否村组干部也对参与社团的多少有重大影响（参见表 4）。目前就是村组干部者参与社团的平均数多达 1.1429 个，而曾经当过村组干部者为 0.8791 个，从没当过村组干部者只有 0.4408 个。

表 3　政治面貌与参与社团数

单位：个，人

政治面貌	参与社团平均数	标准差	人　数
共产党员	0.9762	1.08417	126
共青团员	1.1220	1.45250	41
曾入过团	0.8835	0.97318	103
民主党派	1.3333	1.52753	3
群　众	0.3533	0.69398	634
合　计	0.5380	0.88614	907

表 4　是否村组干部与参与社团数

单位：个，人

是否当过村组干部	参与社团平均数	标准差	人　数
目前就是	1.1429	1.06904	56
曾经当过	0.8791	0.98697	91
从没当过	0.4408	0.76955	667
合　计	0.5381	0.84632	814

从受教育年限看（参见图 1），受教育年限与参与社团的平均数之间有很大关系。虽然从上学 0 年到上学 7~9 年组的被访者的平均参与社团数变化不是很大，但上学 10~12 年者的平均参与社团数为 0.73 个，而受教育年限在 13 年及以上者的平均参与社团数更是高达 1.07 个，而且这种差异具有统计显著性（Anova Sig. = 0.047）。

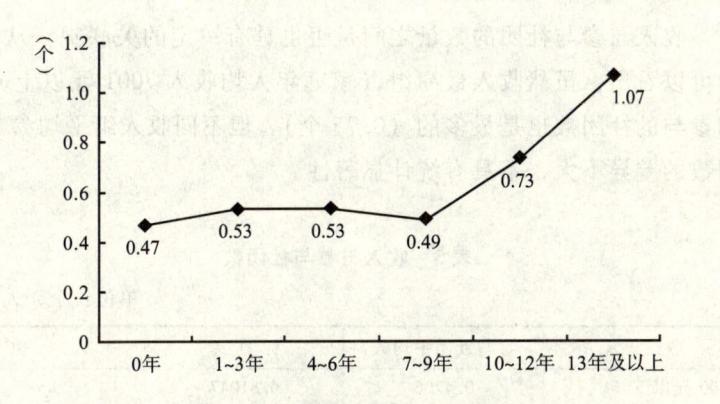

图1 受教育年限与参与社团数

从年龄情况看（参见图2），年龄较大者平均参与的社团数也较多。60岁以下各个年龄组平均参与的社团数差异不大，在0.47和0.53之间，但61~70岁年龄组的平均参与社团数升至0.79个，而71岁及以上年龄组则达到1.00个，而且Anova分析也表明这种差异具有统计显著性（Sig. = 0.005）。从调查情况看，目前，农村社团中除具有官办色彩的共青团和妇代会外，最具活力的应该是老人会。老人会不仅活动办得有声有色，而且参与的老人也较多。正为因为老人会的成功举办使得农村老人参与社团的比例总体上要高于年轻人。

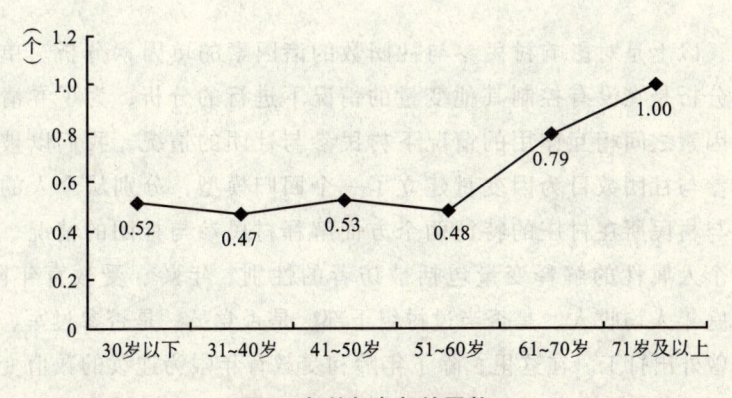

图2 年龄与参与社团数

收入与参与社团的数量之间是否也具有一定的关联呢？从表 5 中可以看出，虽然收入最高组（家庭年人均收入 7001 元以上）平均参与的社团数也是最多的（0.75 个），但不同收入组平均参与社团数的差异不大，不具有统计显著性。

表 5　收入与参与社团数

单位：个，人

收　入	参与社团平均数	标准差	人　数
500 元以下	0.4706	0.81047	85
501~1000 元	0.4242	0.76289	132
1001~1500 元	0.4141	0.68527	99
1501~2000 元	0.5306	0.87584	98
2001~2500 元	0.4028	0.64261	72
2501~3000 元	0.7073	1.00608	41
3001~3500 元	0.6286	0.91026	35
3501~4000 元	0.5111	0.94441	45
4001~4500 元	0.6364	1.09307	22
4501~5000 元	0.5745	0.85325	47
5001~6000 元	0.5294	0.79982	17
6001~7000 元	0.6875	0.87321	16
7001 元以上	0.7465	1.25035	71
合　计	0.5205	0.86930	780

以上是对影响村民参与社团数的诸因素的单因素分析。单因素分析是在没有控制其他变量的情况下进行的分析，为了弄清在各因素之间相互作用的情况下村民参与社团的情况，我们以被访者参与社团数目为因变量建立了一个回归模型，分别从个人的特征与村民所在村庄的特征两个方面解释村民参与社团的情况。作为个人属性的解释变量包括被访者的性别、年龄、受教育年限、家庭年人均收入、是否当过村组干部、是否党员、是否参过军、是否曾外出打工。在这里，除了年龄和受教育年限为连续的数值变量外，其他几个都是虚拟变量。我们的基本假设是：从性别来看，传

统农村社区由于深受"男主外，女主内"思想的影响，女性更多地担负家务劳动而较少参与社会活动，因此她们的社团参与数也会少于男性。另外，那些受教育程度较高，又是党员，曾参过军或曾外出打工的村民，通常更为见多识广，会更多地参与社团活动。

作为村庄属性的解释变量包括：村集体年收入、村庄离县城的距离、村民对自己所在村庄生活水平的评价。我们用村集体年收入和村民对自己所在村庄生活水平的评价这两个变量测量行政村的经济发展水平。从我们调查的 40 个行政村的情况看，平均每年村庄的集体年收入为 56 万元，在经济发达地区，通常村庄的集体年收入可以达到 300 万元或 400 万元，而经济落后地区的村庄则只有数千元到数万元的集体年收入。为了测量村民对自己所在村庄生活水平的评价，我们设计了这样的问题："与同县其他乡镇的行政村相比，你们村的生活水平怎样？"有 5 个可供选择的答案：①好很多，②好一点，③差不多，④差一点，⑤差很多。我们分别依次按 5 分到 1 分给这 5 个答案赋值。第三个测量村庄属性的变量是村庄离县城的距离。一般来说，村庄离县城越近，经济也较为发达，村民有可能更多地参与社团活动。

从表 6 回归分析的结果可以看出，在所列的 8 个有关被访者个人情况的变量中，只有受教育年限、是否党员以及是否当过村组干部三个自变量对因变量的影响具有统计显著性。这说明受教育程度较高者更多地参与社团，党员比非党员更多地参与社团，当过村组干部者也能更多地参与社团。但是，有关个人情况的其他 5 个变量对因变量的影响都不具有统计显著性。尤其值得注意的是，男女村民在参与社团方面并不存在显著差异。我们认为，这并不能反映男女村民在参与社会活动方面是平等的。这种结果可能是我们调查的社团的多样性造成的。在一些社团（如民兵组织、科技组织等）男性村民参与较多的同时，可能有些社团女性村民参与较多（如宗教组织），有的则只有女性村民才能参加（如妇代会）。

表 6　影响村民参与社团的因素：回归分析

解释变量	非标准回归系数	标准回归系数
性别（男=1）[a]	$-1.008E-02$	-0.006
年龄	$5.373E-03$	0.081
受教育年限	$2.259E-02$ *	0.096
家庭年人均收入	$-3.457E-06$	-0.024
是否党员[b]	0.383 ***	0.152
是否参过军[c]	$-7.439E-02$	-0.020
是否当过村组干部[d]	0.293 **	0.124
是否曾外出打工[e]	$-4.855E-02$	-0.026
村庄离县城的距离	$-1.112E-03$	-0.017
村民对自己所在村庄生活水平的评价	$7.776E-02$ *	0.075
村集体年收入	$-1.808E-08$	-0.036
Constant	-0.102	
N	584	
Adjusted R^2	4.7%	

* $p<0.10$，** $p<0.01$，*** $p<0.001$。
a. 参考类别为"女性"；b. 参考类别为"非党员"；c. 参考类别为"未参过军"；d. 参考类别为"未当过村组干部"；e. 参考类别为"未曾外出打工"。

而在反映村庄特征的3个解释变量中，只有村民对自己所在村庄生活水平的评价这一变量对因变量的影响具有微弱的统计显著性（$p<0.1$），而且标准回归系数也只有 0.075，表明它对因变量具有微弱的影响。村民对自己所在村庄生活水平的评价是一个综合的变量，它不像家庭年人均收入那样反映个人的经济情况，也不像集体年收入那样反映村集体的经济状况，而是反映整个村庄的一般生活水平。虽然其他研究表明村集体年收入、村庄离县城的距离对于村民在村级选举中的参与有积极影响（Shi，1999），但本项研究表明二者对村民参与社团的影响不具有统计显著性。

三　结语

从社会资本理论的角度看，社团在社会资本的建构中起着非常重要的作用。那么，如何看待村民参与社团在农村社区社会资本建构中的作用呢？

长期以来，在计划经济体制下，中国是一种城乡二元结构。严格的户籍管理制度和对干部、工人、农民身份的严格划分，使得城市与乡村成为两个截然不同的世界。在中国的城市，由于计划经济时代形成的单位制，个人在很大程度上依附于其所在的工作单位（Walder, 1986; Bian, 1994）。近十多年来，随着市场经济体制的逐步建立和改革的深入，城市居民依附单位的情况已经有所改变。但与农民相比，城市居民对其工作单位仍有相当大的依附性。在社团的参与方面，由于城市居民职业的多样化，他们参与的社团要比农村居民多得多。但是，这些社团中的相当一部分是"官办"社团或"半官半民"的社团，党政官员兼任社团领导人或法人，社团依赖于政府部门提供的活动经费，因此社团的功能受到限制，其成员之间很难形成一种平等的横向关系。与城市居民不同，尽管改革前农村居民也在很大程度上在国家的直接控制之下并依附于生产队和生产大队（Oi, 1975），但随着生产责任制的广泛实施，农民已经从集体的束缚中解放出来，成为目前中国社会中最具自主性的阶层（Shi, 1999）。尽管农村居民在参与社团的数量方面远不如城市居民多，但许多民间社团的建立完全是自发的，不像城市里的社团那样与政府部门有着千丝万缕的联系。社团的独立性和自主性更有利于在其成员之间建立起一种横向的、平等的联系，从而更有利于社会资本的建构。

参考文献

阿尔蒙德、维伯，1989，《公民文化》，徐湘林等译，华夏出版社。
金世吉，1998，《发展民间组织，推动社会进步》，《中国民政》第 12 期。
帕特南，2001，《使民主运转起来》，王列、赖海榕译，江西人民出版社。
郑永年，1996，《乡村民主与中国政治进程》，《二十一世纪》第 35 期。

Bian, Yanjie. 1994. *Work and Inequality in Urban China*. Albany: State University of New York.

Lin, Nan. 1982. "Social Resources and Instrumental Action." In Peter Marsden and Nan Lin (eds.), *Social Structure and Network Analysis*. Beverly Hills: Sage Publications.

Oi, Jean C. 1975. *State and Peasant in Contemporary China: The Economy of Villages Government*. Berkeley: University of California Press.

Pei, Minxin. 1998. "Chinese Intermediate Associations: An Empirical Analysis." *Modern China* 24 (3): 285–318.

Shi, Tianjian. 1999. "Economic Development and Village Elections in Rural China." *Journal of Contemporary China* 8 (22): 425–442.

Walder, Andrew. 1986. *Communist Neo-Traditionalism: Work and Authority in Chinese Industry*. University of California Press.

社会资本与中国农村居民的
地域性自主参与[*]

——影响村民在村级选举中参与的各因素分析

自村民自治实施以来，中国广大农村的选举引起了国内外许多学者的关注。本文打算运用帕特南的社会资本理论，分析社会资本及其他因素在决定村民参与村级选举中的作用。数据取自笔者于 2001 年在福建省寿宁县和厦门市进行问卷调查所获得的资料。

一 相关理论与问题的提出

从历史上看，政治参与这个概念是与民主制度相联系的。政治参与被看作是一个单一层面的概念，选举被当作是政治参与的主要方式。因为只有在民主制度下，民众才可以通过定期举行的选举来表达自己的利益偏好。也就是说，传统研究政治参与的学者都有两个假定：一是政治参与需要有一个民主的政体；二是选择领导人的权力是普通公民表达他们利益的必要条件。20 世纪 50 和 60 年代，在西方学界占统治地位的极权（totalitarian authority）模型十分强调掌权者对民众的控制和动员。这一模型把苏联、东欧等前社会主义国家的政治看作是由精英支配的，这些精英为维

---

[*] 本文获中国社会学会 2005 年会优秀论文一等奖，曾发表于《社会学研究》2006 年第 2 期。

护自身的利益，根据自身的意识形态偏好来改变社会（Friedrich, Curtis, and Barber, 1969: 126）。在这些社会中，国家对大众传播媒介的垄断性控制成功地限制了信息的流通。通过限制结社自由，政府可以有效地阻止利益的聚合，使人民失去抗拒政治权威的能力。它赋予国家如此广泛的控制权力以至于一些极权理论家认为这些政权能够消除国家和其他所有社会群体之间的界限，甚至是国家与个人人格之间的界限。因此，个人所面对的是国家的操纵，人民被动员起来亢奋地支持领导人的政策，而这些政策是不受大众的观点所影响的（Friedrich and Brezezinski, 1956: 161 – 171）。在这些学者看来，苏东社会主义国家的制度设置不仅阻止了民众的要求上达精英那里，而且也使公民失去了能够让精英倾听他们意见和观点的手段。这些社会中虽然也有游行、示威以及流于形式的选举，但这些都是由当局组织以动员一般民众支持政府的手段，而不是民众自身用来向当局表达他们观点的渠道。不过，随着 20 世纪 60 年代冷战的减弱以及苏东社会主义国家的变化，学者们不再对刻板的极权模型感兴趣。许多研究表明，随着政治恐怖和大众动员的减弱，在政治控制的架构下伴随着真正政治竞争的复兴，不仅党的机构，而且警察、军队、工业部门的管理者、经济学家、作家以及法学家都对政策的形成过程有重要的投入。更为重要的是，他们发现新出现的群体已经开始追求他们共同的利益（Skilling and Griffiths, 1971; Goodman, 1981; Falkenheim, 1984）。与极权模型的看法不同，利益群体理论家认为，苏东社会主义国家中的共产党并没有被看作是拥有绝对权力的群体，他们在内部也有不同派系的斗争。苏东共产党政权并没有能够完全消除国家和社会之间的界限或是完全阻止利益的表达。通过表明苏东社会主义国家中也存在私人生活和个人利益的表达，利益群体模型极大地促进了我们对这些社会中国家和社会关系的理解。不过，这一模型仍然否认普通民众影响政府决策的可能性。他们和极权模型的理论家一样，认为有意义的政治参与需要社会中的某些制度安排将人民的政治活动与决策过程联系起来。因为在苏东社会主义国家中政治的活动和组织（诸如选举、群众运动以及工会、农会等）都是由执政党操控的，目的是消除自愿团体的形成，因此也不具有利益表达的作用，普通民众的政治活动不能与决策过程有效地联系起来（Liu，1976：5）。

很显然，社会主义国家的政治参与和西方民主国家的政治参与是完全不同的。因此，有些学者拒绝政治参与的概念可用于对苏东社会主义国家的研究，他们认为将这一概念用于苏东社会主义国家的研究将会造成"严重的和令人遗憾的不准确"（LaPalombara，1975）。对他们而言，政治参与是以多元的政治体系为前提的，"因为政治参与是一个帮助我们界定特定类型政体的概念，它并不适用于比较分析和描述那些明显不属于民主的政体"（LaPalombara，1978：71）。因为苏东社会主义国家中现有的制度只起着诸如政策实施和政治社会化等作用，其他学者也认为"文献中的政治参与概念并不适合苏东社会主义制度的研究"（Sharlet，1969：250）。他们建议重新定义政治参与概念以适应这些社会的政治现实。例如，汤森（James Townsend）在他对中国政治参与的经典研究中，就将其定义为"党的政策的实施"和"民众对由共产党所界定的最高的、统一的国家利益的政治行动支持"，或是"在政治决策实施过程中的导向性介入"（Townsend，1969：4–6）。

为了能够在地域和时间上适应于更广的范围，并将民主制度下的抗争结合到传统的参与模式中去，在20世纪70年代逐渐出现了并不一定以民主制度为前提的政治参与概念。在这一新观念下，政治参与仅仅是指不同政治制度下普通公民以任何方式试图影响他们的统治者的行动。例如，诺曼·尼和西德尼·伏巴把政治参与界定为"平民或多或少以影响政府人员的选择及（或）他们采取的行动为直接目的而进行的合法活动"（诺曼·尼、西德尼·伏巴，1996：290）。与此同时，原有的单一的政治参与观（将投票看作是民众能够影响政治过程的关键的和唯一的方式）被多元的政治参与观取代。维伯等人对美国以及七国政治参与和政治平等的研究发现,除了投票和竞选活动之外,民众也可以运用其他手段,例如,借助共同的活动和个人的接触以寻求政府官员的帮助或向他们表达自己的偏好(Verba, Nie, and Kim, 1971)。一些经验研究也支持这些观点。一些学者对苏联的研究发现,那里的民众对他们社会中的政治制度的运作有清楚的了解,许多人在追求自己的利益时都会自觉或不自觉地使自己的行动与政治的现实相适应。例如,英克尔斯(Alex Inkles)和鲍尔(Raymond A. Bauer)的研究表明,苏联的民众清楚地将物质的东西与"抽象的观念和原则"区分开来。他们发现"苏联公民更关心获得更多个人的保障和提高生活水平,而很少关心获得政治权利和宪法的保障"(Inkles and Bauer, 1959:7)。他们的研究表明,苏联的民众确实会参与各种政治活动以追求他们的利益,但他们刻意避免在表达个人利益时直接与他们的领导人对抗。比尔勒(Seweryn Bialer)对此做了进一步的研究。他在对斯大林之后苏联政权的研究中,在概念上区别了"高层政治"(high politics)与"低层政治"(low politics)的不同(Bialer, 1980)。"高层政治"涉及社会中的主要政治问题、政治的抽象观念和语言以及政治领导中的决策与行动。"低层政治"涉及与公民日常生活、社区事务以及工作单位的条件直接相关的决策(Bialer, 1980:166)。苏联公民对"高层政治"冷漠、不关心,但通常会在很大程度上参与"低层政治"。其他学者的研究也表明,在苏东社会主义国家,民众批评政府或不同意其政策,但很少试图取而代之。

自从20世纪80年代中期在中国广大农村实行村民自治之后,作为农村基层社区行政村的管理者的村委会是由村民直接选举产生的(胡荣,2001)。中国农村的村委会选举已经在很大程度上是一种有竞争性的选举,从而成为村民表达利益的重要渠道。

许多研究都表明,一个国家的政治发展与该社会的历史和文化有着密切的关联。托克维尔(1988)在19世纪30年代访问美国的时候,就把美国的民主与美国人普遍而广泛的结社情况相联系。阿尔蒙德等人在研究五国的公民文化时也通过实证的材料表明，建立在自愿基础之上的社会联系与民主制度具有相关关系（加布里埃尔·阿尔蒙德、西德尼·维伯，1989）。美国政治学者帕特南用社会资本的概念解释为什么意大利北部许多地方政府的表现都比南部城市的地方政府好。他发现在社会资本建构比较好的北部城市，市民热衷于参与社团和公共事务，社会充满了互信和合作的风气，使得地方政府在政治的稳定、财政预算的制定、法律改革、社会服务的推行、工农业改革等方面都较其他社会资本较低的地区的地方政府要好。帕特南是这样给社会资本下定义的："这里所说的社会资本是指社会组织的特征，诸如信任、规范以及网络，它们能够通过促进合作来提高社会的效率。"（帕特南，2001：195）换言之，在一个拥有大量社会资本的共同体内，合作更容易出现。在帕特南看来，信任是社会资本必不可少的组成部分。在意大利公共精神发达的地区，社会信任长期以来一直都是伦理道德的核心，它维持着经济发展的动力，确保了政府的绩效。在一个共同体内，信任水平越高，合作的可能性就越大（帕特南，2001：200）。那么，信任又是如何产生的呢？帕特南进一步指出，社会信任能够从互惠规范和公民参与网络这两个相互联系的方面产生。互惠包括均衡的互惠和普遍化的互惠：前者指人们同时交换价值相等的东西；后者指的是一种持续进行的交换关系，这种互惠在特定时间里是无报酬和不均衡的，但它使人们产生共同的期望，现在己予人，将来人予己。遵循普遍的互惠规范的共同体可以更有效地约束投机行为，解决集体行动中的"搭便车"问题。另外，在一个共同体中，公民参与的网络越是密集，其公民就越有可能为了共同的利益而合作。公民参与网络增加了人们在任何单独交易中进行欺骗的潜在成本；公民参与网络培育了强大的互惠规范；公民参与网络促进了交往，促进了有关个人品行的信息的流通；公民参与网络还体现了以往合作的成功，可以把它作为一种具有文化内涵的模板，未来的合作在此基础上进行（帕特南，2001：203~204）。

社会资本的概念引起了学术界的广泛关注，许多学者在这方面进行了大量的研究。但是，目前对中国社会的研究主要侧重于社会网络和社会关系方面（例如，阎云翔，2000；Bian，1997），而且也多限于城市社区，还没有人研究农村社区的社会资本构成情况。在本项研究中，我们打算运用帕特南的共同体取向的社会资本理论，测量中国农村基层社区居民的社会资本情况，并据此分析、探讨社会资本和村民政治参与及村级选举的关系。我们将探讨如下问题：社会资本是否对村民在村级选举中的政治参与起作用？如果起作用的话，社会资本中的哪些因素起着更大的作用？村民的个人情况对他们的政治参与有何种影响？与村级选举相关的制度对村民的政治参与产生什么样的作用？

二 研究设计和变量的测量

本项研究于2001年9～10月进行抽样调查，样本按多段抽样法抽取。第一阶段采用立意抽样方法从福建省范围内抽取寿宁县和厦门市，分别代表经济发展水平不同的两种类型的农村。寿宁县地处福建省东北部，与浙江省交界，距省政府所在地福州市284公里，全县辖10个乡、4个镇、201个行政村（居委会），总人口22万。寿宁县以农业为主，经济发展水平较为落后。我们通过立意抽样选出的另一个地方是厦门。厦门是改革开放后最早设立的经济特区之一，经济较为发达，农村的经济发展水平位于全省前列。厦门下辖6个区，大部分地区的城市化程度比较高，我们选城市化程度相对较低的同安区，从中选择4个乡镇，另外从城市化程度较高的厦门岛内选取1个镇。我们用随机方法从寿宁的14个乡镇中抽取5个乡镇，具体方法是：先根据各乡镇2000年农民的人均年收入（参见县经管站的数据）由低到高将全县14个乡镇按顺序排列。然后，将全县的农业总人口222144除以要抽取的乡镇数5，得44428.8。在44428.8的数字范围内随机确定一个数，即23000，所以选中的第一个乡为大安乡。第二个乡按23000加

44428.8 的方法确定，选中犀溪乡，依此类推。抽样结果共选出大安、犀溪、竹管垅、武曲和鳌阳 5 个乡镇。在厦门同安区也用类似的方法随机抽取 4 个镇，即莲花镇、大嶝镇、马巷镇、大同镇，加上厦门岛内的禾山镇，共 5 个镇。而后再从各个乡镇中按随机方法各抽取 4 个行政村，从每个行政村中再按随机方法抽取 25 个 18 周岁以上的村民，共 1000 人。调查在 2001 年 9 ~ 10 月间进行。由厦门大学社会学系 1998 级的 19 位学生担任访谈员。这些学生在校期间受过专业的社会学和社会调查训练，在参加调查之前又接受了有关本课题的相关培训。寿宁的调查于 2001 年 10 月 15 日开始，于 10 月 25 日结束。厦门的调查于 2001 年 2 月 29 日开始，于 11 月 2 日结束。本次调查共成功访问村民 913 人。

在这 913 人中，每个村大约成功访问 20 ~ 25 人。在成功访问的被访者中，男性占 56.3%，女性占 43.7%。从受教育程度看，被访者中受教育年限为 4 ~ 6 年者最多，达 30.7%，其次是受教育年限为 7 ~ 9 年者，文盲也占相当的比例，达 18.2%，受教育年限为 1 ~ 3 年者占 12.1%，而接受 10 年以上教育者所占的比例则非常小，受教育年限为 10 ~ 12 年者只占 9.1%，13 年及以上者仅为 1.6%。从年龄结构来看，30 岁以下的村民占 24.4%；31 ~ 40 岁的村民最多，占 28.1%；41 ~ 50 岁的村民占 23.6%；51 ~ 60 岁的村民占 12.9%；61 岁及以上的村民则较少，61 ~ 70 岁的村民占 7.5%，71 岁及以上的村民只有 3.5%。

为了弄清社会资本以及其他因素对村民在村级选举中政治参与的影响，我们设计了一个回归模型，用于分析社会资本及其他变量对村民在选举中参与程度的影响。我们先来看一看作为因变量的村民在选举中的参与程度这一指标。在本项研究中，我们在问卷中列了 16 个方面的问题来测量村民在选举中的参与情况，这些问题包括是否参与候选人的提名、是否参加投票等。在这些项目中，有的项目的参与者比例较高，如参加投票者占被访者总数的 79.5%，而其他一些项目的参与者则比较少。

表 1 村民在村委会选举中的参与情况

单位：人，%

项　　目	人　数	比　例
单独提名候选人	56	6.1
动员别人提名候选人	21	2.3
与其他人一起提名候选人	68	7.4
毛遂自荐当候选人	16	1.8
参加预选会	111	12.2
动员别人投票支持自己拥护的候选人	48	5.3
劝说别人不投自己反对的候选人的票	44	4.8
参加投票	726	79.5
帮助自己拥护的候选人竞选	55	6.0
对于不恰当的选举安排提出批评和建议	44	4.8
参加候选人情况介绍会	69	7.6
在候选人的竞选演说会上向候选人提问	30	3.3
参加候选人的竞选演说会	59	6.5
在候选人的竞选演说会上发表看法	29	3.2
因为对选举安排不满意而拒绝参加投票	29	3.2
因为对选举安排不满意而动员别人不参加投票	4	0.4

　　我们根据主成分法对这 16 个项目进行因子分析，经过最大方差法旋转，共提取 4 个因子。根据因子负载，将这些因子分别命名为：预选因子、竞选因子、提名因子和罢选因子。预选因子包括这样几个项目："参加预选会"、"参加候选人情况介绍会"、"在候选人的竞选演说会上向候选人提问"、"参加候选人的竞选演说会"、"在候选人的竞选演说会上发表看法"以及"对于不恰当的选举安排提出批评和建议"。竞选因子包括这样几个项目："动员别人投票支持自己拥护的候选人"、"劝说别人不投自己反对的候选人的票"、"帮助自己拥护的候选人竞选"以及"参加投票"。提名因子包括的项目有："单独提名候选人"、"动员别人提名候选人"、"与其他人一起提名候选人"以及"毛遂自荐当候选人"。

罢选因子只包括两个项目:"因为对选举安排不满意而拒绝参加投票"和"因为对选举安排不满意而动员别人不参加投票"。为了把村民在村级选举中的参与程度综合用一个变量来表示,我们把4个因子的值分别乘以其方差后相加,即:村民在选举中的参与程度=预选因子值×0.21197+竞选因子值×0.13489+提名因子值×0.10638+罢选因子值×0.09167。

表2　村民在村委会选举中参与情况的因子分析

项　　目	预选因子	竞选因子	提名因子	罢选因子	共　量
单独提名候选	0.297	0.079	0.398	-0.063	0.257
动员别人提名候选人	0.189	0.382	0.531	0.106	0.474
与其他人一起提名候选人	0.110	0.007	0.651	0.036	0.437
毛遂自荐当候选人	-0.039	0.249	0.622	-0.047	0.453
参加预选会	0.566	-0.113	0.435	0.066	0.527
动员别人投票支持自己拥护的候选人	0.101	0.743	0.111	0.153	0.598
劝说别人不投自己反对的候选人的票	-0.010	0.713	0.137	0.181	0.560
参加投票	0.059	-0.351	0.333	0.187	0.273
帮助自己拥护的候选人竞选	0.339	0.681	0.168	-0.012	0.606
对于不恰当的选举安排提出批评和建议	0.462	0.359	0.118	0.261	0.424
参加候选人情况介绍会	0.788	0.016	0.215	0.026	0.668
在候选人的竞选演说会上向候选人提问	0.821	0.256	0.033	-0.095	0.750
参加候选人的竞选演说会	0.818	-0.047	0.136	0.042	0.692
在候选人的竞选演说会上发表看法	0.790	0.230	-0.039	0.086	0.686
因为对选举安排不满意而拒绝参加投票	0.017	0.055	0.082	0.780	0.618
因为对选举安排不满意而动员别人不参加投票	0.052	0.179	-0.065	0.811	0.696
特征值	3.392	2.158	1.702	1.467	8.719
解释方差	21.197%	13.489%	10.638%	9.167%	54.491%

我们再来看一看作为本项研究重要预测变量的社会资本的测量。虽然不同的学者对社会资本的理解不尽相同,相关的经验研究对社会资本的操作定义也存在差异(参见 Lochner, Kawchi, and Kennedy, 1999; Onyx and Bullen, 2000; Barayan and Cassidy, 2001),但是我们还是可以根据帕特南等人定义中的主要内容对社会资本进行测量。在帕特南所讲的社会资本中,社会成员之间相互关联的网络是一个重要的内容,其他许多研究也谈到了这一点(Putnam, 1993; Portes, 1998; Woolcock, 1998)。社会成员在交往过程中形成密集的关系网络,当然,这种网络是平等的和自由的。根据本项研究的目的,我们分别向被访者询问其与亲戚、本家族成员、同姓村民、同小组村民、同自然村村民、同行政村村民以及村干部的交往情况。我们向被访者询问其是否经常与亲戚、本家族成员、同姓村民、同小组村民、同自然村村民、同行政村村民以及村干部交往。共有 7 个测量村民与行政村内不同对象的交往情况的问题,答案按利克特量表的格式设计,分为"经常来往"、"有时来往"、"很少来往"和"从不来往"四个等级,根据被访者的不同回答分别记 4 分至 1 分。另一方面,我们还测量了村民的社团参与情况。帕特南在很大程度上把社会资本看作是社会成员对社团的参与。根据他对意大利的研究,意大利北方城市的民主运作得比较好,主要原因就是在那里有众多的横向社团,如邻里组织、合唱队、合作社、体育俱乐部、大众性政党等。这些社团成员之间有着密切的横向社会互动。这些网络是社会资本的基本组成部分,因为在一个共同体中,这类网络越密,其公民就越有可能进行有关共同利益的合作。我们分别列出如下几种社团组织,即共青团、妇代会、民兵组织、老人会、企业组织、科技组织、民间信用组织、体育组织、宗教组织、寺庙组织等,向被访者询问其是否参与了这些组织。

相关文献谈到的社会资本的第二个方面的内容是互惠。帕特南把互惠分为均衡的互惠和普遍的互惠:前者指人们同时交换价值相等的东西;后者则是在特定的时间里是无报酬的和不均衡的,现在己予人，将来人予己。用泰勒的话说，这是一种短期的利他主义和长期的自我利益的结合（Taylor，1982），或用托克维尔的话说是"正确理解的自我利益"。这种互惠的规范在农村社区的主要表现是亲友和邻居之间在农忙季节相互义务帮工，比如，今天我帮你割稻子，下个月可能你帮我插秧。村民在从事一些需要较多人力的活动时，比如建房子，更需要得到亲友和邻里的帮助。通常，建房的村民不为帮工的村民提供报酬，但是当其他村民在建房需要帮工的时候，现在的建房者也要提供义务帮工作为回报。不过，近年来，由于建房方式的改变，越来越多的村民改为请专门的建筑队建房，这一相互义务帮工的情况有所减少。在这里，我们向被访者询问了两个问题：一是过去一年被访者是否与亲友之间有过义务帮工；二是过去一年被访者是否为公益事业捐过款。

社会资本的第三个方面的内容是信任。韦伯认为，中国人的信任是建立在血缘共同体的基础之上，是一种难以普遍化的信任（韦伯，1995）。福山（2001）也强调中国社会是一种低信任度的社会，因为一切社会组织都是建立在血缘基础之上，人们缺乏对家族之外的其他人的信任。但是最近，国内学者的研究并不一定支持这些观点。例如，李伟民和梁玉成（2002）的研究指出，中国人所信任的人群，虽然以具有血缘家族关系的亲属、家庭成员为主，但同时也包括家族之外的亲密朋友。在调查中，我们分别向被访者询问其对亲戚、本家族成员、同姓村民、同小组村民、同自然村村民、同行政村村民以及村干部的信任度。测量村民信任度的7个项目的答案也分为四级，即"非常信任"、"比较信任"、"有点信任"和"不信任"，根据被访者的不同回答分别记4分至1分。

社会资本的第四个方面的内容是规范，帕特南（Putnam，1993）和科尔曼（Coleman，1988）都提到了这一点。社会规范提供了一种非正式的社会控制，从而减少了对正式制度制裁的依赖。社会规范通常是不成文的，但为社会成员所普遍理解和接受。科尔曼（Coleman，1988）和帕特南（Putnam，1993）都认为，在社会资本丰富的社区，犯罪和越轨行为少，不需要太多的警力维持治安，社会成员也会有更多的安全感。在本次调查中，我们要求被访者回答他们所在的村是否经常发生"庄稼被盗"、"家里东西被盗"和"邻居之间吵架"等事情。在问卷中，我们列出了如下一些问题以测量村民对社区的认同感："你认为在本村生活有安全感吗？""你会经常因为你是本村的村民而感到光荣吗？""与周围的村相比，本村的社会风气如何？""你村是否经常发生地里庄稼被盗的事件？""你村是否经常发生村民家里东西被盗的事件？""你村邻居之间是否经常吵架？"有关社区安全和社区认同方面的问题的答案也分为4级或5级。"邻村的姑娘是否愿意嫁到本村"这一问题的答案分为"很愿意"、"较愿意"、"一般"、"很不愿意"和"较不愿意"5个等级，分别赋值5分至1分；"你认为在本村生活有安全感吗"的答案分为4级，即"很有安全感"、"较有安全感"、"较少安全感"和"没有安全感"，分别赋值4分至1分；"你会经常因为你是本村的村民而感到光荣吗"的答案分"经常"、"有时"、"很少"和"从不"4级，分别赋值4分至1分；"与周围的村相比，本村的社会风气如何"的答案分"很好"、"较好"、"一般"、"较差"和"很差"5级，分别赋值5分至1分；另外3个问题，即"你村是否经常发生地里庄稼被盗的事件"、"你村是否经常发生村民家里东西被盗的事件"以及"你村邻居之间是否经常吵架"的答案均分为4级，即"经常发生"、"有时发生"、"很少发生"和"没有发生"，分别赋值4分至1分。

以上介绍了测量社会资本的问题和项目，那么，这些项目之间的关系如何呢？它们可以被概括为哪几个方面呢？为此，我们进行了因子分析。如上所述，有关社会交往、社会信任以及社区安全和社区认同方面的问题都是按利克特量表的方式设计的，答案分为4级和5级两种。有关社团参与方面的问题的答案只有"是"和"否"两个，凡回答"是"者记1分，回答"否"者记0分。有关社团的问题共10项，在进行因子分析时我们把每个被访者对这些项目的回答加在一起计为一项，总分的高低表示其参与社团的多少。测量互惠规范的两个问题，即是否为公益事业捐款和义务帮工的答案也只有"是"和"否"两个，凡回答"是"者记1分，回答"否"者记0分，两个问题的得分加在一起作为一个项目，与其他项目一起进行因子分析。

　　我们运用主成分法对测量社会资本的23个项目进行因子分析，经过最大方差法旋转，共提取6个因子。根据因子负载，我们分别将这些因子命名为：信任因子、社会交往因子、社区安全因子、亲属联系因子、社区认同因子和社团互助因子（见表3）。第一个提取的因子被称为"信任因子"，所有测量信任的变量都包括在这个因子内，即它包括被访者对亲戚、本家族成员、同姓村民、同小组村民、同自然村村民、同行政村村民以及村干部的信任。与测量信任的变量都可以归为一个因子的情况不同，测量社会交往的7个变量被分作两个因子，即表中的第二个因子"社会交往因子"和第四个因子"亲属联系因子"，前者包括被访者与同小组村民、同自然村村民、同行政村村民以及村干部的交往，后者则包括被访者与亲戚和本家族成员的交往，而与同姓村民的交往这一变量则横跨在两个因子之间。第三个因子是"社区安全因子"，可以归入这一因子的变量包括地里庄稼是否经常被盗、家里东西是否经常被盗以及邻居之间是否经常吵架。第五个因子为"社区认同因子"，包括"邻村的姑娘是否愿意嫁到本村"、"是否因作为本村的村民而感到光荣"以及"在本村生活是否有安全感"等变量。第六个因子为"社团互助因子"，包括"是否为公益事业捐款和义务帮工"与"参与各种组织和社团总数"两个变量。

　　在本项研究的回归方程中，除了对被访者个人特征的一些变量（如性别、年龄、受教育程度、是否党员、是否当过村组干部等）进行预测外，我们还加入了村庄离县城的距离以及测量选举竞争的激烈程度和选举规范实施程度的变量作为控制变量。为了测量选举竞争的激烈程度，我们在问卷中设计了这样的问题："在最近一次村委会选举中，您村有没有候选人用下列方法争取选票？"在问题之后我们分别列了9种竞选拉票的方法（见表4）。根据被访者对这9个项目回答的情况进行因子分析，从中可以提取

表3 社会资本的因子分析

项目	信任因子	社会交往因子	社区安全因子	亲属联系因子	社区认同因子	社团互助因子	共量
与亲戚是否经常来往	0.134	0.172	0.084	0.756	0.214	0.082	0.678
与本家族成员是否经常来往	0.188	0.334	0.087	0.730	0.178	0.098	0.729
与同姓村民是否经常来往	0.220	0.567	0.085	0.540	0.106	0.046	0.681
与同小组村民是否经常来往	0.190	0.764	0.017	0.328	0.074	0.023	0.733
与同自然村村民是否经常来往	0.218	0.844	0.025	0.190	0.058	0.025	0.801
与同行政村村民是否经常来往	0.154	0.854	0.018	0.008	0.047	0.002	0.756
与村干部是否经常来往	0.176	0.450	−0.020	−0.047	0.319	0.465	0.553
是否信任亲戚	0.672	−0.175	0.060	0.419	0.139	0.126	0.696
是否信任本家族成员	0.754	−0.059	0.045	0.437	0.136	0.078	0.790
是否信任同姓村民	0.847	0.141	0.054	0.257	0.049	−0.022	0.809
是否信任同小组村民	0.865	0.255	0.030	0.085	0.088	−0.060	0.834
是否信任同一自然村的村民	0.872	0.323	−0.001	0.036	0.088	−0.041	0.876
是否信任同一行政村的村民	0.813	0.378	−0.001	−0.101	0.070	−0.038	0.820

社会资本与中国农村居民的地域性自主参与

续表 3

项 目	信任因子	社会交往因子	社区安全因子	亲属联系因子	社区认同因子	社团互助因子	共 量
是否信任村干部	0.581	0.198	0.045	-0.142	0.271	0.351	0.596
邻村的姑娘是否愿意嫁到本村	0.055	0.025	0.143	0.077	0.565	-0.086	0.357
在本村生活是否有安全感	0.076	0.152	0.034	0.158	0.622	0.027	0.443
是否因作为本村的村民而感到光荣	0.134	-0.023	0.038	0.066	0.698	0.140	0.530
本村的社会风气如何	0.094	0.075	0.282	0.087	0.644	0.014	0.516
是否经常发生庄稼被盗的事件	0.020	0.047	0.803	0.023	0.119	0.002	0.661
是否经常发生家里东西被盗的事件	0.033	-0.036	0.826	0.048	0.166	0.091	0.724
邻居之间是否经常吵架	0.051	0.046	0.776	0.091	0.140	0.001	0.635
是否为公益事业捐款和义务帮工	-0.092	0.022	0.235	0.078	-0.077	0.651	0.500
参与各种组织和社团总数	0.060	-0.021	-0.102	0.096	0.050	0.666	0.469
特征值	4.536	3.132	2.132	2.083	2.013	1.291	15.187
解释方差	19.72%	13.62%	9.27%	9.51%	8.75%	5.61%	66.04%

两个因子。第一个因子我们称之为"竞选承诺因子",因为它包括"答应当选后为村民办实事"、"答应当选后少收甚至不收提留"、"答应当选后调查前任村干部的腐败问题"、"答应当选后带领大家致富"以及"答应当选后用自己的钱为大家谋福利"这几个项目,这些手段主要表现为候选人通过承诺当选后做一些事来争取选票;另一个因子叫做"关系拉票因子",包括"走家串户争取支持"、"请村民吃饭以联络感情"、"请族长帮忙争取选票"以及"动员亲戚朋友帮忙争取选票",这些手段主要是通过感情联系和关系来争取选票。

表4 选举竞争激烈程度的因子分析

项 目	竞选承诺因子	关系拉票因子	共 量
走家串户争取支持	0.067	0.830	0.693
请村民吃饭以联络感情	0.068	0.763	0.587
请族长帮忙争取选票	0.202	0.816	0.707
动员亲戚朋友帮忙争取选票	0.210	0.812	0.703
答应当选后为村民办实事	0.699	0.219	0.537
答应当选后少收甚至不收提留	0.746	0.151	0.580
答应当选后调查前任村干部的腐败问题	0.788	0.045	0.624
答应当选后带领大家致富	0.791	0.102	0.636
答应当选后用自己的钱为大家谋福利	0.678	0.104	0.471
特征值	2.847	2.690	5.538
解释方差	31.636%	29.890%	61.526%

我们再来看一看测量村委会选举的指标。以往的研究表明,选举是否规范与村民参与选举的程度有很大的关系(胡荣,2001)。我们认为选举是否符合选举规范应该是一个综合的指标,包括候选人如何提名、正式候选人如何产生以及选举投票的程序等。为此,我们用表5所列的15个项目来测量选举的规范性。在表5中,关于候选人如何提名的项目包括:①村民直接提名候选人(包括

表 5 在最近一次选举中采用下列措施的村庄数和比例

单位：个，%

项 目	村庄数	比 例
①村民直接提名候选人（+）	22	55.0
②村党支部提名候选人（-）	5	12.5
③乡镇选举指导小组提名候选人（-）	11	27.5
④上届村委会提名候选人（-）	8	20.0
⑤村民代表提名候选人（+）	12	30.0
⑥村民自荐成为候选人（+）	2	5.0
⑦正式候选人由村民投票产生（+）	19	47.5
⑧正式候选人由村党支部决定（-）	2	5.0
⑨正式候选人由乡镇选举指导小组决定（-）	5	12.5
⑩正式候选人由村民代表投票决定（+）	5	12.5
⑪实行差额选举（+）	40	100
⑫开选举大会由全体选民投票（+）	40	100
⑬仍使用流动票箱（-）	15	37.5
⑭设立固定投票站（+）	23	57.5
⑮设立秘密划票间（+）	20	50.0

单独提名和联合提名）；②村党支部提名候选人；③乡镇选举指导小组提名候选人；④上届村委会提名候选人；⑤村民代表提名候选人；⑥村民自荐成为候选人。在这 6 个项目中，①、⑤和⑥都是正向的，越多被访者对这些项目的回答是肯定的，表明选举提名的基础越广泛，不是由上级在小圈子中圈定候选人；②、③、④则是负向的，越多被访者对这些项目的回答是肯定的，则表明提名的程序越不民主，是由少数上级领导在小圈子里圈定候选人。由选民直接提名的候选人叫初步候选人。初步候选人如何成为正式候选人的过程也是十分关键的（Elklit，1997；Thurston，1998；Pastor and Tan，2000；O'Brien and Li，2000）。根据福建省民政厅的规定，在 1994 年以前的村委会选举中，正式候选人是通过一个叫做"酝酿协商"的过程产生的，即由村选举领导小组在征求村

民和乡镇领导的意见的基础上确定正式候选人（福建省民政厅，1994）。这种酝酿协商的结果往往是由村党支部或乡镇领导决定正式候选人，并没有一种制度上的保证能够使村民的意愿在确定正式候选人的过程中得以体现。从 1997 年开始，福建省民政厅规定正式候选人应由村民代表或选民预选产生，即由村民代表或选民投票决定正式候选人，通过制度保证村民的意愿能够得到体现。那么，在实际的选举过程中这种制度性的规定是否得到实施了呢？在调查中，我们向被访者询问这样的问题：⑦正式候选人是否由村民投票产生；⑧正式候选人是否由村党支部决定；⑨正式候选人是否由乡镇选举指导小组决定；⑩正式候选人是否由村民代表投票决定。如果被访者对⑦、⑩的回答是肯定的话，表明正式候选人的确定过程是能够体现选民意愿的；如果被访者对⑧、⑨的回答是肯定的话，表明省民政厅的规定没有得到实施，村民的意愿不能得到体现。最后 5 个项目是关于投票选举方式的：⑪是否实行差额选举；⑫是否开选举大会由全体选民投票；⑬是否仍使用流动票箱；⑭是否设立固定投票站；⑮是否设立秘密划票间。为提高选民的投票率，在福建省的许多地方过去都使用过流动票箱，由选举工作人员携带票箱上门让选民投票（胡荣，2001）。流动票箱在实行过程中存在许多问题，选民投票缺乏匿名性，容易出现舞弊行为，因此福建省民政厅从 1997 年开始强调在选举过程不要使用流动票箱，而应设立固定投票站和秘密划票间。因此，除了把是否实行差额选举、是否开选举大会由全体选民投票作为选举是否规范的指标外，我们还把是否仍使用流动票箱、是否设立固定投票站以及是否设立秘密划票间作为选举是否规范的指标。不过，对于本项研究来说，更为重要的是获得关于村一级的资料。获得村级选举方面的资料的一种方法是查阅民政部门的统计资料。由于正式统计数字可能掺杂一些水分，我们在这里运用个人的访谈资料进行推测。由于被访者对选举的知识有限和参与选举的程度不同，同一个村庄的选民对相同问题的回答可能是不同的。那么，如何把村民个人的回答变成村一级的指标呢？在这里，我们使用多数原则来确定村一级的指标。每一个项目都有"是"、"否"和"不知道"三项回答。在每个村庄中我们调查的被访者人数在20~25人。当每个村庄的被访者在特定项目上回答"是"的人数超过"否"的人数时，我们确定这个村庄采用这个项目的选举措施。经过推算，不同村庄在这15个项目上的频数分布情况见表5。由于我们把这15个项目的问题分为正向问题和负向问题，对于正向问题给予肯定回答的得1分，否则得0分；对于负向问题给予肯定回答的得-1分，否则得0分。每个村庄在这15个项目上的得分加在一起就是该村在选举规范性方面的总得分。

三 研究发现

以村民在村委会选举中的参与程度作为因变量，以性别、年龄、年龄的平方、受教育年限、是否党员、是否当过村组干部、村庄离县城的距离构成社会资本的6个因子（即信任因子、社会交往因子、社区安全因子、亲属联系因子、社区认同因子和社团互助因子）、选举规范实施程度以及反映选举竞争激烈程度的两个因子（竞选承诺因子和关系拉票因子）作为自变量进行回归分析。为了便于分析，我们将因变量——村民在选举中的参与程度转换为1~100之间的指数。[①] 在上述自变量中，性别、是否党员和是否当过村组干部三个变量为虚拟变量。分析结果见表6。

我们先看性别、年龄、受教育年限以及个人的政治面貌和是否当过村组干部等因素对村民在选举中政治参与的影响。从回归分析的结果可以看出，性别对村民在选举中的参与程度有显著影响，男性的参与程度远远高于女性，即男性的参与程度要比女性高3.374分，在村民的平均参与度只有6.6分的情况下这一差异是相当大的。

---

① 转换公式是：转换后的因子值 =（因子值 + B）· A。其中，A = 99/（因子最大值 - 因子最小值），B =（1/A）- 因子最小值。B 的公式亦为，B = [（因子最大值 - 因子最小值）/99] - 因子最小值（参见边燕杰、李煜，2000）。

表6 影响村民在村级选举中参与程度的因素（回归分析）

预测变量	回归系数	标准回归系	显著性水平
性别[a]	3.374	0.128	0.001
年龄	0.364	0.388	0.055
年龄的平方	-0.004	-0.424	0.031
受教育年限	0.033	0.010	0.829
是否党员[b]	3.580	0.097	0.011
是否当过村组干部[c]	4.061	0.113	0.002
村庄离县城的距离	-0.130	-0.128	0.000
选举规范实施程度	1.419	0.154	0.000
社会资本：			
信任因子	-0.636	-0.048	0.173
社会交往因子	0.230	0.017	0.627
社区安全因子	0.261	0.020	0.578
亲属联系因子	-0.362	-0.027	0.446
社区认同因子	1.274	0.097	0.007
社团互助因子	1.513	0.117	0.001
竞选激烈程度：			
竞选承诺因子	1.954	0.151	0.000
关系拉票因子	-0.573	-0.044	0.230
Constant	-7.194		0.148
N	698		
Adjusted R^2	17.2%		
F	10.072		0.000

a. 参考类别为"女性"；b. 参考类别为"非党员"；c. 参考类别为"未当过村组干部"。

跨国的比较研究表明，在发达国家，男女两性的政治参与差异不大，而发展中国家的差异较大（Nie, Verba, and Kim, 1974），一个国家内部的比较研究也表明经济发达地区男女两性在政治参与方面的差异小于经济发展落后的地区（Goel, 1975）。史天健对北京城市社区的研究表明，男女市民在投票参与选举方面虽然都受年龄的较大影响，但二者的参与率相差不大（Shi，1997：170）。北京是中国的政治和文化中心，居民素质较高，因此男女两性的政治参与差别不大。但中国农村则属于经济发展落后地区，居民文化素质较低，在政治参与方面男女两性相差较大。

另一方面，年龄对村民在选举中参与程度的影响呈倒 U 形。有关年龄与政治参与的关系，国外学者已经做过许多研究。正如米尔布拉斯（Milbrath，1965：134）所指出的，"参与随着年龄的增长而提高，在 40 和 50 岁达到顶峰并稳定一段时间，然后在 60 岁以后逐渐下降"。其他一些研究者也指出政治参与程度随着年龄的增长而提高，在中年达到顶峰，而后随着年龄的增长逐步下降（Milbrath and Goel，1977；Verba，Nie，and Kim，1978）。史天健对北京的调查也发现市民的投票率与年龄的关系呈倒 U 形，45～53 岁被访者的投票率最高（Shi，1997：168）。我们的研究结果与国外学者的发现是一致的，年龄对政治参与的影响呈倒 U 形，即随着年龄的增长村民参与选举的程度有所提高，在达到一定高度后又随着年龄的增长而下降。我们通过不同年龄组村民参与选举的平均值比较可以发现，30 岁以下年龄组村民的选举参与程度较低，参与的平均值为 5.07 分，而后随着年龄的增长而提升，31～40 岁年龄组为 6.33 分，而 41～50 岁年龄组达到最高，为 8.93 分，随着年龄的进一步增长村民的参与程度开始逐步下降，61～70 岁年龄组和 71 岁及以上年龄组的选举参与程度均低于 30 岁以下年龄组，分别为 3.87 分和 3.41 分，这一结果与相关的研究结果是一致的。为什么生命周期对政治参与会产生如此重大的影响呢？我们认为这主要与生命周期相关联的精力有关。虽然生命周期也与个人的社会经济地位相关，但在回归分析中，在加入个人政治面貌和是否村组干部等方面的控制变量后，年龄依然对村民在选举中的参与程度有显著影响。

我们再来看一看受教育程度与政治参与的关系。一些学者对西方民主社会的一些研究表明（Campbell, Converse, Miller, & Stokes, 1960; Verba, Nie and Kim, 1978），受教育程度与投票参与率之间具有正相关关系，即受教育程度越高参与的程度也较高，而另几位学者对苏东社会主义国家的研究则发现受教育程度与政治参与呈负相关（Bahry and Silver, 1990）。因为在选举沦为纯粹的形式的情况下，选民无法对候选人进行选择，受教育程度越高者越可能以不参与的方式表达不满。但是，近年来的许多研究都表明，村级选举是一种在一定程度内有选择的选举（胡荣，2001）。如果仅从受教育程度这一因素对被访者参与选举的程度的影响来看，不同受教育程度的被访者的参与平均值有明显的不同：受教育程度较高者参与程度也较高，未上过学者的参与程度为4.32分，受教育年限为1~3年者为6.59分，受教育年限为4~6年者为6.83分，受教育年限为7~9年者为6.91分，受教育年限为10~12年者的参与程度最高，为9.19分。不过，受教育年限在13年及以上者的参与程度又有所下降，为5.82分。这一结果与史天健对北京地区的研究有许多相似之处（Shi, 1997: 145-146）。史天健的研究表明，北京市民的投票参与率随着受教育程度的提高而不断提高，但对于受教育年限达到18年及以上的被访者来说，他们参与选举的程度却是最低的。在本项研究中，受教育年限为13年及以上这一组参与选举的程度虽然不是最低的，但却大大低于受教育年限为10~12年组。为什么会出现这种情况呢？在计划经济体制下，农民的孩子考上大学以后，他们的户口就会转为非农业户口，他们的工作也由国家统一安排。近年来，由于国家不再分配工作，一些在城里找不到工作的大学生也回到农村去自谋职业。但通常情况下，农村比较难以找到适合他们发展的职业，因此他们待在农村往往只是一种权宜之计，一有机会他们还是想到城里找工作。这种情况就使得他们的受教育程度虽然最高，但对村里公共事务的关心和参与程度却不如初中或高中毕业生。不过，在回归分析中，在加入其他控制变量之后，受教育年限对因变量的影响不具有统计显著性。虽然单因素分析表明，受教育程度的提高从总体上能够增进村民参与选举的程度，但多因素回归分析却表明，受教育程度对参与选举的程度的影响没有统计显著性，这表明，在控制其他变量的情况下，受教育程度本身不对村一级选举中村民的参与程度有显著影响。如果说在更高层次的政治参与需要具备相应的受教育程度的话，那么，在行政村这一基层社区里，受教育程度便不是十分重要了。因为不管是文盲还是大学毕业生，他们都一样能够知道谁是否有能力管理村里的事务，谁办事更公正，谁更能代表自己的利益。

回归分析还表明，被访者是否党员和是否担任村组干部这两个变量对他们在村级选举中的参与程度有很大的影响，二者对因变量的影响不仅具有统计上的显著性，而且回归系数也比较大。是否党员对因变量影响的非标准回归系数为 3.580，表明共产党员比一般村民的参与程度高 3.580 分；而担任村组干部者比一般村民的参与程度更高出 4.061 分。

那么，社会资本的诸因子对村民在选举中的参与程度又有什么样的影响呢？

第一，社区认同感越强，村民的参与程度越高。在构成社会资本的 6 个因子中，只有社区认同因子和社团互助因子对村民在选举中的参与程度的影响具有统计显著性。社区认同因子对因变量影响的标准回归系数为 0.097，而且具有统计显著性，这表明村民的社区认同感越强，他们越是关心集体和村庄的公共事务，越可能较多地参与到选举中来。

第二，参与的社团越多，村民在选举中的参与程度也越高。社团互助因子对因变量的影响具有统计显著性，其标准回归系数为 0.117。如前所述，虽然在现阶段中国农村居民参与的社团数量还十分有限，只有 36% 的被访者参与社团，平均每个村民参与的社团数量只有 0.54 个，但回归分析却清楚地表明，村民参与的社团越多，他们越有可能参与村委会的选举。

第三，信任因子和社会交往因子对因变量的影响不具有统计显著性。在社会资本的 6 个因子中，除了上述的社区认同因子和社团互助因子对因变量的影响具有统计显著性外，其他4个因子对因变量的影响都不具有统计显著性。尤其值得注意的是，信任因子和社会交往因子对村民政治参与的影响不具有统计显著性。在帕特南看来，社区成员之间的横向交往促进了人际信任的建立，因而使得人们之间更容易形成合作关系。为什么信任因子和社会交往因子对村民在选举中的参与程度不具有显著影响，这有待于进一步的研究加以探讨。

另外，作为控制变量的选举竞争激烈程度和选举规范实施程度对因变量也有很大的影响。在测量村级选举竞争激烈程度的两个变量中，竞选承诺因子不仅对因变量的影响具有统计上的显著性，而且标准回归系数也高达0.151。但是，关系拉票因子对因变量的影响不具有统计显著性。以往的一些观察发现，选举竞争越是激烈，特别是候选人双方势均力敌的时候，双方都会采用各种方法争取选票，从而使更多的村民参与到选举中来（胡荣，2001）。但是，究竟是哪些手段更能促使村民积极地参与村级选举呢？以往的研究没有回答这个问题。在本项研究中，我们通过因子分析把村级选举中候选人经常使用的9种手段分成两个因子：第一个因子包括争取选票的5种手段，即候选人在竞选中答应当选后为村民办实事、少收甚至不收提留、调查前任村干部的腐败问题、带领大家致富以及用自己的钱为大家谋福利；第二个因子涵盖争取选票的另外4种手段，即通过走家串户以争取支持、请村民吃饭以联络感情、请族长帮忙争取选票以及动员亲戚朋友帮忙争取选票。如果前一个因子的5种手段有利于村级选举健康发展的话，那么后一个因子的4种手段中相当一部分手段是不具有正当性和不利于选举健康发展的。从回归分析的结果来看，能够提升村民政治参与程度的是积极的竞选手段。

选举规范实施的程度也对因变量有重大影响。我们用15个指标测量村级选举的规范程度。回归分析表明，选举越是规范，村民参与选举的程度也越高。另外，村庄离县城的距离远近也对村民参与选举的程度有重要影响，村庄离县城越远，村民参与选举的程度越高。

四　讨论与结论

如果说改革开放以前中国民众的政治参与和苏联以及其他社会主义阵营国家的政治参与有许多类似之处的话，那么20世纪80年代以来的经济和政治变革使得中国农村的政治参与，尤其是基层的政治参与发生了很大的变化。自20世纪80年代末期中国农村实行村民自治以来，中国农村居民的政治参与情况有很大的改变。在这里，我们不妨把村民在村级选举中的这种参与叫做地域性自主参与，它既不同于过去的那种动员式参与，也与西方社会的政治参与有很大的不同。一方面，这种参与是一种自主式的参与，因为村级选举在很大程度上不同于过去那些流于形式的选举，村民能够通过村级选举表达他们的利益，村民是否参与选举完全是自身利益衡量的结果。相关的研究结果表明，为了能够在下一次的选举中再次连任，对于当选的村干部来说，最重要的是处理好与选民的关系，他们既要通过办一些实事（如建学校、修路等）来获得选民的信任，但在办实事的过程中又不能损及村民的利益（胡荣，2002）。在本项研究中，有多达25.5%的被访者认为在竞选期间候选人有通过"答应当选后为村民办实事"来争取选票，有24.1%的被访者认为有候选人通过"答应当选后带领大家致富"来争取选票，还有的候选人"答应当选后调查前任村干部的腐败问题"，有的候选人"答应当选后少收甚至不收提留"，有的候选人甚至"答应当选后用自己的钱为大家谋福利"。正是这种选举制度的确立，使得村民可以通过定期的选举向村干部表达他们对于本行政村范围内一些重大事务的选择偏好。因此在中国农村，村一级的选举已经成为村民参与基层政治的重要途径。正因为有了这一参与途径，才从根本上改变了中国农村居民政治参与的性质，即从原来计划经济时期的动员式参与变为现在的自主式参与。在计划经济时期，城乡居民虽然广泛地参与各种政治活动，但普通老百姓并不能通过这种参与表达自己的利益,而是被执政者作为宣传政策和实施政策的手段(Burns,1988;周晓虹,2000)。而村级选举中村民的参与却是一种自主式的参与,它是在农村经济体制改革以后随着村民自治制度的实施和农民自主性的提高而出现的。作为自主式的参与,农民通过参与选举表达自身的利益。因此,参与与否和参与程度完全是他们基于自身利益的考虑而做出的选择,而不是由于来自上级的政治压力。像参与其他政治活动一样,参与村级选举需要村民在时间和精力方面的付出,因此作为理性的行动者,村民只有在参与得到的回报大于参与成本的情况下才会积极参与选举。这也就是为什么在上述回归方程中"选举规范实施程度"这一变量会对村民参与选举的程度有重大影响的原因。"选举规范实施程度"这一变量综合了问卷中的15个项目,从初步候选人的提名到正式候选人的确定以及选举投票等内容。从村民自治制度开始实施以来,村委会选举的制度就在不断完善的过程中。以福建省为例,从1997年开始,就把确定正式候选人的方法由原来的"酝酿协商"改为由村民代表投票预选。如果在一开始选举制度不太完善的情况下村民参与选举的程度十分有限的话,那么在选举制度得到较好的实施以后,村民就会更为积极地参与村级选举。因为在选举制度尚不完善的情况下,选举可能会被操纵,"组织意图"可以更好地得到体现,而村民选票的分量则要大打折扣;而在选举制度得到落实的情况下,真正决定选举结果的是村民手中的选票,因此村民参与选举的效能感得到很大的提升,他们更愿意参与选举。在西方民主制度下,决定每一张选票对选举结果影响大小的因素是参与投票的选民的多少。如果参与投票的选民越多,每一张选票对选举结果的影响就越小,很小的投票成本都会超过投票的价值;相反,如果参与投票的选民越少,每一张选票对选举结果的影响就越大,投票的价值大于投票的成本(Downs,1957:267)。在村委会选举中,决定每一张选票价值大小的更为重要的因素是选举是不是真正的选举。如果选举是被操纵的或是流于形式的,那么选票是不重要的，选票对选举结果的影响微乎其微。而随着选举程序的改进和选举规范得到实施之后，每一张选票对选举结果的影响增大了，投票的价值超过了投票的成本，村民参与投票的积极性也就相应地提高了。

但是，这种参与又是地域性的，它与一个由几百人到数千人组成的行政村相联系。农村居民不仅生活和生产都在同一个区域，而且社区简陋的服务设施也主要是依靠村民自己的力量提供的，这使得农村社区（即村民生活的村落）对农民的重要性要远远高于城市社区对城市居民的重要性。正因为如此，在社会资本的诸因素中，村民对社区的认同对他们参与选举的程度才起着如此重要的作用。那些对社区认同感强的村民往往更能够积极地参与到选举中来。与这种基层政治参与的空间狭隘性相联系，受教育程度对村民参与选举的程度并无多大影响。因为在一个只有数百人或几千人的小社区里，参与公共事务并不需要接受太多的教育。

参与的地域性的另一层含义是中国农村居民目前的这种自主式政治参与仅限于行政村这一基层社区，在更广的范围内，比如乡一级、县一级或是省一级，农民政治参与的渠道还是十分缺乏，农民仍然无法通过有效的渠道表达自己的利益。正因为如此，对于更高层次的政治参与，农民只好诉诸上访、群体抗争等方式（参见 Li and O'Brien, 1996；萧唐镖，2003；于建嵘，2003；陈桂棣、春桃，2004）。从 20 世纪 80 年代开始的改革是从农村开始的，而后延伸到城市。但中国的政治体制改革在整体上仍滞后于经济体制改革。从 80 年代开始的村级选举已经实施了近 20 年，但目前这种选举也还仅限于行政村一级。要使中国农村居民（同时也包括城市居民）能够有更多的渠道表达自己的利益，让各个层次的选举都成为他们利益表达的手段，使更广范围的政治参与都能成为自主式参与，中国仍有很长的路要走。

参考文献

边燕杰、李煜,2000,《中国城市家庭的社会网络资本》,《清华社会学评论》第 2 期。

陈桂棣、春桃,2004,《中国农民调查》,人民文学出版社。

福建省民政厅,1994,《村委会选举工作指南》,福建教育出版社。

福山,2001,《信任:社会美德与创造经济繁荣》,彭志华译,海南出版社。

郭正林,2003,《当代中国农民政治参与的程度、动机及社会效应》,《社会学研究》第 3 期。

胡荣,2001,《理性选择与制度实施:中国农村村民委员会选举的个案研究》,远东出版社。

胡荣,2002,《竞争性选举对村干部行为的影响》,《厦门大学学报》第 3 期。

加布里埃尔·阿尔蒙德、西德尼·维伯,1989,《公民文化》,徐湘林等译,华夏出版社。

李伟民、梁玉成,2002,《特殊信任与普遍信任:中国人的信任结构与特征》,《社会学研究》第 3 期。

诺曼·尼、西德尼·伏巴,1996,《政治参与》,载格林斯坦、波尔比编《政治学手册》(下册),竺乾威等译,商务印书馆。

帕特南,2001,《使民主运转起来》,王列、赖海榕译,江西人民出版社。

托克维尔,1988,《论美国的民主》,董果良译,商务印书馆。

韦伯,1995,《儒教与道教》,王容芹译,商务印书馆。

萧唐镖,2003,《二十年来大陆农村的政治稳定状况——以农民行动的变化为视角》,《二十一世纪》第 2 期。

阎云翔,2000,《礼物的流动》,李放春、刘瑜译,上海人民出版社。

于建嵘,2003,《农民有组织抗争及其政治风险》,《战略与管理》第 3 期。

周晓虹,2000,《中国农民的政治参与:毛泽东和后毛泽东时代的比较》,《香港社会科学学报》第 17 卷(秋季)。

Bahry, Donna and Brian Silver. 1990. "Soviet Citizen Participation on the Eve of Democratization." *American Political Science Review* 84 (3): 822 – 847.

Barayan, Deepa and Michael F. Cassidy. 2001. "A Dimensional Approach to Measuring Social Capital: Development and Validation of a Social Capital Inventory." *Current Sociology* 49 (2): 59 – 102.

Bialer, Seweryn. 1980. *Stalin's Successors: Leadership, Stability, and Change in the Soviet Union*. New York: Cambridge University Press.

Bian, Yanjie. 1997. "Bring Strong Ties Back In: Indirect Ties, Network Bridges, and Job Searches in China." *American Sociological Review* 62: 266 – 285.

Burns, John. 1988. *Political Participation in Rural China*. Berkeley: University of California Press.

Campbell, Angus, Philip E. Converse, Warren E. Miller, & Donald E. Stokes. 1960. *The American Voter*. New Yrok: John Wiley and Sons.

Coleman, James. 1988. "Social Capital in the Creation of Human Capital." *American Journal of Sociology* 94: S95 – S121.

Downs, Anthony. 1957. *An Economic Theory of Democracy*. New York: Harper Collins Publishers.

Elklit, Jorgen. 1997. "The Chinese Village Committee Electoral System." *China Information* 11 (4): 1 – 13.

Falkenheim, Victor C. (ed.) 1984. *Citizens and Groups in Contemporary China*. Ann Arbor: University of Michigan Center for Chinese Studies.

Friedrich, Carl J., Michael Curtis, and Benjamin R. Barber. 1969. *Totalitarianism in Perspective: Three Views*. New York: Praeger.

Friedrich, Carl J. and Zbigmiew Brezezinski. 1956. *Totalitarian Dictatorship and Autocracy*. Cambridge, Mass.: Harvard University Press.

Goel, Lal M. 1975. *Political Participation in Developing Nation: India*. New York: Asia Publishing House.

Goodman, David S. G. (ed.) 1981. *Groups in the People's Republic of China*. Armonk, N. Y.: M. E. Sharpe.

Gordon H. Skilling and Franklyn Griffiths (eds.). 1971. *Interest Groups in Soviet Politics*. Princeton: Princeton University Press.

Inkles, Alex and Raymond A. Bauer. 1959. *The Soviet Citizen: Daily Life in a Totalitarian Society*. Cambridge, Mass.: Harvard University Press.

LaPalombara, Joseph. 1975. "Monoliths or Plural Systems: Through Conceptual Lenses Darkly." *Studies of Comparative Communism* 8 (3): 305 – 322.

LaPalombara, Joseph. 1978. "Political Participation in Political Science and Communist Studies: Conceptualizing Political Participation." In Sidney Verba and Lucian W. Pye (eds.), *The Citizen and Politics: A Comparative Perspective*. Stanford, Conn.: Greylock Publishers.

Li, Lianjiang and Kevin J. O'Brien. 1996. "Villagers and Popular Resistance in Contemporary China." *Modern China*, Vol. 22.

Liu, Alan P. L. 1976. *Political Culture and Group Conflict in Communist China*. Santa Barbara, Calif.: Clio Books.

Lochner, Kimberly, Ichiro Kawchi, and Bruce P. Kennedy. 1999. "Social Capital: A Guide to Its Measurement." *Health and Place* 5: 259 – 270.

Milbrath, W. Lester. 1965. *Political Participation: How and Why Do People Get Involved in Politics*. Chicago: Rand McNally.

Milbrath, W. Lester and Lal M. Goel. 1977. *Political Participation: How and Why People Get Involved in Politics?* Chicago: Rand McNally.

Nie, H. Norma, Sidney Verba, and Jae-on Kim. 1974. "Political Participation and Life Cycle." *Comparative Politics* 6 (3): 319 – 340.

O'Brien, Kevin J. and Lianjiang Li. 2000. "Accommodating 'Democracy' in a One-Party State: Introducing Village Elections in China." *China Quarterly* 162: 465 – 489.

Onyx, Jenny and Paul Bullen. 2000. "Measuring Social Capital in Five Communities." *Journal of Applied Behavioral Science* 36: 23 – 25.

Pastor, Robert A. and Qingshan Tan. 2000. "The Meaning of China's Village Elections." *China Quarterly* 162.

Portes, A. 1998. "Social Capital: Its Origins and Applications in Modern Sociology." *Annual Review of Sociology* 24: 1 – 24.

Putnam, Robert. 1993. *Making Democracy Work*. Princeton University Press.

Sharlet, Robert S. 1969. "Concept Formation in Political Science and Communist Studies: Conceptualizing Political Participation." In Frederic J. Fleron, Jr. (ed.), *Communist Studies and Social Science: Essays on Methodology and Empirical Theory*. Chicago: Rand McNally.

Shi, Tianjian. 1997. *Political Participation in Beijing*. Cambridge: Harvard University Press.

Skilling, Gordon H. & Franklyn Griffiths (eds.) . 1971. *Interest Groups in Soviet Politics.* Princeton University Press.

Taylor, M. 1982. *Community, Anarchy and Liberty.* Cambridge University Press.

Thurston, Anne F. 1998. "Muddling Toward Democracy: Political Change in Grassroots China." *Peaceworks*, No. 23, United States Institute of Peace.

Townsend, R. James. 1969. *Political Participation in Communist China.* Berkeley: University of California Press.

Verba, Sidney, Norman H. Nie, and Jae-on Kim. 1971. *The Modes of Democratic Participation: A Cross-National Comparison.* Berkeley Hills, Calif. : Sage Publication.

Verba, Sidney, Norman H. Nie, and Jae-on Kim. 1978. *Participation and Political Equality: A Seven Nation Comparison.* Chicago: University of Chicago Press.

Woolcock, M. 1998. "Social Capital and Economic Development: Toward a Theoretical Synthesis and Policy Framework." *Theory and Society* 27: 151 – 208.

第四部分

社会资本与城市居民的政治参与

社会经济地位与网络资源[*]

　　社会网络理论是在对传统社会结构理论的补充和修正的基础上提出来的。社会网络理论强调社会关系的重要性，但没有否定社会地位的作用。尽管西方一些学者在他们的研究中都或多或少地谈到社会经济地位对网络资源的影响，但多年来西方和中国学者的一些研究都把重点放在弱关系与强关系在人们求职过程中的作用上，较少研究社会经济地位如何影响一个人的关系资源。本文依据1999年在厦门市进行就业调查所获取的资料，试图较为全面地以性别、年龄、收入、单位所有制、单位主管部门、受教育程度、个人政治面貌等个人的社会经济地位指标作为自变量进行分析，看这些因素是如何影响个人的网络资源的。

一　理论背景

　　自帕森斯以来，人们力图从社会结构的角度解释人的社会行为。这种地位结构观使我们看到，人都具有某些属性，人是按其属性而分类的，人的社会行为就是用其所属的类别来解释的。社会网络理论是在反对传统的地位结构观的片面性的基础上发展起来的。社会网络理论强调关系的重要性，把人与人、组织与组织之间的纽带关系看作是一种社会结构，分析这些纽带关系对人、

---

[*] 本文发表于《社会学研究》2003年第5期。

组织的影响。必须指出的是，社会网络理论虽然强调社会纽带关系的重要性，但它并没有否定地位因素的作用（参见边燕杰，1999）。

林南的社会资源理论是社会网络理论中较具代表性的一种观点。根据林南（Lin，1982）的社会资源理论，资源可以分为两种：一种是个人拥有的资源，另一种是社会资源。资源是被社会认为有价值的而且能够促进个人福利的东西，它既包括诸如性别、种族、年龄等先赋性因素，也包括诸如声望、权力等成就性因素。林南把那些"嵌入"于个人社会网络之中的资源叫做社会资源（Lin，1982：132）。社会资源不是个人拥有的东西，而是个人通过其直接或间接的社会联系而从他人那里获取的资源（参见 Lin，1982；Lin，Vaughn，& Ensel，1981；Lin，2001）。社会成员因其拥有资源的多少及其重要性的不同而被分为不同的等级和层次。在这种根据成员拥有资源的多少而排列的结构中，地位越高，占据这些地位的人数越少；地位越高，可供支配的资源也越多。位高权重者所能够支配的资源不仅包括其自身拥有的那些资源，也包括通过社会关系从他人那里获取的资源。因此，根据社会资源理论，在个人的地位与其对其他位置较低者的影响力之间具有直接的关系。个人的地位越高，对其他位置较低者的影响力也越大，也拥有更多的渠道获得关于资源分布的信息，更有可能利用其他人的资源实现自己的工具性目标。尽管关于地位与社会关系的联系、个人资源与社会资源之间的关系是社会资源理论的一个重要内容，但是林南以及其他人所进行的实证研究都把重点放在关系人的地位如何影响求职者的地位获得上，强调关系人的地位如何使求职者获得较多的帮助，而较少关注个人的地位与其社会资源之间的关系（参见 Lin，1982，1999，2001）。格兰诺维特作为社会网络理论的另一位重要代表人物更是通过提出"弱关系假设"研究关系本身是如何使求职者获得较好的工作的（Granovetter，1973）。他在波士顿郊区的一项调查显示：被访者中57%的人在最近一次职业变动中是通过亲属和社会关系了解职业信息的，而不是通过所谓的正式市场渠道。由于弱关系是在群体之间发生的，是联系不相似个体之间的纽带，因此弱关系作为沟通不同群体的信息桥在求职过程中起着更大的作用。格兰诺维特的"弱关系假设"引发了市场经济中职业获得过程领域富有成效的研究，不少学者对其"弱关系假设"进行了理论上的扩展与修正（如 Coleman，1988；Burt，1992）。而边燕杰在中国的研究却表明，在计划经济体制下强关系对于求职者更为重要：中间人与求职者的关系越熟，最终帮助者的资源背景越高，对求职者的工作安排也就越有利（Bian，1997）。

尽管目前有关社会网络的研究更多地把注意力放在关系人的地位如何使行动者成功地实现工具性目标上，但也有一些研究涉及社会经济地位与网络资源之间的关系。在英文文献中，有关受教育程度、职业声望、收入等因素与社会网络的关系方面，有坎贝尔等人（Campbell, Marsden, and Hurlbert, 1986）的文章。坎贝尔等人从网络的范围和构成两个方面测量社会资源，他们的研究表明，个人的受教育程度、家庭收入以及职业声望与个人的社会资源呈正相关。在性别与社会网络的关系方面，菲希尔等人的研究表明，女性和男性具有规模相当的网络（Fisher, 1982; Marsden, 1987）。不过，这些人的研究也发现，男性和女性的网络构成有很大的差异：女性与非亲属的联系较少，而与亲属的联系较多；而男性的网络中同事占相当大的比例（Fisher and Oliver, 1983; Wellman, 1985; Marsden, 1987）。这些研究表明，女性较少能够运用网络资源达到工具性的目的，而男性则在求职和升迁的过程中受益于广泛而多元的网络资源。穆尔（Moore, 1990）的研究则进一步探讨了造成男女两性个人网络之间差异的一些结构性因素。他发现，在控制了与就业状况、家庭以及年龄相关的变量之后，男女两性个人网络之间的大部分差异消失或减少了，不过女性在交往对象中亲属居多这一点始终没有改变。一些学者还对婚姻以及家庭状况对社会网络构成所产生的影响进行了研究（Fisher, 1982: 253; Wellman, 1985; Gerstel, 1988; Herlbert and

Acock, 1990)。这些研究者认为,家庭中有未成年的孩子显然限制了父母各种关系的建立,尤其是与既非亲属又非邻居的人的联系。已婚者与亲属和邻居的联系较多,而未婚者与非亲属和非邻居的人的联系相对较多。在年龄与网络资源的关系方面,一些研究表明年龄与网络资源也有很大的关联,在人们生命的不同周期社会网络的性质有很大的不同(Antonucci and Akiyama, 1987; Morgan, 1988)。有的研究则发现人们的非亲属网络在30多岁时达到高峰,随后非亲属网络规模减小(Fisher, 1982: 253; Fisher and Oliver, 1983; Marsden, 1987: 128 - 129)。老年人不仅交往的圈子小、相互联系少,而且其交往对象多半限于亲属(Ajouch, Antonucci, and Janevic, 2001)。另外还有一些有关种族与网络资源的研究。早期的研究强调美国黑人内部网络的力量和相互依赖性(如Stack, 1974),而最近对黑人与白人的比较研究表明黑人之间支持交换的脆弱性(参见Hogan, Eggebeen, and Clogg, 1993; Silverstein and Waite, 1993)。与白人比较,黑人的网络规模较小,与网络成员的互动较频繁,而且网络成员中亲属所占的比例较大(Ajouch, Antonucci, and Janevic, 2001)。

在中文文献中,目前主要有边燕杰和李煜(2000)根据他们对上海、天津、武汉、深圳四个城市的调查资料所做的研究,从社会阶层角度分析了不同家庭的网络资源。他们的研究结果表明,经济专业人员、管理人员、行政文秘人员、私营企业主、文化专业人员是具有网络资源优势的社会阶层。而商业服务业人员、产业工人、个体户却没有网络资源优势。另外,台湾学者熊瑞梅(1994,2001)也从性别的角度分析男女两性之间网络资本的差异。

鉴于目前有关社会地位与网络资源研究的现状,特别是中文文献在这方面的不足,本文打算从以下几个方面研究社会地位与网络资源的关系。

第一,把从英文文献中得出的结论与我们的研究结果进行比较。如前所述,英文文献的研究已经发现受教育程度、职业声望、收入与社会网络资源呈正相关,而年龄、婚姻因素则对个人的交往网络产生负面的影响,年龄的增大和婚姻都会减少人们与非亲属的交往。那么,在中国,这些社会经济地位的变量又是如何对社会网络资源的累积产生作用的呢?是与西方社会一样,还是有所不同?

第二,根据中国社会所特有的一些地位标志测量其对社会网络资源的影响。长期计划经济的结果造成中国社会一些不同于市场经济社会的一些特点。例如,中国的户籍管理制度把社会成员分为城市户口和农村户口两个等级,"单位办社会"的结果也使得单位所有制类型以及单位主管部门成为一种重要的地位标志,而党领导一切的政治体制又使得社会成员的政治面貌(是否党员)与个人事业的发展有很大的关联。因此,本文还试图从中国社会特有的一些地位标志,包括户口类型、单位主管部门、单位性质、政治面貌等,来测量其对个人社会网络资源的影响,试图弄清在转型时期这些独特的地位变量是如何影响甚至决定个人网络资源的。

二 研究设计

本文根据1999年10~12月在厦门进行的"就业过程与社会网络"调查所获取的数据进行分析。厦门是改革开放后最早设立的经济特区之一,全市共辖7个区,1999年总人口117万,外来人口36万。厦门市区共有4个行政区,即思明区、开元区、鼓浪屿区和湖里区。市区常住人口为41万,外来人口约13万。本项调查的范围为在厦门市区从事非农工作的就业人口,样本总数为1002人。其中,常住人口的样本为700人,平均每586人抽1人;外来人口的样本数为302人,平均每596人抽1人。抽样分厦门市区常住人口和外来人口两部分进行。厦门市区常住人口按分层随机抽样的方法进行抽样。厦门市区的4个区共有13个街道,先根据每个街道的人口数确定应抽样户/人数,然后从上述4个区的13个街道中随机抽取3~4个居委会(应抽样本数在40户以下的街道一般抽取3个居委会,应抽样本数在40户以上的街道适当增加抽取居委会的数量),共抽取 54 个居委会,最后从每个居委会中随机抽取所需调查的户数(每个居委会抽 10~15 户)。外来人口样本也按随机原则抽取。先根据每个行政区外来人口的数量确定抽样数:思明区 16 人,开元区 76 人,湖里区 210 人。然后从每个区中抽取若干外来人口的聚居点,最后抽取所要调查的对象。样本的构成情况详见表 1。

表 1　样本构成情况

单位:人,%

	样本数	比　例
性别		
男	572	57.1
女	430	42.9
合计	1002	100.0
户口		
本市户口	679	68.3
非本市户口	315	31.7
合计	994	100.0
年龄		
29 岁以下	463	46.3
30~39 岁	216	21.6
40~49 岁	160	16.0
50 岁及以上	162	16.2
合计	1001	100.0
受教育程度		
小学及以下	122	12.2
初中	281	28.2
高中	204	20.5
中专	124	12.4
大专	130	13.1
本科	118	11.8
研究生	17	1.7
合计	996	100.0

本文分析的变量包括两个方面：一是测量社会经济地位的变量，二是测量社会网络资源的变量。测量社会经济地位的变量包括性别、年龄、户口、受教育程度、收入、单位所有制、单位主管部门、政治面貌等。西方学者已经从性别、年龄、受教育程度、收入等方面来测量社会经济地位，并对此做过研究（参见 Campbell, Marsden, and Hurlbert, 1986; Antonucci and Akiyama, 1987; Morgan, 1988）。在中国，由于长期实行计划经济的结果，形成了中国社会一些独特的地位标志。本文第一次较为全面地从这些独特的地位变量来考察其对网络资源的影响，这些地位变量如下所述。

第一，政治面貌。在中国，共产党是执政党，党领导一切。因此，在这种政治制度下，是否党员对个人的地位升迁都有相当大的影响。

第二，户口。在计划经济时代，中国社会的成员被户籍制度分为城市居民和农民两个截然不同的等级（参见林国光，1994）。尽管改革开放以来，城市户口与农村户口的区别已不像过去那么大，农民也可以进城打工，但户口仍是一个重要的身份标志，例如，进城打工的农民不能把户口迁入城市，他们被称为农民工，以区别于具有城市户口的工人。

第三，单位所有制和单位主管部门。计划经济体制下形成的单位制不仅对城市居民的生活造成了很大的影响，而且也使单位所有制成为地位的一种重要标志（参见路风，1989；李路路、李汉林，2000；Bian, 1994; Walder, 1986）。因此，本文把被访者的单位所有制与单位主管部门也作为测量社会资源的重要变量。

在社会网络资源的测量方面，笔者把春节期间相互拜年的人数和对象特征作为测量社会网络资源的指标。春节是中国人最重要的传统节日，在春节期间相互拜年是维持和发展人际关系网络的一种重要方式。边燕杰和李煜（2000）曾用春节拜年网来测量家庭的网络资源，他们请被调查户登录除夕到初五的拜年交往情况。在本项研究中我们也用春节期间相互拜年交往的人数来测量社会网络，但与边燕杰和李煜不同的是，我们不是以家庭为单位测量每户的拜年网，而是以个人为单位测量社会网络的范围和构成。我们在问卷中提出的问题是："今年春节期间以各种方式互相拜年交往的亲属、朋友、相识大概有多少人？"我们从以下四个方面来测量被访者的社会网络资源。

第一，网络规模，用在春节期间互相拜年交往的亲属、朋友以及相识的人数表示。在所调查的1002人中，回答这一问题的有882人，平均每人与自己的亲属、朋友、相识在春节期间相互拜年交往的人数达41.50人（标准差为46.71人），其中，亲属15.75人（标准差为20.59人），朋友15.43人（标准差为16.96人），相识10.21人（标准差为23.59人）。正如俗话所说的"多一个朋友多一条路"，网络规模越大，网络资源也越丰富。

第二，网络密度，用春节期间互相拜年交往的亲属占拜年交往人数的比例测量。亲属的比例越高，网络密度也越大，说明被访者的交往对象多局限于同质性较高的人群内，网络资源有限；亲属的比例越低，网络密度也越低，说明被访者的交往对象较广泛、多元，能够在亲属之外去拓展自己的社会网络空间。边燕杰和李煜的研究（2000）也证明网络密度与网络资源总量呈负相关。本项调查表明，被访者互相拜年交往的对象中亲属所占的平均比例为43.52%（标准差为21.21%）。

第三，网络多元性，用春节期间互相拜年交往的亲属、朋友、相识的职业类型和单位类型表示。林南的研究表明，资源的异质性是衡量社会网络资源的一个重要方面（Lin，2001）。我们在调查中列出了19种职业，用以统计被访者拜年交往的对象中是否有从事这些职业的。如有，则被访者在该种职业上的取值为1，否则为0；如果某种职业上被访者有一个以上的交往对象或某种职业上被访者既有交往的朋友也有交往的亲属，结果也只记为1，因为一个职业只代表一种职业地位资源。统计结果表明，被访者在春节期间相互拜年交往的亲属、朋友和相识的职业类型的平均数为8种（标准差为5.56种）。另一方面，我们还列出11种类型的单位，看被访者拜年交往的对象中是否有属于这些类型单位的，计算方法与计算职业种类的方法相同。统计结果表明，被访者拜年交往对象的平均单位类型数为4.7个（标准差为3.12个）。

第四，拜年交往对象的职业声望总分和单位类型的声望总分。职业类型和单位类型仅从一个方面反映出被访者交往范围的多元性。但是，不同类型的职业和单位所拥有的资源是大相径庭的，一个大学教师所拥有的资源显然不同于一个餐馆服务员所拥有的资源，而党政机关的影响力也不是一般的私营企业能够相提并论的。那么，如何测量不同职业和单位的资源呢？边燕杰和李煜曾在天津、上海、武汉、深圳四地请被访者对20种职业和12种工作单位类型进行评估。他们按照"非常好"和"较好"两项的百分比作为地位得分，将20种职业和12种单位类型分别进行排列。这20种职业的声望分数依次是：科学研究人员（95分）、大学教师（91分）、工程师（86分）、法律工作人员（86分）、医生（86分）、中学教师（81分）、政府机关负责人（80分）、小学教师（73分）、党群组织负责人（73分）、企事业单位负责人（71分）、经济业务人员（64分）、会计（58分）、行政办事人员（53分）、民警（52分）、护士（48分）、司机（25分）、厨师炊事员（24分）、产业工人（20分）、饭店餐馆服务员（11分）、家庭保姆计时工（6分）；12种类型单位的声望分数依次是：党政机关（86分）、国有事业单位（75分）、外资企业（73分）、中外合资企业（66分）、股份制企业（45分）、私立事业（41分）、国有企业（41分）、私营企业（39分）、联合企业（30分）、集体事业单位（30分）、个体经营（29分）、集体企业（24分）。参照边燕杰和李煜的调查所得的职业声望分数和单位类型的声望分数，我们计算出被访者拜年交往对象的职业声望总分和单位类型的声望总分。[①] 职业声望总分和单位类型的声望总分反映了不同职业和单位的差异性，可以更全面地反映出

---

① 在我们的调查问卷中，中学教师和小学教师被作为"中小学教师"合在一起，因此，"中小学教师"的职业声望分数取"中学教师"和"小学教师"的平均数77分。另外，我们列出的单位类型只有11类，比边燕杰和李煜的研究少"集体事业单位"这一类型。

个人的社会网络资源状况。

三 研究发现

本文分别用描述统计和回归分析对调查数据进行分析。在表 2 中,我们分别从性别、户口、年龄、受教育程度、单位所有制以及单位主管部门几个方面比较网络规模、网络密度、拜年交往对象的职业类型数、拜年交往对象的单位类型数、拜年交往对象的职业声望总分、拜年交往对象单位类型的声望总分。在表 3 中,我们用性别、户口、年龄、收入、受教育程度、单位所有制、单位主管部门作为自变量,分析这些自变量对包括网络规模、网络密度以及拜年交往对象的职业声望总分和单位类型的声望总分在内的网络资源变量的影响。研究的主要发现如下。

第一,男性的社会网络资源明显优于女性。从表 2 可以看出,男性的平均网络规模为 44.47 人,高于女性的 37.65 人;男性拜年交往对象中亲属的比例为 42.23%,女性拜年交往对象中亲属的比例则高达 45.14%。表 3 的回归分析也表明,男性不仅在网络规模方面大于女性,而且在网络密度上也低于女性。西方学者(Fisher, 1982;Marsden, 1987)的一些研究表明,男性与女性的网络规模是一样的,但我们的结果却说明中国女性的网络规模要小于男性。不过,有关男性的网络密度低于女性的发现与西方学者的研究结果是一致的,这进一步证实了西方学者的观点(Fisher and Oliver, 1983;Wellman, 1985;Marsden, 1987)。台湾学者的研究也表明,女性将生活重点放在家庭私领域,网络中亲属人数较多;男性则将生活主要嵌入于工作等公领域,故网络成员中同事、朋友较多(熊瑞梅,1994)。另外,台湾学者还证实,即使在控制了结构变量后,男女两性之间的网络差异仍然存在(熊瑞梅,2001)。这说明,男女两性社会网络资源的差异在不同的社会中都有相当的一致性,女性的交往对象中亲属所占的比例较高,而男性则更倾向于与亲属之外的同事、朋友交往。

表 2 社会地位与关系资源：平均数

	拜年交往的亲属、朋友、相识的人数	拜年交往对象中的亲属占拜年交往人数的比例	拜年交往对象的职业类型数	拜年交往对象的单位类型数	拜年交往对象的职业声望总分	拜年交往对象的单位类型的声望总分
性别						
男	44.47 (55.67)	0.4223 (0.2085)	8.32 (5.63)	4.89 (3.25)	426.85 (325.91)	248.59 (169.14)
女	37.65 (31.17)	0.4514 (0.2156)	7.60 (5.45)	4.45 (2.91)	408.19 (320.44)	225.98 (151.06)
N	882	840	1002	1002	1002	1002
户口						
本市	43.78 (50.74)	0.4323 (0.2136)	8.55 (5.90)	5.04 (3.25)	449.14 (335.62)	256.56 (166.42)
非本市	35.76 (34.74)	0.4433 (0.2108)	6.74 (4.47)	3.93 (2.64)	313.36 (259.41)	198.78 (143.07)
N	874	832	994	994	994	994
年龄						
29 岁以下	48.54 (56.49)	0.4113 (0.1901)	9.07 (5.50)	5.25 (3.10)	449.44 (313.36)	266.50 (161.09)
30～39 岁	34.55 (36.22)	0.4527 (0.2275)	7.20 (5.40)	4.36 (3.10)	371.79 (320.49)	220.77 (161.51)
40～49 岁	38.49 (35.71)	0.4618 (0.2210)	7.32 (5.66)	4.35 (3.23)	377.37 (332.67)	219.86 (165.95)
50 岁及以上	33.22 (33.28)	0.4518 (0.2356)	6.75 (5.37)	3.89 (2.81)	369.91 (317.81)	201.43 (147.62)
N	881	839	1001	1001	1001	1001
受教育程度						
小学	29.38 (27.38)	0.4892 (0.2536)	4.60 (3.94)	2.95 (2.08)	187.57 (208.87)	137.04 (110.82)
初中	30.88 (26.78)	0.4969 (0.2276)	6.09 (4.53)	3.64 (2.52)	275.95 (259.29)	181.04 (133.69)
高中	42.89 (36.27)	0.4662 (0.2103)	8.63 (5.79)	4.85 (3.18)	422.27 (311.95)	243.67 (162.06)
中专	63.96 (91.41)	0.4032 (0.1815)	10.04 (5.91)	5.58 (3.35)	518.10 (316.36)	287.52 (169.59)
大专	49.77 (42.69)	0.3678 (0.1413)	9.93 (5.35)	6.06 (3.11)	545.07 (303.40)	317.98 (154.99)

续表 2

	拜年交往的亲属、朋友、相识的人数	拜年交往对象中的亲属占拜年交往人数的比例	拜年交往对象的职业类别数	拜年交往对象的单位类型数	拜年交往对象的职业声望总分	拜年交往对象的单位类型的声望总分
受教育程度						
本科	41.06 (36.67)	0.3470 (0.1831)	10.43 (5.51)	6.12 (3.17)	628.70 (307.15)	321.92 (155.95)
研究生	40.50 (44.74)	0.2816 (0.1352)	11.41 (5.91)	6.35 (3.33)	687.18 (314.22)	336.06 (168.56)
N	876	834	996	996	996	996
政治面貌						
党员	41.15 (40.15)	0.3838 (0.1731)	9.32 (5.97)	5.22 (3.32)	553.22 (339.85)	275.84 (169.32)
非党员	41.45 (47.50)	0.4432 (0.2164)	7.80 (5.46)	4.61 (3.07)	388.17 (312.23)	232.99 (159.79)
N	878	837	996	996	996	996
单位所有制						
国有	38.31 (36.05)	0.4394 (0.2120)	8.61 (5.78)	4.91 (3.12)	460.69 (329.34)	253.93 (158.90)
集体	34.64 (33.66)	0.4619 (0.2324)	6.00 (4.69)	4.01 (2.80)	296.62 (291.59)	191.20 (148.17)
私营	43.63 (57.75)	0.4273 (0.2029)	7.77 (5.25)	4.60 (3.12)	370.73 (306.10)	229.02 (164.68)
三资	51.94 (58.98)	0.4272 (0.2062)	8.75 (5.40)	5.33 (3.13)	451.96 (305.74)	278.03 (159.45)
N	816	779	924	924	924	924
单位主管部门						
部委/省	50.88 (63.73)	0.4221 (0.1983)	9.13 (5.92)	4.88 (2.97)	496.51 (323.35)	255.60 (152.90)
市属	40.76 (37.63)	0.4370 (0.2119)	8.59 (5.90)	5.19 (3.29)	450.74 (338.37)	264.50 (168.21)
区/街/县	41.86 (32.86)	0.4209 (0.2268)	7.52 (5.01)	4.41 (3.16)	373.57 (287.35)	218.39 (161.25)
无主管部门	41.10 (61.73)	0.4373 (0.2017)	7.50 (4.41)	4.42 (2.61)	368.67 (271.34)	229.82 (141.42)
N	803	766	863	863	863	863

注：括号内为标准差。

表3　社会地位与关系资源：回归分析（非标准回归系数）

自变量	拜年交往的亲属、朋友、相识的人数	拜年交往对象中的亲属占拜年交往人数的比例	拜年交往对象的职业类型数	拜年交往对象的单位类型数	拜年交往对象职业声望总分	拜年交往对象的单位类型的声望总分
性别						
男[a]	8.0131!	−2.77E−02!	0.142	0.256	−2.999	9.876
户口[b]						
本市	12.809**	−7.90E−03	1.806***	1.366***	99.486***	65.543***
年龄	−0.248	5.039E−04	−5.51E−02***	−3.73E−02	−1.668	−1.629*
受教育程度[c]						
初中	3.191	9.655E−03	1.717**	0.770!	123.216***	48.428!
高中	13.135*	−1.97E−02	3.234***	1.434**	216.766***	83.881***
中专	32.004***	−8.89E**	4.685***	2.120**	314.916***	124.297***
大专	14.675!	−0.123***	4.083***	2.446***	317.310***	145.139***
本科	5.888	−0.141***	4.262***	2.491***	370.180***	146.256***
研究生	8.816	−0.199!	5.352***	3.292***	421.012***	186.335***
收入	−8.01E−04	2.247E−07	4.229E−04**	1.112E−04	2.713E−02***	6.252E−03!
政治面貌[d]						
党员	−1.045	−7.24E−03	0.550	0.130	35.201	8.967

续表 3

自变量	因变量					
	拜年交往的亲属、朋友、相识的人数	拜年交往对象中的亲属占拜年交往人数的比例	拜年交往对象的职业类型数	拜年交往对象的单位类型数	拜年交往对象的职业声望总分	拜年交往对象的单位类型的声望总分
单位所有制[c]						
国有	−5.473	1.249E−02	0.994	−4.545E−02	48.253	10.679
私营	5.093	3.886E−03	1.233!	0.341	44.857	21.606
三资	13.795!	1.776E−02	1.268!	0.510	54.450	38.188!
单位主管部门[f]						
部委/省	14.516*	1.362E−02	639	−0.114	28.761	−14.059
市属	3.017	4.386E−03	0.900	0.604	48.482	20.781
区/街/县	4.860	−4.97E−02!	1.095!	0.426	58.514	13.274
N	743	708	799	799	799	799
Constant	21.740!	0.483***	3.567**	2.874***	79.368	127.020***
Adjusted R^2	0.068	0.072	0.158	0.158	0.228	0.175

! $p \leq 0.10$, * $p \leq 0.05$, ** $p \leq 0.01$, *** $p \leq 0.001$。
a. 参考类别为"女性"；b. 参考类别为"非本市户口"；c. 参考类别为"小学"；d. 参考类别为"非党员"；e. 参考类别为"集体"；
f. 参考类别为"无主管部门"。

第二，年龄与网络资源呈负相关。从表2的描述统计可以看出，在就业人口中，年龄越小，交往的对象越多，29岁以下年龄组被访者的拜年交往人数为48.54人，其次为40~49岁年龄组被访者（拜年交往人数为38.49人），50岁及以上年龄组被访者的拜年交往人数仅为33.22人。从拜年交往对象的职业类型看，29岁以下年龄组被访者拜年交往对象的平均职业类型为9个，而30~39岁和40~49岁年龄组被访者拜年交往对象的平均职业类型均为7个，50岁及以上年龄组被访者也有7个。表3的回归分析进一步表明，年龄对拜年交往对象的职业类型数、拜年交往对象的单位类型数以及拜年交往对象单位类型的声望总分都有负面影响，而且具有统计显著性。这说明年龄越大，交往的范围变小，交往对象的职业类型数以及单位类型数也随之减少。这与西方学者的研究也有很大的一致性。西方学者的研究（Fisher, 1982: 253; Fisher and Oliver, 1983; Marsden, 1987: 128 - 129）表明，在30多岁时个人的网络规模最大，而随着年龄的增长网络规模逐渐变小。不过，西方学者的研究还证明老年人的交往对象多半限于亲属（Ajouch, Antonucci, and Janevic, 2001），但我们的研究并没有发现这方面的有力证据。虽然表2中较高年龄组被访者的网络密度也较高，但在表3的回归分析中年龄对网络密度的影响并不具有统计显著性，因此年龄对网络密度的影响可能是其他因素造成的。

第三，收入对网络资源的多元性有正面、积极的影响。在没有引入其他控制变量的情况下，单独以收入作为自变量分别对网络规模、网络密度、网络多元性等因变量进行分析，收入对网络规模的影响不具有统计显著性，但收入对其他因变量的影响却具有统计显著性，说明高收入者的交往对象未必比低收入者广，但收入会影响网络的密度、网络的多元性等因变量。在进一步引入受教育程度、年龄、性别、单位所有制等控制变量以后（参见表3），收入对网络密度和拜年交往对象的单位类型数的统计显著性消失，但对拜年交往对象的职业类型数、拜年交往对象的职业声望总分、拜年交往对象单位类型的声望总分都具有统计显著性。

这说明收入对网络密度、拜年交往对象的单位类型数的影响可能是其他变量引起的,但收入对拜年交往对象的职业类型数、拜年交往对象的职业声望总分、拜年交往对象单位类型的声望总分仍有积极、正面的影响。坎贝尔等人的研究(Campbell, Marsden, and Hurlbert, 1986)也表明,家庭收入与网络规模、网络的多元性呈正相关,与网络密度呈负相关。边燕杰和李煜的研究(2000)也证明家庭收入对网络规模、网络资源总量有显著影响。

第四,受教育程度与网络资源呈正相关。从表2可以看出,随着受教育程度的提高,被访者拜年交往的人数逐步增加。小学文化程度被访者的平均拜年交往人数为29人,而中专文化程度被访者拜年交往的人数多达64人,但中专文化程度以上被访者的拜年交往人数逐步减少,到研究生层次,被访者拜年交往的人数只有41人。表3的回归分析也表明,中专文化程度被访者的拜年交往人数显著高于小学文化程度的被访者。虽然中专文化程度被访者的网络规模最大,但并不能说明他们的网络资源最多,因为从其他几个指标看,中专文化程度以上的被访者都有着更多的网络资源。从网络密度来看,小学和初中文化程度被访者的网络密度分别为48.92%和49.69%,说明他们的交往对象中差不多有一半是亲属,而本科和研究生文化程度被访者的网络密度只有34.70%和28.16%。从网络的多元性看,小学文化程度被访者拜年交往对象的职业类型数只有4.60个,中专为10.04个,而研究生为11.41个;小学文化程度被访者拜年交往对象的单位类型数只有2.95个,而中专文化程度被访者为5.58个,研究生则达6.35个。在拜年交往对象的职业声望总分和拜年交往对象单位类型的声望总分方面,不同文化程度被访者的差异更大。小学文化程度的被访者在这两个指标上的得分分别为187.57分和137.04分,而研究生文化程度的被访者则分别达到687.18分和336.06分。表3的回归分析也表明,受教育程度在网络密度、网络多元性以及拜年交往对象的职业声望总分和单位类型的声望总分上都表现出高度的统计显著性。这一发现与坎贝尔等人的研究结果(Campbell,

Marsden, and Hurlbert, 1986) 和边燕杰与李煜的研究结论（2000）是一致的。

第五，户口还是重要的身份标志。从表2的描述统计可以看出，厦门本市户口比非本市户口（包括郊区户口和本市暂住人口）在网络资源上有着显著的优越性。在网络规模上，有本市户口的被访者的网络规模为44人，非本市户口的被访者的网络规模为36人，相差很大。非本市户口者多为来厦门打工的农民工，按理说，他们的亲属不在厦门，与亲属交往的比例应低于有本市户口者。但表2的统计结果表明，非本市户口者的网络密度略高于有本市户口者。而在网络的多元性和拜年交往对象的职业声望总分与单位类型的声望总分方面，有本市户口者高于非本市户口者。表3的回归分析表明，除了网络密度之外，户口对其他5个因变量的影响都有高度的统计显著性。

第六，是否党员对网络资源的影响不显著。在表2中，党员与非党员的网络规模很接近，但党员在网络密度上低于非党员，说明党员的交往对象比非党员广。另外，党员在网络的多元性以及拜年交往对象的职业声望总分和单位类型的声望总分上都高于非党员。但是，从表3的多元回归分析中可以看出，是否党员对所有因变量的影响都不具有统计显著性，这表明在控制了其他变量以后，是否党员并不对网络资源产生影响。

第七，单位所有制与单位主管部门对网络资源的影响不显著。根据表2，在不同所有制单位的比较中，国有单位（包括国家机关、经济管理部门、国有事业单位、国有企业）在社会网络资源的占有方面并没有明显优势。在网络规模方面，三资企业被访者的网络规模较大，其次是私营企业。除了在拜年交往对象的职业声望总分上略高于三资企业外，国有企业在其他的变量上都没有优势，在拜年交往对象的职业类型数、拜年交往对象的单位类型数、拜年交往对象单位类型的声望总分等变量上都是三资企业排在第一位。在表3的回归分析中，我们也可以看到，在引入其他控制变量以后，在大部分情况下，单位所有制对反映网络资源的不同因变量的影响都不是很显著,唯一例外的是三资企业对拜年交往的人数和拜年交往对象单位类型的声望总分的影响还具有一定的统计显著性（p≤0.1）。而从单位主管部门的情况看,在表2的描述统计中,部委和省级主管部门有一定的网络资源优势,但在表3的回归分析中,主管部门对6个反映网络资源的因变量的影响无任何统计上的显著性。这说明单位主管部门对网络资源并无多大的影响。

四 讨论与结论

运用1999年我们在厦门调查所获得的资料,本文分析了性别、年龄、收入、是否党员、受教育程度、单位所有制以及单位主管部门对个人网络资源的影响。在这些自变量中,有些是西方学者已经做过研究和分析的,另一些则是中国社会所特有的地位标志,本文第一次将这些变量用于分析社会网络资源。在本文的讨论部分,笔者打算对这些研究结果的理论意义进行分析。

林南的社会资源理论要告诉我们的是,通过人与人之间的纽带关系,个人不仅能够支配自己的资源,也能够通过这种关系获取其他的资源。本文的研究表明,个人资源显然是决定个人拥有社会资源多少的一个重要因素。个人资源决定了一个人因社会交往而发生的社会交换中给他人提供回报的能力,这就意味着个人拥有的资源越多,他就越有能力为他人提供回报,因此,他通过社会网络获得他人资源的能力也越强。由于地位较高者具有较强的回报能力,其他社会成员也更愿意与地位较高者建立关系,这又进一步使得地位较高者更有能力通过关系获得和动用原本属于他人的资源,他所能支配的社会资源也就成倍地增长。在本文的分析中,我们发现,作为个人资源最主要指标的收入对网络资源有着显著的影响,收入越高者社会网络资源越丰富。边燕杰和李煜的研究（2000）也表明家庭收入对家庭的网络资源总量有直接的影响。除了走亲串友、礼尚往来需要一定的经济条件作为基础外，经济收入的高低还表明个人可支配的经济资源的多少，这是个人地位的重要标志。如果说在计划经济时期人们还以家庭出身作为一种地位标志的话，那么，在改革开放以后，经济收入在人们日常交往中起着越来越重要的作用。

当然，交往机会在一定程度上会影响个人的网络资源。布劳指出，"社会联系取决于社会接触的机会"（Blau, 1977：281）。只有通过与他人的接触才有机会建立社会联系。不同的职业所提供的接触他人的机会是完全不同的。有关研究表明，排版工人和煤矿工人只能在同事之间建立联系（Fisher, 1982：104－105；Lipset, Throw, and Colman, 1956）。男性的网络资源在整体上优于女性，一个重要的原因是男性接触的人比女性多。尽管中国城市中女性的就业比例已经相当高，但有关研究表明，女性在诸如国家机关、党群组织、企事业单位负责人中所占的比例约为10%，在办事人员和有关人员中，女性也只占24.5%，这说明女性在高层次就业的比例大大低于男性，而在以体力为主的服务业和商业中，女性的就业比例与男性较为接近（刘伯红，1995）。另外，传统性别角色的差异以及生儿育女等家务负担都会对女性的社会交往产生诸多限制。

在经济因素日益重要的同时，个人的受教育程度对社会网络资源的积累也同样重要。而受教育程度之所以作为一个重要因素，是因为受教育程度直接关系到个人经济收入的多少。如果按受教育程度计算被访者的月收入的话，不同受教育程度被访者的月均收入分别为：小学882.97元，初中977.31元，高中1110.18元，中专1437.88元，大专1354.07元，本科1920.3元，研究生3337.50元。正因为受教育程度与经济收入的高度关联以及由此带来的在社会交换中较高的回报能力，使得高文凭者在个人网络的建立过程中处于有利的位置。另一方面，受教育程度较高者的网络资源较为丰富，其中一个重要的原因是求学的过程也是社会网络资源累积的过程。那些受教育程度较高者不仅可以通过同学关系与不同职业的任职者建立多元的强关系，而且受教育程度较高者也有更多的机会参与各种学术的和非学术的社团。

我们的研究结果也在一定程度上证验了市场转型理论的观点。根据倪志伟（Victor Nee）等人的"市场转型理论"（Market Transition Theory），在制度转型的过程中，市场功能逐渐取代过去计划经济分配的功能，如此一来，市场中的直接生产者将受益，昔日官僚体系中的再分配者（即干部）的优势将逐渐丧失。因此，改革的主要社会后果就是经济精英的组成分子改变了，由昔日掌握权力的再分配者变成市场中的直接生产者，官僚体系的再分配权力（即对资源的控制力）会逐渐淡出市场，形成市场专业与政府公权力分立的资本主义模式。在市场分配中，生产力会受到鼓励和回报，而其主要指标就是人力资本的效用提升，教育的投资回报将会增加，人力资本因此会在阶层化的过程中比政治资本发挥更大的作用（Nee，1989；1991）。本文的研究结果间接验证了市场过渡理论的观点。虽然我们不能推测其他领域的情况，但至少在社会网络资源的积累这一领域，作为人力资本主要指标的受教育程度以及个人收入等经济因素起着非常重要的作用。另一方面，我们也看到，诸如政治面貌（是否党员）在个人网络资源中所起的作用日益淡化，单位所有制和单位主管部门已经在很大程度上不能成为地位的一个标志。在计划经济体制下，单位所有制和单位主管部门都是一种十分重要的地位指标，因为那时的资源是通过单位分配的（参见Bian，1994），在这种情况下，国有企业优于集体企业，大集体企业优于小集体企业，中央部委主管的企业优于省属企业，省属企业又优于市属企业。但是，改革开放以来，在原有的国有企业、集体企业之外出现了大量的个体、私营和外资企业，这些体制外的非公有制企业往往没有主管单位，而且它们的竞争力和经济效益都不亚于体制内既有的国有企业与集体企业。近几年来，国有企业和集体企业为了适应市场竞争的需要而大量裁员，导致许多员工下岗，使得原来的"铁饭碗"也出现了危机。因此，随着市场经济体制的逐步建立，单位所有制和单位主管部门的重要性正日益减弱。尽管我们还不能断言单位所有制和单位主管部门的作用在其他领域的作用已经完全消失,但我们可以说这些因素在个人网络资源的累积过程中已经逐渐淡出。

但是,正处于转型过程之中的中国社会还保持着一些再分配经济留下的痕迹,这突出反映在有本市户口的被访者与非本市户口的被访者在社会网络资源占有方面的巨大差异上。长期以来,中国的户籍管理制度把社会成员分为"城市户口"与"农村户口"两个等级,他们在就业机会、福利待遇方面都是完全不同的。拥有农村户口的农民不仅不享受城市户口的各种待遇,而且不能进入城市工作。改革开放以来,虽然城乡分隔的户籍管理制度并未改变,但在一些具体的管理措施上已经有所松动,城市户口和农村户口的巨大差异有所减少,这使得许多农村剩余劳动力可以到城市里的工厂打工。据估计,1998年在城市就业的农民工达3400万人(樊平,1999:453)。但是,尽管农村的农民和外地户口的居民可以到大中城市打工,但他们从事的工作大多是外资企业里的非技术性工种,以及诸如建筑工、清洁工、保姆等城里人不愿意做的收入较低的工作。有关研究表明,拥有城市户口的本地劳动力与不拥有城市户口的外来劳动力之间在收入上存在巨大的差异(杨云彦、陈金永,2000)。不仅如此,城市管理部门通常还对他们采取一些歧视性的管理措施,例如,要求每月缴纳一定数额的"暂住费",原因是他们的户口不在城市。这种经济和社会地位的差异自然造成了有本市户口的被访者和非本市户口的被访者在社会网络资源方面的巨大差异。

总之,中国社会正处于转型过程之中,在社会网络资源积累这一领域转型社会的特点也得到了充分的体现。一方面,我们可以看到,经济因素、个人受教育因素在网络资源积累中的作用正日益提升,与此同时,原先作为重要地位标志的政治面貌、单位所有制、单位主管部门等体制因素已经不再重要,这说明我们社会的市场化倾向已经相当明显;但另一方面,户口还是重要的地位标志,仍然对社会网络资源的积累发挥着重要作用,这又表明计划经济时期留下的城乡二元格局并未从根本上改变,体制因素带给城里人的特权仍然存在。

参考文献

边燕杰，1999，《社会网络与求职过程》，载涂肇庆、林益民主编《改革开放与中国社会：西方社会学文献述评》，（香港）牛津大学出版社。

边燕杰、李煜，2000，《中国城市家庭的社会网络资本》，《清华社会学评论》第 2 期。

樊平，1999，《1998 年：中国农民状况报告》，载汝信、陆学艺、单天伦主编《1999 年：中国社会形势分析与预测》，社会科学文献出版社。

李路路、李汉林，2000，《中国的单位组织：资源、权力与交换》，浙江人民出版社。

林国光，1994，《户籍制度改革与创新：农民与市场的呼唤》，《农业经济问题》第 6 期。

刘伯红，1995，《中国女性就业状况》，《社会学研究》第 2 期。

路风，1989，《单位：一种特殊的社会组织形式》，《中国社会科学》第 1 期。

熊瑞梅，1994，《影响情感与财物支持联系的因素》，（台北）"中央研究院"《人文及社会科学研究集刊》第 6 期。

熊瑞梅，2001，《性别、个人网络与社会资本》，载边燕杰、涂肇庆、苏耀昌编《华人社会的调查研究》，（香港）牛津大学出版社。

杨云彦、陈金永，2000，《转型劳动力市场的分层与竞争》，《中国社会科学》第 5 期。

Ajouch, Kristine J., Toni C. Antonucci, and Mary R. Janevic. 2001. "Social Networks Among Blacks and Whites: The Interaction Between Race and Age." *Journal of Gerontology*: *Social Sciences* 56B: S112 – S118.

Antonucci, T. C. and Akiyama H. 1987. "Social Networks in Adult Life and a Preliminary Examination of the Convoy Model." *Journal of Gerontology*: *Social Sciences* 42: 519 – 527.

Bian, Yanjie. 1994. *Work and Inequality in Urban China*. Albany: State University of New York Press.

Bian, Yanjie. 1997. "Bring Strong Ties Back In: Indirect Ties, Network Bridges, and Job Searches in China." *American Sociological Review* 62: 266 – 285.

Blau, Peter M. 1977. *Inequality and Heterogeneity: A Primitive Theory of Social Structure*. New York: Free Press.

Burt, Ronald. 1992. *Structure Holes: The Social Structure of Competition*. Cambridge, MA: Harvard University Press.

Campbell, E. Karen, Peter V. Marsden, and Jeanne S. Hurlbert. 1986. "Social Resources and Socioeconomic Status." *Social Networks* 8: 97 – 117.

Coleman, James. 1988. "Social Capital in the Creation of Human Capital." *American Journal of Sociology* 94: S95 – S121.

Fisher, Claude. 1982. *To Dwell Among Friends*. Chicago: University of Chicago.

Fisher, Claude and Stacey Oliver. 1983. "A Research Note on Friendship, Gender and the Life Cycle." *Social Forces* 62: 124 – 132.

Gerstel, Naomi. 1988. "Divorce, Gender and the Social Integration." *Gender and Society* 2: 342 – 367.

Granovetter, Mark. 1973. "The Strength of Weak Ties." *American Journal of Sociology* 78 (6): 1360 - 1380.

Herlbert, Jeanne S. and Alan C. Acock. 1990. "The Effects of Marital Status on the Form and Composition of Social Networks." *Social Science Quarterly* 71: 163 – 174.

Hogan, D. P., Eggebeen, D. J., and Clogg, C. C. 1993. "The Structure of Intergenerational Exchanges in American Families." *American Journal of Sociology* 98: 1428 – 1458.

Lin, Nan. 1982. "Social Resources and Instrumental Action." In Peter Marsden and Nan Lin (eds.), *Social Structure and Network Analysis*. Beverly Hills, CA: Sage Publications.

Lin, Nan. 1999. "Social Networks and Status Attainment." *Annual Reviews of Sociology* 25: 467 – 487.

Lin, Nan. 2001. *Social Capital*. Cambridge University Press.

Lin, Nan, Vaughn, John C., &Walter M. Ensel. 1981. "Social Resources and Occupational Status Attainment." *Social Forces* 59 (4): 1163 - 1181.

Lipset, Seymour Martin, Martin Throw, and James Colman. 1956. *Union Democracy*. New York: Doubleday.

Marsden, Peter V. 1987. "Core Discussion Networks of Americans." *American Sociological Review* 52: 122 – 131.

Moore, Gwen. 1990. "Structural Determinants of Men's and Women's Personal Networks." *American Journal of Sociology* 55: 726 – 735.

Morgan, D. L. 1988. "Age Differences in Social Network Participation." *Journal of Gerontology: Social Sciences* 43: S129 – S137.

Nee, Victor. 1989. "A Theory of Market Transition: From Redistribution to Markets in State Socialism." *American Sociological Review* 54: 663 – 681.

Nee, Victor. 1991. "Social Inequalities in Reforming State Socialism: Between Redistribution and Markets in China." *American Sociological Review* 56: 267 – 282.

Silverstein, M. and Waite, L. J. 1993. "Are Blacks More Likely Than Whites to Receive and Provide Social Support in Middle and Old Age? Yes, No, and Maybe So." *Journal of Gerontology: Social Sciences* 48: S212 – S222.

Stack, C. B. 1974. *All Our Kin: Strategies for Survival in a Black Community*. New York: Harper and Row.

Walder, Andrew. 1986. *Communist Neo-Traditionalism: Work and Authority in Chinese Industry*. University of California Press.

Wellman, Barry. 1985. "Domestic Work, Paid Work and Net Work." In *Understanding Personal Relationships*, edited by Steve Duck and Daniel Perlman. London: Sage.

城市居民的社会交往与
社会资本建构[*]

一 研究背景

社会资本的概念最初是由法国学者布迪厄（Pierre Bourdieu）于 20 世纪 70 年代提出的。1988 年，美国社会学家科尔曼（James Coleman）在《美国社会学学刊》（*American Journal of Sociology*）上发表了《作为人力资本发展条件的社会资本》（"Social Capital in the Creation of Human Capital"）一文，在美国社会学界第一次明确使用了社会资本概念，并对此进行了深入的论述。科尔曼认为，社会资本具有两个特征：第一，它们由构成社会结构的各个要素组成；第二，它们为结构内部的个人行动提供便利（Coleman, 1990：302）。美国学者帕特南（Robert D. Putnam）则把社会资本定义为"社会组织中诸如信任、规范以及网络等特点，它们可以通过促进合作的行动而提高社会的效率"（Putnam, 1993）。帕特南用社会资本的概念解释为什么意大利北部城市许多地方政府的表现都比南部城市的地方政府好。他发现在社会资本建构得比较好的北部城市，市民热衷于参与社团和公共事务，社会充满了互信和合作的风气，使得地方政府在政府的稳定、财政预算的制定、法律改革、社会服务的推行、工农业改革等方面都较其他社会资

---

* 胡康参与本文的写作。本文发表于《社会科学研究》2007 年第 4 期。

本较匮乏地区的地方政府做得要好。一些与社会资本相关的实证研究表明,社会资本对社会发展有正面积极的作用,如提高对公共资源的管理,甚至有助于降低个人和整个国家的贫困度;社会资本还能够使人们建立起良好的互相信任关系,进而降低交易成本(参见格鲁特尔特、贝斯特纳尔,2004)。

根据帕特南的界定,社会资本主要包括三个方面的内容:一是关系网络,二是规范,三是信任。而在社会资本三个方面的内容中,关系网络是最基础的,因为有了广泛的网络才可以形成普遍的互惠规范,才可以建立起广泛的社会信任。为什么公民参与关系网络可以形成互惠规范并增进信任呢?帕特南认为,第一,公民参与网络增加了人们在任何单独交易中进行欺骗的潜在成本。投机者要面临这样的风险:既无法从未来的交易中获益,也不能从他目前参与的其他交易中得到他所期望的利益。第二,公民参与网络培育了强大的互惠规范。第三,公民参与网络促进了交往,促进了有关个人品行的信息的流通。参与者之间的交往越多,他们之间的互信程度也越高,合作也就更容易。第四,公民参与网络体现的是以往合作的成功,可以把它作为一种具有文化内涵的模板,未来的合作在此基础上进行。

在分析社会关系网络的作用时,帕特南将社会关系网络分为正式的和非正式的两种(Putnam, 2000)。正式的社会关系网络紧跟当下的事件:参与教会和俱乐部的会议,为慈善事业捐款,为社区项目工作,献血,读书看报,发表演说,关心政治,以及参加地方会议。与此不同,非正式的社会关系网络缺乏组织性和目的性,更具有自发性和灵活性。非正式的社会关系网络的参与者经常与朋友待在一起,不是一起玩牌、吃饭,就是光顾酒吧,或外出野餐、走亲访友、寄送贺卡等。正式的社会关系网络与非正式的社会关系网络的区别,反映出社会地位、生活圈子以及社区联系的差异。正式的社会关系网络的参与者往往接受过良好的教育、收入较高;而非正式的社会关系网络则存在于各个阶层。关于正式的与非正式的社会联系的作用,帕特南写道:"当哲学家高谈阔论'公民参与'和'民主协商'的时候，我们倾向于想到社区团体和公共生活作为社会参与的高级形式，不过在日常生活中的友谊和非正式的社会联系也为其提供了关键的支持。可以肯定的是，非正式的联系通常不会像对俱乐部、政治团体、工会或教会的参与一样训练出公民素质，但非正式的联系对于维持社会网络却是十分重要的。"(Putnam，2000：95)

正式的社会关系网络主要表现为社团的参与，不过社团中的网络还可以分为横向的和纵向的两种（帕特南，2001：203）。横向的网络把具有相同地位和权力的行为者联系在一起，诸如邻里组织、合唱队、合作社、体育俱乐部、大众性政党等，成员之间都具有密切的横向互动。这类网络是社会资本的基本组成部分，在一个共同体中，这类网络越密集，其公民就越有可能为了共同的利益而合作。与此不同，纵向的网络将不平等的行为者结合到不对称的等级和依附关系之中。纵向的网络无论多么密集，无论对其参与者多么重要，都无法维系社会信任和合作。这是因为：一方面，信息的垂直流动常常不如水平流动那么可靠；另一方面，那些支撑互惠规范的惩罚手段，不太可能向上实施。

既然非正式的联系和具有横向联系的社团对于社会资本的建构具有如此重要的意义，那么，中国城市居民的非正式交往和社团参与情况如何呢？城市居民的非正式交往和社团参与受哪些因素的影响？这是本文试图回答的问题。

二 城市居民社会交往的因子分析

本文对城市居民的社会交往情况进行分析的数据来自2005年厦门大学社会学系进行的一项有关厦门市居民及外来人口生活状况的调查研究。该项研究采用多阶段抽样法在厦门岛内的思明区和湖里区随机抽取调查样本，成功访问的样本量为669人，其中，男性占47.6%，女性占52.4%；不同文化程度的被访者比例分别为：小学及以下文化程度的被访者占13.5%，初中文化程度的被访者占 19.0%，高中文化程度的被访者占 35.3%，大专文化程度的被访者占 21.9%，本科及以上文化程度的被访者占 10.2%；从年龄看，30 岁以下的被访者占 35.7%，31～40 岁的被访者占 29.2%，41～50 岁的被访者占 18.7%，51～60 岁的被访者占 8.6%，61 岁及以上的被访者占 7.8%。

在此次调查中，我们分别用 3 个问题和 8 个问题来测量城市居民的非正式社会交往和社团参与情况。测量居民非正式交往的指标为：①被访者在春节期间用短信、电话或其他方式联系的人数；②被访者在春节期间联系的人中朋友的人数；③被访者在春节期间联系的人中亲戚的人数。从调查情况看，被访者在春节期间用短信、电话或其他方式联系的平均人数为 37.32 人，在春节期间联系的人中朋友的数目为 24.32 人、亲戚为 14.37 人。为了测量居民的社团参与情况，我们向被访问者询问如下 8 个问题：①是否经常参加同乡聚会？②是否经常参加校友聚会？③是否经常参加老战友/老知青聚会？④是否经常参加行业协会活动？⑤是否经常参加学术社团活动？⑥是否经常参加单位组织的集体活动？⑦是否经常参加社区居委会召开的会议？⑧是否经常参加寺庙或教会的活动？针对以上问题，可供选择的答案共有 6 个，分别为："从未参加"、"很少参加"、"较少参加"、"一般"、"较常参加"、"经常参加"。调查表明，被访者的社团参与率并不是很高，他们对以上 8 个问题回答"从未参加"的比例相当高，分别为 42.81%、34.09%、73.67%、59.80%、66.70%、35.08%、43.10% 和 65.10%。

由于该组问题的答案是一组定序答案，为了便于统计分析，我们将按顺序对以上各个答案分别赋值："从未参加"为 0 分，"很少参加"为 1 分，"较少参加"为 2 分，"一般"为 3 分，"较常参加"为 4 分，"经常参加"为 5 分。通过统计分析，如表 1 所示，我们可以看出，城市居民参加单位组织的集体活动的程度最高，为 2.157 分；其次是参加校友聚会，为 1.756 分，说明城市居民与其所在单位的关系相当紧密。虽然目前城市居民所在的单位已经失去计划体制时期的作用,但是,单位在人们的思想意识及实际生活中仍占有很重要的地位。而学术社团活动与老战友/老知青聚会的参与程度普遍较低,分别为 0.799 分和 0.682 分。这主要是由于这两类社团类型的参与者有其固定的群体,并且这些群体在社会中所占的比例不大,如学术社团活动往往只是一些文化程度较高的居民才会参与,老战友/老知青聚会也只是针对那些有那段特殊经历的人。

表 1　被访者参与各种社团和聚会活动的平均值

单位:人

项　目	人　数	平均值	标准差
是否经常参加同乡聚会	563	1.564831	1.66093
是否经常参加校友聚会	569	1.755712	1.607117
是否经常参加老战友/老知青聚会	490	0.681633	1.318683
是否经常参加行业协会活动	490	1.061224	1.516213
是否经常参加社区居委会召开的会议	547	1.751371	1.904394
是否经常参加寺庙或教会的活动	513	0.803119	1.326646
是否经常参加学术社团活动	492	0.79878	1.345642
是否经常参加单位组织的集体活动	553	2.157324	1.888808

注:"从未参加"=0 分,"很少参加"=1 分,"较少参加"=2 分,"一般"=3 分,"较常参加"=4 分,"经常参加"=5 分。

为了弄清楚测量被访者社团参与情况的 8 个问题和非正式社会交往的 3 个指标之间的关系,我们对它们进行因子分析,结果如表 2 所示。从这 11 个项目中可以提取 3 个因子:第一个因子包括"是否经常参加同乡聚会"、"是否经常参加校友聚会"、"是否经常参加老战友/老知青聚会"、"是否经常参加行业协会活动"、"是否经常参加学术社团活动"以及"是否经常参加单位组织的集体活动",这些都是因为共同的学习或工作关系而建立起来的社团活动,所以我们把这一因子称作"社交团体参与因子";第二个因子包括"被访者在春节期间用短信、电话或其他方式联系的人数"、"被访者在春节期间联系的人中朋友的人数"和"被访者在春节期间联系的人中亲戚的人数"三个指标,我们把它叫做"非正式交往因子";第三个因子包括"是否经常参加社区居委会召开的会议"和"是否经常参加寺庙或教会的活动",我们把它叫做"社区团体参与因子"。

表2 社会交往因子分析

项　目	社交团体参与因子	非正式交往因子	社区团体参与因子	共　量
被访者在春节期间用短信、电话或其他方式联系的人数	0.176677	0.714312	-0.04669	0.543637
被访者在春节期间联系的人中朋友的人数	0.045491	0.934081	0.02367	0.875138
被访者在春节期间联系的人中亲戚的人数	-0.00084	0.912146	0.06099	0.83573
是否经常参加同乡聚会	0.778197	0.088049	-0.04296	0.615189
是否经常参加校友聚会	0.811341	0.044406	-0.0335	0.661368
是否经常参加老战友/老知青聚会	0.516837	0.158284	0.322468	0.39616
是否经常参加行业协会活动	0.58846	0.061128	0.408837	0.517169
是否经常参加学术社团活动	0.561852	0.098866	0.483674	0.559392
是否经常参加单位组织的集体活动	0.61139	0.002787	0.100747	0.383955
是否经常参加社区居委会召开的会议	0.053868	-0.08414	0.704489	0.506287
是否经常参加寺庙或教会的活动	0.079739	0.052357	0.711343	0.515108
特征值	2.609	2.273	1.527	6.409
解释方差	23.721%	20.663%	13.882%	58.265%

三　影响城市居民社会交往的诸因素分析

城市居民的社会交往会受哪些因素的影响呢?以往的研究

(Putnam，2000；胡荣，2005a）表明，性别、年龄以及受教育程度等因素都会对个人的社会交往产生一定的影响。因此，在这里，我们将分别就性别、年龄、收入、受教育程度以及婚姻状况等因素与城市居民社会交往诸因子之间的关系进行分析。为了更直观地看到不同因素对社会交往的影响，我们把上文因子分析所提取的三个因子值转换成 1~100 的指数。①

我们先来看一看性别对城市居民社会交往诸因子的影响。从表 3 可以看出，城市居民中男性社交团体的参与程度高于女性，男性参与社交团体的平均得分为 40.77 分，而女性为 35.71 分。方差分析表明，男女两性在参与社交团体方面的差异具有统计显著性。不过，在社区团体的参与方面，女性的参与程度却略高于男性——尽管二者的差异不具有统计显著性。而在非正式的社会交往方面，男女两性之间不存在明显差异。以往的研究表明，男女两性在参与社团的类型方面存在相当大的差异，通常情况下，男性更多地参与正式的社团，女性则更多地以非正式的方式与他人交往（参见 Putnam，2000：94）。女性将生活重心放在家庭私领域，网络中亲属人数较多；男性则将生活主要嵌入于工作等公领域，故网络中同事、朋友较多（熊瑞梅，1994）。

表 3　不同性别的社会交往因子平均得分

性　别	社交团体参与因子	非正式交往因子	社区团体参与因子
女	35.71（19.16）	8.65（10.71）	40.15（17.99）
男	40.77（20.97）	8.48（6.69）	36.74（17.09）
合　计	37.99（20.11）	8.57（9.11）	38.62（17.64）

我们再来看一看不同年龄城市居民的社会交往情况是否不同。如图 1 所示，社交团体的参与频率随着年龄的增加而逐渐减少，

---

① 转换公式为：转换后的因子值 =（因子值 + B）·A。其中，A = 99/（因子最大值 - 因子最小值），B =（1/A）- 因子最小值。B 的公式亦为，B = [（因子最大值 - 因子最小值）/99] - 因子最小值（参见边燕杰、李煜，2000）。

图1 年龄与社会交往

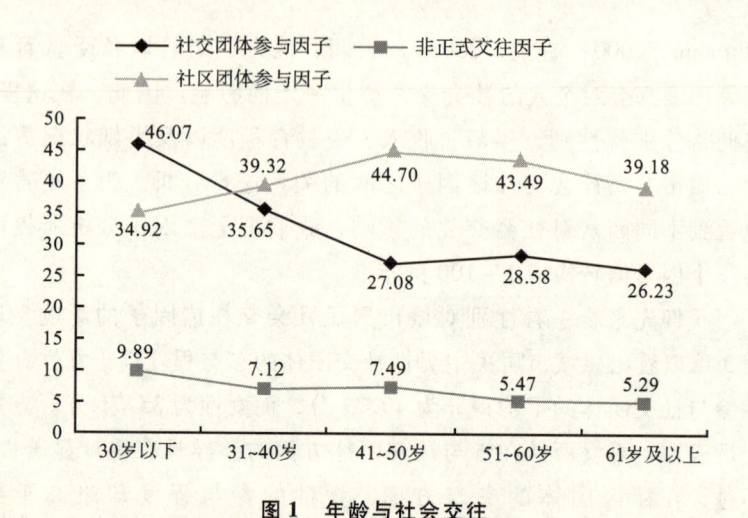

30岁以下年龄组的被访者在社交团体方面参与程度最高，得分为46.07分，31~40岁年龄组为36.65分，41~50岁年龄组只有27.08分，51~60岁年龄组为28.58分，而61岁及以上年龄组只有26.23分，表明年龄越大，居民的社交团体参与程度越低。年龄较大者较少参与社交团体，这主要是因为随着年龄的增长人们的精力呈下降趋势。由于社会交往和社交团体的参与需要耗费一定的精力和时间，30岁左右的人处在精力最旺盛的时期，因此社会交往程度自然会高些。而随着年龄的增长，人的精力呈下降之势，所以社会交往也不会很频繁，社交团体参与程度也比较低。不过，在农村地区的研究则表明，年龄较大者参与社团的比例相对较高，这主要是农村地区诸如老人会这样的社团吸引了大批上了年纪的参加者（胡荣，2004）。与社交团体的参与情况不同，年龄对社区团体参与的影响呈倒 U 形，即随着年龄的增长被访者参与社区团体的程度逐步提高，从 30 岁以下年龄组的 34.92 分升至 31~40 岁年龄组的 39.32 分，到 41~50 岁年龄组达到最高点，为 44.70 分，而后又随着年龄的增长而下降，到 61 岁及以上组降为 39.18 分。这与国外的研究十分相似，例如，帕特南指出，被访者在公民组织和专业社团方面的参与在 40 岁或 50 岁左右达到顶峰（Putnam，

2000：249）。在非正式的交往方面，不同被访者的因子得分虽然也随着年龄的增长而有减弱的趋势，但不同年龄段的变化不是太大。这与国内的研究结果是一致的，如胡荣（2003）的研究就表明，城市居民非正式交往的几项指标也是随着年龄的增长而降低的。

受教育程度对城市居民的社会交往又会产生什么影响呢？如图2所示，受教育程度对城市居民在社交团体的参与、社区团体的参与以及非正式交往方面的影响是很不一样的。在社交团体的参与方面，随着被访者受教育程度的提升，其在社交团体的参与程度方面也在不断地提升：小学及以下文化程度被访者的社团参与分数只有21.90分，初中文化程度被访者的社团参与分数为28.50分，高中文化程度被访者为38.16分，大专文化程度被访者为44.30分，本科及以上文化程度被访者则高达48.36分。受教育程度每提高一个档次，被访者在社交团体的参与方面就有很大程度的提高。笔者在农村社区的研究表明，村民受教育程度的提高能够促进其社团的参与（胡荣，2004）。帕特南的研究也表明，受教育程度与公民参与的关系呈逐渐上升的一条曲线，本科最后两年对信任和社团参与的影响是高中头两年所产生影响的2倍，而自第14年到第18年这4年间教育对信任和社团参与所产生的影响是最初4年正式教育影响的10倍（Putnam，1995：667）。为什么受教育程度有如此之大的影响呢？受教育程度在一定程度上代表了一个人的社会经济地位，当收入、社会地位和受教育程度同时用于预测信任和社团参与时，教育仍起主要作用。换言之，受教育程度较高者参与社团较多，一方面是他们在经济上比较富裕，另一方面也是家庭和学校所赋予的技能、资源和倾向使然。不过，在社区团体的参与方面，受教育程度的影响不是很大，小学及以下和初中文化程度的被访者在这方面的得分十分接近，高中文化程度者得分最高，而大专、本科及以上文化程度者的这一得分反而呈下降趋势。在非正式交往方面，高中文化程度的被访者得分最高（9.99分），但不同受教育程度的被访者的差异同样不是太大。

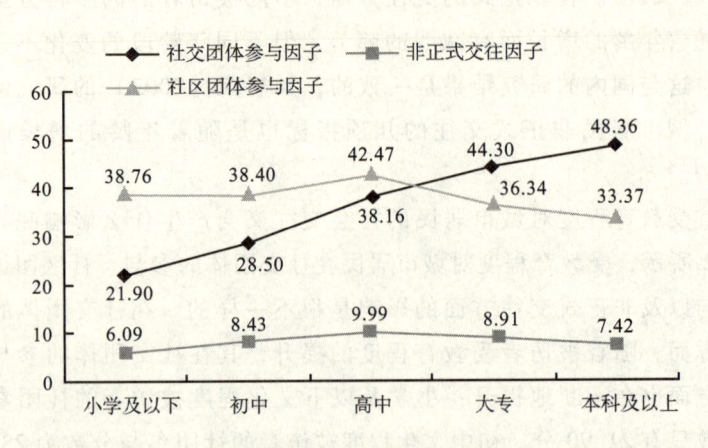

图 2 受教育程度与社会交往

国内的相关研究表明，在交往的网络规模方面，以中专文化程度的被访者规模最大，受教育程度较低者和较高者的网络规模都相对较小，不过，受教育程度对被访者的网络多元性以及交往对象的职业声望总分和单位类型的声望总分都有正面的影响（胡荣，2003）。

接下来让我们看一看经济收入与城市居民社团参与程度之间的关系。在非正式的社会交往方面，边燕杰、李煜（2000）对国内一些城市的研究表明，经济收入对网络规模及网络资源总量有显著的影响。胡荣（2003）在厦门的研究也表明，收入对社会交往的影响具有显著性。从图 3 我们可以看出，1501～2000元收入组被访者的非正式交往的分值最高，为 12.98 分，但总体看，个人月收入对非正式交往的影响并不显著。从个人月收入对居民参与社交团体的影响来看，虽然不是一种直线关系，但从总体趋势来看，随着个人月收入的增加，居民社交团体的参与程度也相应地有所增加。不同收入对居民参与社区团体的影响没有显著差异。

城市居民的社会交往与社会资本建构

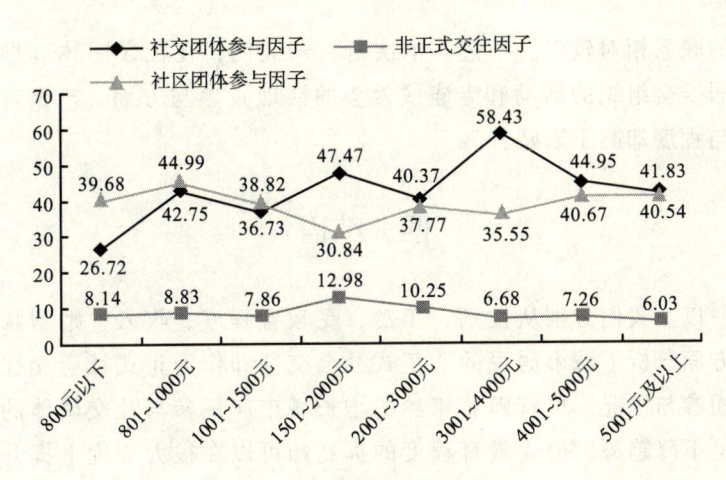

[图表数据：
社交团体参与因子：26.72, 42.75, 36.73, 47.47, 40.37, 58.43, 44.95, 41.83
非正式交往因子：8.14, 8.83, 7.86, 12.98, 10.25, 6.68, 7.26, 6.03
社区团体参与因子：39.68, 44.99, 38.82, 30.84, 37.77, 35.55, 40.67, 40.54
收入区间：800元以下、801-1000元、1001-1500元、1501-2000元、2001-3000元、3001-4000元、4001-5000元、5001元及以上]

图 3 个人月收入与社会交往

以往的研究表明，婚姻状况与个人的社会交往也有很大的关系。表4表明，婚姻状况对被访者三个方面的社会交往都有很大的影响。在社交团体的参与方面，未婚者的分值为46.05分，比已婚者（34.48分）高出11.57分。在非正式交往方面，未婚者的分值为11.34分，而已婚者只有7.27分。实际上，不管是社交团体的参与还是非正式的社会交往，都需要花费相当多的时间和精力，而已婚者通常会把更多的时间花在配偶和孩子身上。国外一些学者的研究（Fisher, 1982：253；Wellman, 1985；Gerstel, 1988；Herlbert and Acock, 1990）也表明，家庭中有未成年的孩子显然限制了已婚者各种关系的建立，尤其是与既非亲属又非邻居的人的联系，已婚者与亲属和邻居的联系较多，而未婚者与非亲属和非邻居的

表 4 婚姻状况与社会交往

婚姻状况	社交团体参与因子	非正式交往因子	社区团体参与因子
未　婚	46.05（18.94）	11.34（13.21）	35.89（19.03）
已　婚	34.48（19.23）	7.27（5.7）	39.71（17.17）
合　计	37.94（20.04）	8.63（9.09）	38.58（17.68）

人的联系相对较多。不过，本次研究却表明，在社区团体（即社区居委会组织的活动和寺庙或教会的活动）参与方面，已婚者的参与程度却高于未婚者。

四 结语

以上我们分别从性别、年龄、受教育程度、收入、婚姻状况等方面分析了城市居民的非正式社会交往和作为正式社会交往的社团参与情况。尽管随着年龄的增长城市居民参与社交团体的程度呈下降趋势，但受教育程度的提高却可以在很大程度上提升居民对社交团体的参与程度。

如前所述，在帕特南看来，居民的社会交往网络对于建构社会资本是十分重要的，只有在居民相互之间形成密集的交往网络的基础上，他们相互之间才可以形成普遍的互惠规范并建立起广泛的信任。而作为居民社会交往的关系可以分为两个方面：一是非正式的交往，二是表现为对社团参与的正式社会交往。对于社会资本的建构来说，虽然非正式交往也十分重要，但作为正式交往的社团参与能够更为直接地培养公民精神。自改革开放以来，随着社会主义市场经济体制的逐步建立，中国的社会结构也发生了重大变化，社会团体和中介组织日益增多。据统计，从1979年到1992年，全国性社团的数量已经翻了7番，平均每年增长48%。至1998年，全国性社团已增至1800个，地方性社团则达到20万个。这些社团不仅社会覆盖面宽、群众基础广，而且具有较强的社会影响力。但是，与发达国家相比，我国居民的社团参与还处于一个相当低的水平。有关数据表明，在法国，每万人拥有的非营利组织数高达110.45个，日本为97.17个，美国为51.79个，德国也达到26.2个，而中国只有1.45个，低于埃及的2.44个（参见 Salamon, 1999；王绍光, 1999；联合国开发计划署, 1999）。不仅如此，中国的社团不仅数量少，而且相当一部分是"官办"社团或"半官半民"的社团，党政官员兼任社团领导人或法人，社团依赖于政府部门提供活动经费，因此社团的功能受到限制和压抑，其成员之间很难形成一种平等的横向关系。要真正使社团能够为社会资本的建构发挥积极作用，还有赖于政府部门减少对社团发展的干预，为社会团体的发展创造良好的环境，让更多的社团独立开展活动，从而使更多的社会成员能够在社团中通过平等关系的建立和互动培育出社会资本建构所必不可少的互惠规范和信任。

参考文献

边燕杰，1999，《社会网络与求职过程》，载林益民、涂肇庆主编《改革开放与中国社会：西方社会学文献述评》，（香港）牛津大学出版社。

边燕杰、李煜，2000，《中国城市家庭的社会网络资本》，《清华社会学评论》第2期。

陈健民、丘海雄，1999，《社团、社会资本与社会发展》，《社会学研究》第4期。

格鲁特尔特、贝斯特纳尔，2004，《社会资本在发展中的作用》，黄载曦等译，西南财经大学出版社。

胡荣，2003，《社会经济地位与网络资源》，《社会学研究》第5期。

胡荣，2004，《中国农村居民的社团参与》，《中共福建省党校学报》第2期。

胡荣，2005a，《影响村民社会交往的各因素分析》，《厦门大学学报》第2期。

胡荣，2005b，《中国农村居民的社会信任》，《中共天津市委党校学报》第2期。

联合国开发计划署，1999，《1999年中国人类发展报告：经济转轨与政府的作用》，中国财政经济出版社。

林南，2003，《社会资本：关于社会结构与行动的理论》，张磊译，上海人民出版社。

帕特南，2001，《使民主运转起来》，王列、赖海榕译，江西人民出版社。

王春光，2000，《流动中的社会网络：温州人在巴黎和北京的行动方式》，

《社会学研究》第 3 期。

王绍光,1999,《多元与统一:第三部门的国际比较研究》,浙江人民出版社。

熊瑞梅,1994,《影响情感与财物支持联系的因素》,(台北)"中央研究院"《人文及社会科学研究集刊》第 6 期。

Coleman, James. 1990. *Foundations of Social Theory*. Cambridge, MA: Harvard University Press.

Fisher, Claude. 1982. *To Dwell Among Friends*. Chicago: University of Chicago Press.

Fisher, Claude and Stacey Oliver. 1983. "A Research Note on Friendship, Gender, and the Life Cycle." *Social Forces* 62: 124 – 132.

Gerstel, Naomi. 1988. "Divorce, Gender and the Social Integration." *Gender and Society* 2: 342 – 367.

Herlbert, Jeanne S. and Alan C. Acock. 1990. "The Effects of Marital Status on the Form and Composition of Social Networks." *Social Science Quarterly* 71: 163 – 174.

Putnam, Robert D. 1993. *Making Democracy Work*. Princeton: Princeton University Press.

Putnam, Robert D. 1995. "Turning In, Tuning Out: The Strange Disappearance of Social Capital in America." *Political Science and Politics*, December 664 – 683.

Putnam, Robert D. 2000. *Bowling Alone: The Collapse and Revival of American Community*. New York: Simon & Schuster.

Salamon, Laster M. 1999. *Global Civil Society: Dimensions of the Nonprofit Sector, USA*. Maryland: The Johns Hopkins University.

Wellman, Barry. 1985. "Domestic Work, Paid Work and Net Work." In *Understanding Personal Relationships*, edited by Steve Duck and Daniel Perlman. London: Sage Publications.

城市居民信任的构成及影响因素[*]

一　理论背景与问题的提出

自20世纪70年代以来，西方社会学界兴起了研究信任的热潮，许多社会学家从各种角度对信任问题进行了理论探讨和实证研究。1979年，尼古拉斯·卢曼发表了一篇关于信任的文章，把信任与不断增长的复杂性、不确定性和风险等当代社会的特征联系起来。这是第一次有人提出信任不是传统社会特有的、已过时的东西，而是随着现代社会形式的发展变成了目前现代性阶段真正不可缺少之物。卢曼还将信任分为人际信任与制度信任：前者建立在熟悉度及人与人之间感情联系的基础上；后者则是用外在的像法律一类的惩戒式或预防式的机制，来降低社会交往的复杂性（卢曼，1975/2005）。另一位研究者伯纳德·巴伯（Bernard Barber）受他的启发，回顾了现代社会的各种制度和职业领域中信任的表现方式，根据信任包含的预期（expectation）的种类，通过使用富有洞察力的、原创的受托信任（fiduciary trust）范畴，提出了一种有用的类型学。巴伯在划分信任类型的基础上，根据信任产生过程中出现的期望，将信任的发生进一步界定在三个不同的层面上：第一种是重视对自然的与道德的社会秩序能持续与运作的期望；第二种是对那些与自己保持人际关系和有制度性角色交

---

[*] 李静雅参与本文的写作。本文发表于《社会》2006年第6期。

往的人能按照角色要求行动的期望；第三种是对与自己交往的人能完全担负其被委以的责任及义务，即必要时为他人利益而牺牲自己利益的期望（巴伯，1983/1989）。继巴伯之后，1988年，迪格·甘比特（D. Gambetta）把以往研究者以各种方式、从各种视角对信任的思考集中在一起，展现了对封闭的排他性团体（比如黑手党）中的信任的分析，而他自己把信任看作是基于对他人的个人特质和社会约束的计算之后与他人合作的决定（Gambetta，1988）。1990年，詹姆斯·科尔曼（James Coleman）在他对社会理论的全面论述中用两章的篇幅讨论了信任问题，在理性选择理论的框架内，提供了把信任看成完全理性的交换的一个分析模型。20世纪90年代，拉塞尔·哈丁（Hardin, 1991；1993；1996）沿着这条路径做出了很多贡献，他最近扩展了理性选择框架去分析不信任。与此同时，安东尼·吉登斯与乌尔里克·贝克、斯科特·拉什等（Giddens, 1990, 1991; Beck, Giddens, and Lash, 1994）把信任作为晚期现代性的典型特征来处理，详细阐述了复杂性、不确定性和风险性等卢曼式主题。1995年，广为人知的"历史终结"的预言者——弗朗西斯·福山以中国、日本和其他东南亚社会的经验作为论辩的基础，为信任是有生存能力的经济系统不可缺少的组成部分的观点提供了全面的说明和辩解。1997年，亚当·塞利格曼（Adam Seligman）提出了一种解释，把信任看作是与劳动分工、角色的分化和多元化以及作为结果的角色期待的不确定性和可磋商性相关联的特殊的现代现象（参见什托姆普卡，1999/2005）。

　　与仅仅对信任本身的分析不同，学界探讨信任的另一种方法是把信任放在更广的社会背景中加以考察。例如，美国哈佛大学的教授帕特南（Robert D. Putnam）在研究意大利的民主制度时，就是从社会资本的角度来研究信任问题的。帕特南把社会资本定义为"社会组织中诸如信任、规范以及网络等特点，它们可以通过促进合作的行动而提高社会的效率"（Putnam, 1993）。他用社会资本的概念解释为什么意大利北部城市许多地方政府的表现都比南部城市的地方政府好。他发现在社会资本建构得比较好的北部城市，市民热衷于参与社团和公共事务，整个社会充满了互信和合作的风气，使得地方政府在政府的稳定、财政预算的制定、法律改革、社会服务的推行、工农业改革等方面都比其他社会资本较匮乏地区的地方政府做得要好。因此，在帕特南那里，信任是社会资本的一项重要内容，它与社会资本的其他方面，诸如社团的参与，息息相关。根据帕特南的观点，社会信任能够从两个相互联系的方面产生：互惠规范和公民参与网络（帕特南，2001：204）。这些网络既有正式的，也有非正式的；既有横向的，也有纵向的。帕特南更强调横向的网络在建立信任中的作用，而纵向的网络无论对参与者多么重要，都无法维系社会信任与合作。在帕特南看来，横向的参与网络增加了人们在任何单独交易中进行欺骗的潜在成本，即公民参与网络增加了博弈的重复性和各种博弈之间的联系性。另外，公共参与网络促进了人们之间的交往，促进了有关个人品行的信息的流通。帕特南（2001：204）写道："信任与合作，依赖于人们对潜在伙伴的以往行为和当前利益的真实了解，而不确定性则强化了集体行动的困境。因此，假设其他条件相同，参与者之间的交往（直接的或间接的）越多，他们之间的互信就越大，合作也就更容易。"

国内研究信任的第一篇受到学界普遍关注的论文发表于《心理学报》1993年第2期，是张建新和邦德（Michael H. Bond）合作完成的《指向具体人物对象的人际信任：跨文化比较及其认知模型》一文。近十年来，中国人的信任问题成了国内社会学界研究的一大热点问题，有关的研究文献（陆小娅、彭泗清，1995；彭泗清、杨中芳，1995；彭泗清，1997；杨宜音，1999；彭泗清，1999；杨中芳、彭泗清，1999；王飞雪、山岸俊男，1999；王绍光、刘欣，2002；李伟民、梁玉成，2002；童志锋，2003；胡荣，2005）也日渐增多。但是，这些研究也较多地局限在对信任本身的研究上，而较少涉及将信任作为社会资本的一个主要组成部分进行探讨。与现有的研究不同，本文将把信任放在社会资本的理论框架下进行分析,不仅分析作为社会资本重要内容的信任的构成,而且还要探讨社会资本的其他方面(诸如社团的参与)对信任的影响。

本文的数据来自2004年厦门大学社会学系进行的一项有关厦门市居民生活状况的调查研究。2004年末,厦门市户籍总人口为1467731人,其中城镇人口910424人,占户籍总人口的比重为62.0%;岛内的思明、湖里两区的人口占全市户籍总人口的43.9%,岛外人口占户籍总人口的56.1%(厦门市统计局,2005)。厦门市下辖思明、湖里、海沧、集美、同安和翔安6个区。本次调查只在城市化程度较高的思明和湖里两个区内进行。厦门岛内的思明区下辖10个街道,共92个社区居委会;湖里区下辖5个街道,共31个社区居委会。我们在这两个区的123个社区居委会中按随机原则抽取20个社区居委会,从每个社区居委会中再按随机原则抽取50户居民,共抽取1000户居民,成功访问的样本量为669人,其中男性占47.6%,女性占52.4%;不同文化程度的被访者比例分别为:小学及以下文化程度的被访者占13.5%,初中文化程度的被访者占19.0%,高中文化程度的被访者占35.3%,大专文化程度的被访者占21.9%,本科及以上文化程度的被访者占10.2%;从年龄看,30岁以下的被访者占35.7%,31~40岁的被访者占29.2%,41~50岁的被访者占18.7%,51~60岁的被访者占8.6%,61岁及以上的被访者占7.8%。

二 人际信任的基本结构

信任涉及两个方面的行动者,即信任者和信任对象。按照什托姆普卡的定义,"信任就是相信他人未来的可能行动的赌博"(什托姆普卡,1999/2005:33)。我们先来看信任对象的情况,即在人们所交往和接触的人中,哪些人能够被人所信任,哪些人不能被人信任。

在本次调查中,我们使用了13个指标来测量城市居民的信任度,调查了被访者对13种信任对象的信任度:单位同事、单位领导、邻居、一般朋友、亲密朋友、家庭成员、直系亲属、其他亲属、社会上大多数人、一般熟人、生产商、网友和销售商。我们请被访者分别回答对这13种信任对象的信任度,并将信任度分为5个等级,即"非常信任"、"较信任"、"一般"、"较不信任"、"很不信任",根据所示信任度的高低,分别记作4分至0分。

我们先运用主成分法对测量居民信任度的13个项目进行因子分析,再经最大方差法旋转,共得到3个信任因子(见表1),我们分别将其命名为"普遍信任因子"、"一般信任因子"和"特殊信任因子"。其中,第一个因子,即"普遍信任因子",是测量居民对社会上其他关系(不确定或不稳定交往关系)的人(包括陌生人)的信任度。该因子包含的对象有:社会上大多数人、一般熟人、生产商、网友和销售商。第二个因子是"一般信任因子",

表1 信任的因子分析

项　目	普遍信任因子	一般信任因子	特殊信任因子	公因子方差
对单位同事的信任程度	0.169	0.823	0.114	0.720
对单位领导的信任程度	0.104	0.812	9.685E－03	0.671
对邻居的信任程度	0.214	0.728	0.230	0.629
对一般朋友的信任程度	0.304	0.566	0.212	0.458
对亲密朋友的信任程度	－6.527E－03	0.357	0.647	0.545
对家庭成员的信任程度	－2.704E－03	－0.136	0.613	0.394
对直系亲属的信任程度	－2.222E－02	0.381	0.684	0.613
对其他亲属的信任程度	0.232	0.111	0.545	0.363
对社会上大多数人的信任程度	0.600	0.465	0.115	0.590
对一般熟人的信任程度	0.613	0.450	9.964E－02	0.587
对生产商的信任程度	0.823	0.215	7.105E－02	0.728
对网友的信任程度	0.806	0.114	－2.278E－02	0.663
对销售商的信任程度	0.856	2.826E－02	7.495E－02	0.739
特征值	3.026	2.969	1.704	7.699
解释方差	23.280%	22.838%	13.108%	59.23%

主要是与被访者在工作或生活中有一般合作关系的人。该因子包含的对象有：单位同事、单位领导、邻居和一般朋友。第三个因子即特殊信任因子，主要是与被访者有着血缘关系和情感交换关系的人。该因子包含的对象有：亲密朋友、家庭成员、直系亲属和其他亲属。我们由此可以得出的结论是，中国城市居民的人际信任结构是由特殊信任、一般信任和普遍信任这三个部分构成的。

根据被访者对这13种信任对象的回答赋值（即从4分表示"非常信任"到0分表示"很不信任"）计算其平均值（见表2），我们可以发现：特殊信任的信任度最强，其平均值在2.735~3.650分之间，表明被访者对这些信任对象都是回答"非常信任"或"较信任"；一般信任的信任度次之，其平均值在2.268~2.573分之间，表明被访者对这些信任对象都是回答"较信任"或"一般"；而普遍信任的信任度最低，这些都是不具有稳定社会交往关系的人（如社会上大多数人、一般熟人、生产商、销售商和网友），其分值在1.092~1.979分之间，表明被访者对这些信任对象都是回答"较不信任"或"一般"。这也证明了以往关于中国人信任的研究结论，即中国人所信任的其他人仍以与自己具有血缘家族关系的家庭成员和各类亲属为主，其中家庭成员得到的信任度最高。另外，我们还看到，亲密朋友的平均信任值（3.205分）远远高于具有血缘家族关系的其他亲属的平均信任值（2.735分）。这也表明中国人对他人的信任，既受双方之间所存在的血缘家族关系的影响，同时也受双方之间所形成的亲近、密切的交往和情感关系所影响。我们这一研究结果进一步证实了李伟民和梁玉成在2002年应用"广东社会变迁基本调查"项目中有关信任问题的调查内容所做的初步分析结论——在血缘家族关系之外的"外人"中，只有有亲近、密切交往关系的一类朋友才能明显获得较多的信任，甚至获得比一般亲属还要多的信任（李伟民、梁玉成，2002）。而这样的信任结构实际上也反映了人们在日常社会交往中的人际关系结构。

表 2　对不同信任对象的平均信任度

单位：人

项　目	作答人数	平均值	标准差
单位同事	520	2.573	0.768
单位领导	507	2.436	0.827
邻居	581	2.459	0.736
一般朋友	585	2.268	0.661
亲密朋友	590	3.205	0.739
家庭成员	612	3.650	0.659
直系亲属	595	3.355	0.775
其他亲属	573	2.735	0.813
社会上大多数人	560	1.766	0.792
一般熟人	564	1.979	0.712
生产商	500	1.512	0.843
网友	458	1.092	0.950
销售商	497	1.306	0.899

中国传统上是一个熟人社会，人们都是在彼此认识的基础上生活，"自己人"和"外人"明确地把信任的范围圈定出来，但对自己人和外人的界定在中国又是独具特色的，二者的边界是相对的和不确定的，富有弹性，从不同的意义上说，二者各自包括的范围是不同的，可大可小，就如同费老曾经说的"差序格局"的样子。时隔半个多世纪，"差序格局"理论的说服力非但没有减弱，而且还在当代的中国城市中得到验证。有学者据此进一步提出信任同心圈理论，认为每个人以自己为中心，按自己与他人的信任关系的强弱程度画出一个个圈子，圈子里的人被称为自己人，圈子外的人则是外人，对自己人远比对外人信任，对圈内人比对圈外人信任（什托姆普卡，1999/2005；童志锋，2003）。根据上文对居民信任结构的研究分析，可以认为，中国人的基本信任格局就是以自我为中心，再分别以"亲友—同事—陌生人"为半径

推出去所构成的同心圆。当然，李伟民与梁玉成在 2002 年的文章中也提到"差序格局"实际上也存在于其他国家和地区（如意大利南部的菲尔德以及美国的一些地区）。

中国人的人际关系似乎比西方的人际关系概念要复杂得多，其中牵涉关系基础的层面、人情的层面及忠诚度等层面。这些层面所可能带来的信任都不是西方学者研究人际信任时所论及的理性层面及感情层面，或义务层面及能力层面所能涵盖的（Chang & Holt，1991）。由于在关系格局基础上还有信任度的纵向差别，信任的"差序格局"较之于关系格局更加复杂。

三 社团参与以及其他因素对信任的影响

以上我们探讨了构成中国城市居民信任的三个层次，即普遍信任、一般信任和特殊信任。那么，是哪些因素影响信任者在这三个方面的不同信任度呢？在本项研究中，我们把社会信任看作是社会资本的一项重要内容，因此，我们除了从被访者的性别、年龄、受教育程度和个人收入等方面分析其对信任的影响外，还要重点分析社团参与对信任的影响。

如前所述，帕特南认为，社会信任能够从互惠规范和公民参与网络这两个相互联系的方面产生。公民参与网络增加了人们在任何单独交易中进行欺骗的潜在成本；公民参与网络培育了强大的互惠规范；公民参与网络促进了交往，促进了有关个人品行的信息的流通；公民参与网络还体现了以往合作的成功，可以把它作为一种具有文化内涵的模板，未来的合作在此基础上进行。根据他对意大利的研究，意大利北方城市的民主制度运作得比较好，主要原因就是在那里有众多的横向社团，如邻里组织、合唱队、合作社、体育俱乐部、大众性政党等。这些社团的成员之间保持着密切的横向社会互动。这些网络是社会资本的基本组成部分，因为在一个共同体中，这类网络越密，其公民就越有可能为共同的利益进行合作。许多调查也曾表明，人与人之间的普遍信任和社会资本来自志愿性团体内部个体之间的规范化、习惯性互动，这些团体通过推动个体之间的合作促进社会信任的形成和提高。

随着改革开放的不断深化，中国人在结社方面有了更多的自由，城市里各种各样的协会、社团及中介组织也大量涌现，非"官方"的社交性和民间性社团参与已日益成为都市生活的一项十分重要的内容。那么，参与这些社团对居民的信任到底会产生什么样的影响呢？在研究中我们先用8个问题测量居民的社团参与程度：①是否经常参加同乡聚会？②是否经常参加校友聚会？③是否经常参加老战友/老知青聚会？④是否经常参加行业协会活动？⑤是否经常参加社区居委会召开的会议？⑥是否经常参加寺庙或教会的活动？⑦是否经常参加学术社团活动？⑧是否经常参加单位组织的集体活动？针对这8个问题，可供选择的答案有6个，分别为："经常参加"、"较常参加"、"一般"、"较少参加"、"很少参加"和"从未参加"，根据被访者的选择依次分别赋值为5分至0分。我们先运用主成分法对测量居民社团参与情况的8个项目进行因子分析，再经最大方差法旋转，共得到2个因子（见表3），

表3 社团参与的因子分析

社团参与测量变量	社交团体参与因子	社区团体参与因子	公因子方差
是否经常参加同乡聚会	0.801	-3.374E-03	0.641
是否经常参加校友聚会	0.807	5.999E-02	0.654
是否经常参加老战友/老知青聚会	0.610	0.188	0.408
是否经常参加行业协会活动	0.543	0.451	0.498
是否经常参加社区居委会召开的会议	0.582	0.460	0.550
是否经常参加寺庙或教会的活动	-3.650E-02	0.780	0.609
是否经常参加学术社团活动	0.165	0.666	0.471
是否经常参加单位组织的集体活动	0.449	0.457	0.411
特征值	2.528	1.714	4.242
解释方差	31.599%	21.429%	53.03%

第一个因子可称作"社交团体参与因子",共包括5个测量社团参与的变量:"是否经常参加同乡聚会"、"是否经常参加校友聚会"、"是否经常参加单位组织的集体活动"、"是否经常参加行业协会活动"和"是否经常参加学术社团活动";第二个因子可称作"社区团体参与因子",共包括3个测量社团参与的变量:"是否经常参加社区居委会召开的会议"、"是否经常参加寺庙或教会的活动"和"是否经常参加老战友/老知青聚会",其中以"是否经常参加社区居委会召开的会议"的因子负载最高。

为了弄清社团参与以及其他因素对于居民人际信任结构的影响情况,我们建立了三个回归模型。为了便于读者更直观地了解被访者对不同信任对象的信任度,我们在此先应用公式将三种信任的因子转换为1～100之间的指数。① 转换前普遍信任因子的最大值为3.2500,最小值为-2.4689,平均值为0,标准差为1;转换后的最大值为100,最小值为1,平均值为43.7390,标准差为17.3109。转换前一般信任因子的最大值为2.8865,最小值为-4.3159,平均值为0,标准差为1;转换后的最大值为100,最小值为1,平均值为60.3245,标准差为13.7454。转换前特殊信任因子的最大值为8.7192,最小值为-3.7452,平均值为0,标准差为1;转换后的最大值为100,最小值为1,平均值为30.7469,标准差为7.9426。我们分别以转换后的普遍信任因子、一般信任因子和特殊信任因子为因变量,以社交团体参与因子和社区团体参与因子为主要预测变量,同时加入被访者的性别、年龄、受教育年限、个人月收入作为控制变量(见表4)进行回归分析。在这里,性别为虚拟变量,受教育年限为定序变量,我们将其看作定距变量。

---

① 转换公式为:转化后的因子值 = (因子值 + B) × A,其中,A =99/(因子最大值 - 因子最小值),B = (1/A) - 因子最小值;B 的公式亦为,B = [(因子最大值 - 因子最小值)/99] - 因子最小值(参见边燕杰、李煜,2000)。

表 4　回归分析模型

自变量	模型Ⅰ： 普遍信任因子	模型Ⅱ： 一般信任因子	模型Ⅲ： 特殊信任因子
性别[a]	8.502 (0.245)****	0.626 (0.023)	-1.307 (-0.109)
年龄	-1.020 (-0.743)**	0.165 (0.151)*	-1.87E-02 (-0.040)
年龄的平方	1.093E-02 (0.693)**		
受教育年限	0.479 (0.030)	-0.317 (-0.025)	0.677 (0.123)
个人月收入	4.030E-04 (0.121)*	-7.24E-05 (-0.027)	1.718E-04 (0.150)**
社交团体参与因子	4.029 (0.216)***	1.367 (0.092)	-0.178 (-0.028)
社区团体参与因子	3.777 (0.226)****	0.941 (0.132)*	-0.240 (-0.042)
Constant	55.751	54.585	28.849
N	206	206	206
Adjusted R^2	15.9%	1.6%	2.7%
F	6.542	1.571	1.947

* $p \leq 0.10$, ** $p \leq 0.05$, *** $p \leq 0.01$, **** $p \leq 0.001$。
a. 参考类别为"女"。
注：括号内为标准回归系数。

从三个回归模型的分析结果中我们有如下发现。

第一，社团参与对于普遍信任有很大的影响。在我们所建立的三个模型中，模型Ⅰ的拟合度较好，可以解释15.9%的方差，而模型Ⅱ和模型Ⅲ的拟合度却很差。模型Ⅰ的拟合度较好的主要原因是两个社团参与因子具有很强的解释力，社交团体参与因子和社区团体参与因子对普遍信任的影响不仅具有统计显著性，而且标准回归系数分别高达0.216和0.226。但是，与此形成鲜明对比的是，社团参与的两个因子中只有社区团体参与因子对一般信任有一定影响，且两个因子对特殊信任都没有任何影响。这表明，参与的社团越多，参与社团的活动越频繁，被访者对社会上具有不确定交往关系或弱交往关系的人的普遍信任度也越高，而社团的参与并不会对建立在利益关系基础之上的一般信任产生太大的影响，也不会对建立在血缘家族关系基础之上的特殊信任产生任何影响。以往的一些研究已证实，发达的社团组织（如宗教团体、商会）以及大量的中介组织有助于信任的建构，卡瓦奇等（Kawachi et al., 1997）发现，低信任度与社团参与之间存在很强的负相关（r = -0.65）。换句话说，人与人之间的普遍信任来自志愿性社团内部个体之间的互动，是这些社团推动了人们之间的合作并促使信任的形成（Coleman, 1988；科尔曼，1990；Putnam, 1993；福山，1998）。

第二，男女两性在普遍信任方面有很大差异，男性的普遍信任度比女性高8.502分，但在一般信任和特殊信任方面不存在显著差异。由于信任是一种带有风险的行为，所以对越不确定关系的对象产生信任，潜在的风险就越大。男女两性在对待社会上与自己无交往关系或弱交往关系的一般人时产生的信任差异实则反映了不同性别在面对风险时的心理差异，究其原因，既有性别本身所导致的生理、心理差异，也有社会、社区、家庭等客观外界观念的潜在影响所导致的性格差异。一般认为，男性在面对与自己关系不确定的对象时，其信任感高于女性。女孩在成长过程中比男孩较多地接受"不要随便跟他人交往"、"女孩在外要注意保护自己"等说教，而这样的社会化过程导致男女两性在对待与自己关系不确定的他人时社会心理开放程度的不同：女性比男性表现出更多的不信任。

第三，年龄越大者的一般信任度越高，但年龄对普遍信任的影响呈U形，对特殊信任没有影响。在模型Ⅱ中，年龄对被访者的一般信任的影响具有统计显著性，年龄每增加1岁，一般信任值增加0.165分，由此可以推断40岁的被访者要比30岁的被访者在一般信任方面高1.65分，50岁的被访者又比30岁的被访者高出3.30分，这表明年龄越大的居民对一般信任因子中包含的单位同事、单位领导、邻居和一般朋友几种对象的信任值也越高。以往的一些研究（王绍光、刘欣，2002；胡荣，2005）也表明，随着年龄的增长，对他人的信任度也随之提高。在通常情况下，年龄越大者参加工作的时间较长,他们在工作中与同事、领导以及邻居的接触较多,因此他们的一般信任度也较高。另一方面,目前许多工作单位的晋升还是需要论资排辈,资历与个人在工作单位的地位有着紧密的联系,年长者因为有着较高的地位,所以能够在与同事的交往中更自信,因而对同事也有更高的信任度。与此不同,在模型 I 中我们加入了"年龄的平方"这一自变量,分析结果显示,年龄和年龄的平方对普遍信任的影响均有统计显著性。这表明,年龄对普遍信任的影响呈 U 形,即年龄较小者的普遍信任度较高,随着年龄的增长其普遍信任度有所下降,到中年时达到最低点,之后又随着年龄的增长逐渐提高。单因素分析也表明(表 4 未列出),41~50 岁年龄组被访者的一般信任平均值最低,只有 36.62 分,比 30 岁以下年龄组被访者的一般信任平均值(46.82 分)低 10.20 分,也比 51~60 岁年龄组被访者的一般信任平均值(46.52 分)低 9.90 分。为什么 41~50 岁年龄组的被访者相对于其他年龄组的被访者而言,其一般信任的平均值如此低呢?年龄对被访者一般信任的影响可以从以下两个方面解释:一是从个人的生命周期来分析;二是把不同年龄群体与其生活的特定时代联系起来进行解释。如果从生命周期来看,41~50 岁年龄组被访者一般信任平均值较低的可能性是他们肩负的家庭和工作负担较重,其一般信任度因此受到影响。如果是这样,那么,不管是哪个年代,被访者在这个年龄组的一般信任平均值都偏低。但是,这种解释似乎有点牵强,我们更倾向于第二种解释,即把现在中年群体一般信任平均值较低的情况与他们生活的特定年代联系起来。根据信任的认识发生理论,人们对他人的信任度都是从自身以往的经验里习得的,幼年时期的生活环境对于信任感的产生和形成起着十分重要的作用。如果一个人幼年时期生活在破碎的家庭,父母离异,或受到父母的虐待,或是成长在充斥着暴力和犯罪的社区里,目睹了弱肉强食的现实,很难使其产生对外部世界的信任感;相反,如果他出生在一个美满幸福的家庭,成长在安定、祥和的社区里,就很容易产生对他人的信任感。我们在调查中发现，目前处于 41～50 岁年龄组的被访者正是在"文化大革命"中出生的那一代人，其信任度自然可能低于"文化大革命"后成长起来的一代人。

第四，个人月收入对普遍信任和特殊信任的影响都有一定的统计显著性。个人月收入对普遍信任的标准回归系数为 0.000403，表明个人月收入每增加 100 元，被访者的普遍信任平均值增加 0.0403 分。个人月收入对特殊信任的标准回归系数为 0.000172，表明个人月收入每增加 100 元，被访者的特殊信任平均值就增加 0.0172 分。不过，个人月收入对一般信任的影响不具有统计显著性。个人月收入是衡量个人社会经济地位的一个重要指标，月收入越高者其社会经济地位也越高，在与他人的交往过程中也越自信，也更能够建立起对别人的信任感。个人月收入对特殊信任具有影响的另一个重要原因是与中国人的送礼习俗相联系的。在中国，不管是城市还是乡村，在有来往的亲朋好友之间，不管是逢年过节还是遇有红白喜事，通常都要请客送礼（参见阎云翔，2000），而这是要以一定的经济实力为基础的。低收入者在与亲友的交往中往往处于劣势而缺乏自信，而高收入者则能够与亲友保持经常的往来并维持较高的信任关系。这个结果也与以往的研究结论（王绍光、刘欣，2002；胡荣，2005）是一致的。

第五，受教育程度对三种信任的影响都不具有统计显著性。以往的一些研究（Yamagishi，2001；王绍光、刘欣，2002）表明，受教育程度较高者的综合信任度较高。受教育程度也是评价一个人社会地位的重要指标。所以从理论上讲，受教育程度越高，对他人的信任度也越高。但是，在本文的三个回归模型中，受教育程度对三种信任的影响均不具有统计显著性，这有待于我们在进一步的研究中加以探讨。

以上分析表明，在普遍信任方面，男性高于女性，高收入者高于低收入者，这表明社会经济地位越高者对他人的信任度也越高。我们可以从以下三点来解释这种现象。首先，社会经济地位之所以影响人们的信任度，是因为它会影响人的相对易损性，即个体潜在损失的绝对值在其所拥有的总资源中的比重。而能影响相对易损性的莫过于一个人的自我安全感。如果一个人连生存都得不到保障，我们很难设想他会冒险相信别人（王学芳，2005）。社会经济地位越高的人，其拥有的权力就越大，拥有权力就意味着占有更多的社会资源，而占有的社会资源越多，其抵御风险的能力就越强，也就越能承担起信任别人所产生的风险。其次，社会经济地位高的人往往也是那些在人际交往中占有优势的人，对自己与他人的交往也更有自信，与其他人相比，他们更懂得自主地运用与他人的关系来发展并壮大自己，因此更能主动地信任他人。吉登斯也认为，占有大量资源可以使人具有一种更加开放、乐观，更富有同情心和更自在的人生态度，而这种人生态度可以增强对他人的信任感（Giddens，1991：79）。再次，社会经济地位越高，别人失信于他的代价也会越大。因此，一个人的社会经济地位越高，就越会信任他人。

四　讨论与思考

在20世纪40年代出版的《乡土中国》一书中，费孝通先生用精辟的语言为我们展示了中国乡土社会的基本结构（费孝通，1947/1985）："我们的社会结构本身和西洋的格局是不相同的，我们的格局不是一捆一捆扎清楚的柴，而是好像把石头丢在水面上所发生的一圈圈推出去的波纹。每个人都是他社会影响所推出去的圈子的中心。被圈子的波纹所推及的就发生联系。"虽然人与人之间的血缘关系是先赋的和无法改变的，但在后天的生活中，人们仍能够通过多种方式，如认干亲、拜把子、套近乎、做人情等（杨宜音，1999；郭于华，1994；乔健，1982；Yang，1994），将这种先天注定的血缘关系进一步泛化，扩展和延伸到与自己没有血缘联系的其他人的交往关系中，最终形成费孝通所言的具有弹性、可以延伸的，即使有明确界限的边界也是可以改变的、非常灵活的"差序格局"。也正是因为这种内外有别、亲疏不同的"差序格局"的存在,使得不少人认为中国是一个低信任度的社会。例如,韦伯在关于中国宗教的研究中涉及信任问题时就明确指出,中国人彼此之间存在着普遍的不信任……中国人的信任不是建立在信仰共同体的基础之上,而是建立在血缘共同体之上,即建立在家族亲戚或准亲戚关系之上,是一种难以普遍化的特殊信任(韦伯,1920/1995)。福山则进一步将人际信任扩展到关于社会信任的分析探讨之中。他认为,诸如中国、意大利和法国这样的国家,一切社会组织都是建立在以血缘关系来维系的家族基础之上,因而对家族之外的其他人缺乏信任,这样的社会是一种低信任度的社会,也就是一种缺乏普遍信任的社会(福山,1998)。

虽然以往有许多研究认为中国人缺乏对外人的普遍信任(斯密斯,1894/1989;柏赐福,1916/1989;韦伯,1920/1995;福山,1998),但在多变性方面,近期的一些研究表明,中国人对外人的普遍信任正在发生与以往研究结论不尽相同的变化(张建新、Bond,1993;王飞雪、山岸俊男,1999)。王飞雪、山岸俊男的调查显示,中国人虽然对陌生人的信任度低于美国人和日本人,但是对人性的估计却明显要比美国人和日本人更趋向正面,也就是说,中国人虽然不信任陌生人,但普遍认为陌生人不是坏人。张建新与 Bond 于 1993 年对北京、香港和美国的大学生关于对具体对象的信任度进行了跨文化比较研究,结果发现三地大学生对他人的信任度都随着与他人关系亲密度的增加而提高;三组被试对亲人的信任度没有差异,但是北京被试对熟人和陌生人的信任度则要高于美国和香港的被试。在复杂性方面,近期的一些研究也发现,中国人信任结构的构成有其本土和多元的特点,与西方人的信任结构形成较为明显的差别(王飞雪、山岸俊男,1999;郑伯埙,1991)。彭泗清的实证研究显示,在中国人的人际信任建构中,相互之间的信任,并非取决于双方拥有的关系中所包含的先天的联结(如血亲关系)或后天的归属(如同学、同事关系),而主要取决于两人之间实质关系的好坏(彭泗清,1999)。

本文的研究表明,中国城市居民的信任构成是分层次的,城市居民对于外人和陌生人的信任度相对较低,这与以往的研究结果是一致的。中国城市居民社会信任的基本结构主要由三个部分构成:①与自己有血缘家族关系的亲属以及来往密切的朋友的特殊信任圈子,这一部分的信任值最高;②与自己具有合作关系的单位领导、同事和邻居、一般朋友的一般信任圈子,这一部分的信任值居中;③包括生产商、网友、销售商以及社会上大多数人的普遍信任圈子,这一部分的信任值最低。这再次表明,中国人的信任结构存在着"差序格局",特殊信任要远远高于普遍信任。

一个人与人之间相互信任的社会,要比一个人与人之间互不信任的社会健康得多。中国当前正面临着重建社会信任和信任结构转型的问题,市场经济体制的完善需要以一个较高水平的普遍信任为基础,摆在我们面前的是如何从一个以特殊信任为主的社会转型为一个以普遍信任为主的社会。现在的问题是,在中国这样的社会中,有什么样的机制可以提高人们的普遍信任度?以往有关中国传统文化和社会的研究(费孝通,1947/1985;金耀基,1992;杨国枢,1989、1993;黄光国,1988;梁漱溟,1963)认为,在"关系本位"的中国社会里,只有通过人们之间的关系才能建立起彼此的信任,而关系建构的核心就是血缘家族关系,围绕此核心建立起与血缘家族关系之外的其他人的社会联系。是不是除了基于血缘家族关系之外就没有其他的途径可以在中国人的社会中建立起对外人的普遍信任呢?在本项研究中,我们引入社会资本中的社团参与因素对信任进行分析,多元回归分析表明,增加社团的参与机会是提升居民普遍信任的重要途径。这表明,中国人是可以在血缘家族关系之外建立信任的,而且建立这种普遍信任的途径也不限于认干亲、拜把子、套近乎、做人情等拟亲缘化的手段,而是可以通过参与横向社团来增加普遍信任度。

实际上,信任与风险是联系在一起的。根据科尔曼的理论,信任别人首先是件很冒险的事,信任别人就等于将自己拥有的资源主动地放到别人手里。所以,理性的人在决定是否信任他人时,必须权衡两样东西:一是潜在的受益与潜在的损失相比孰重孰轻;

二是对方失信的可能性有多大（Coleman，1990：90-101）。中国人对于家庭成员、亲戚和亲密朋友的信任度较高，是因为经常与这些人来往，与他们的交往已经形成了密集的网络。这些网络不仅有助于信任者对信任对象的了解，而且也有足够的手段对信任对象的失信实施有效的惩罚。但是，要建立对更广范围内其他社会成员的信任，则必须通过更多地参与社团来实现。帕特南认为，像信任、惯例以及网络这样的社会资本存量有自我强化和积累的倾向，公民参与网络孕育了一般性交流的牢固准则，促进了社会信任的产生，这种网络有利于协调和交流、提高声誉，因而也有利于解决集体行动的困境。根据帕特南对意大利的研究，横向社团形成的网络有助于公民为共同的利益而合作。我们调查中的8个社团参与变量其实正是帕特南所谓的横向网络，这些社团成员之间有着密切的横向社会互动，在这种网络中的互动常常渗透着信任，而且这种信任常常得到实现或被回报以信任，它们为普遍信任倾向提供了良好的、茂盛生长的场地……它们的存在使给予外在于他们自己的网络的参与者或社会客体以信任变得更加容易（什托姆普卡，1999/2005），所以也就有较高的普遍信任度。

既然社团的参与对于提高普遍信任具有如此重要的作用，为了建立一个更加和谐与诚信的社会，我们就应该培育更多的社团，鼓励公民更多地参与社团，以此使普遍信任的机制在中国孕育并成长起来。

参考文献

巴伯，1983/1989，《信任》，牟斌、李红、范瑞平译，福建人民出版社。

柏赐福，1916/1989，《中国的特征》，载沙莲香主编《中国人民族性（一）》，中国人民大学出版社。

边燕杰、李煜，2000，《中国城市家庭的社会网络资本》，《清华社会学评论》第2期。

费孝通，1947/1985，《乡土中国》，三联书店。

福山，1998，《信任：社会德性与繁荣的创造》，李宛蓉译，（台北）立绪文化事业有限公司。

郭于华，1994，《农村现代化进程中的传统亲缘关系》，《社会学研究》第6期。

胡荣，2005，《中国农村居民的社会信任》，《中共天津市委党校学报》第2期。

黄光国，1988，《人情与面子：中国人的权力游戏》，载黄光国主编《中国人的权力游戏》，（台北）巨流图书公司。

金耀基，1992，《关系和网络的建构》，（香港）《二十一世纪》。

科尔曼，1990，《社会理论的基础》（上），邓方译，社会科学文献出版社。

李伟民、梁玉成，2002，《特殊信任与普遍信任：中国人信任的结构与特征》，《社会学研究》第3期。

梁漱溟，1963，《中国文化要义》，（香港）集成图书有限公司。

卢曼，1975/2005，《信任》，瞿铁鹏、李强译，上海世纪出版集团。

陆小娅、彭泗清，1995，《信任缺失与重建》，9月26日《中国青年报》。

帕特南，2001，《使民主运转起来》，王列、赖海榕译，江西人民出版社。

彭泗清，1997，《对人与对事：人际交往中的关系区分度与事件区分度》，第四届华人心理与行为科学学术研讨会论文，台北。

彭泗清，1999，《信任的建立机制：关系运作与法制手段》，《社会学研究》第2期。

彭泗清、杨中芳，1995，《中国人人际信任的初步探讨》，第一届华人心理学家学术研讨会论文，台北。

乔健，1982，《关系刍议》，载杨国枢、文崇一主编《社会与行为科学研究的中国化》，台湾"中央研究院"民族学研究所。

什托姆普卡，1999/2005，《信任——一种社会学理论》，程胜利译，中华书局。

斯密斯，1894/1989，《中国人的气质》，载沙莲香主编《中国人民族性（一）》，中国人民大学出版社。

童志锋，2003，《乡村社区人际信任研究——以旧沟、赵家沟村为例》，硕士学位论文。

王飞雪、山岸俊男，1999，《信任的中、日、美比较互动研究》，《社会学研究》第 2 期。

王绍光、刘欣，2002，《信任的基础：一种理性的解释》，《社会学研究》第 3 期。

王学芳，2005，《信任的社会心理学分析》，《中共长春市委党校学报》第 5 期。

韦伯，1920/1995，《儒教与道教》，王容芬译，商务印书馆。

厦门市统计局，2005，《2004 年厦门市国民经济和社会发展统计公报》，厦门统计信息网（http：//www.stats-xm.gov.cn）。

阎云翔，2000，《礼物的流动》，李放春、刘瑜译，上海人民出版社。

杨国枢，1989，《中国人的性格与行为：形成及蜕变》，《中国人的蜕变》，（台北）桂冠图书公司。

杨国枢，1993，《中国人的社会取向：社会互动的观点》，载杨国枢、余安邦主编《中国人的心理与行为：理论与方法》，（台北）桂冠图书公司。

杨宜音，1999，《"自己人"：信任建构过程的个案研究》，《社会学研究》第 2 期。

杨中芳、彭泗清，1999，《中国人人际信任的概念化：一个人际关系的观点》，《社会学研究》第 2 期。

张建新、Michael H. Bond，1993，《指向具体人物对象的人际信任：跨文化比较及其认知模型》，《心理学报》第 2 期。

郑伯埙，1991，《家族主义与领导行为》，载杨中芳、高尚仁主编《中国人·中国心》，（台北）桂冠图书公司。

Beck, U., Giddens, A., and Lash, S. 1994. *Reflexive Modernization*. Cambridge, England: Polity Press.

Chang, H. & Holt, R. 1991. "More Than Relationship: Chinese Interaction and the Principle of Kuan-Hsi." *Communication Quarterly* 39.

Coleman, James. 1988. "Social Capital in the Creation of Human Capital." *American Journal of Sociology* 94: S95 – S121.

Coleman, J. C. 1990. *Foundation of Social Theory*. Cambridge, Mass.: Harvard University Press.

Fukuyama, F. 1995. *Trust: The Social Virtues and Creation of Prosperity*. New York: Free Press.

Gambetta, D. 1988. "Can We Trust?" In D. Bambetta (ed.), *Trust: Making and Breaking Cooperative Relations*. New York: Basil Blackwell.

Giddens, A. 1990. *The Consequences of Modernity*. Cambridge, England: Polity Press.

Giddens, A. 1991. *Modernity and Self-Identity*. Stanford, Calif.: Stanford University Press.

Hardin, R. 1991. "Trusting Person, Trusting Institutions." In R. J. Zeckhauser (ed.), *Strategy and Choice*. Cambridge, Mass.: MIT Press.

Hardin, R. 1993. "The Street-Level Epistemology of Trust." *Politics and Society* 121 (4): 505 – 529.

Hardin, R. 1996. "Trustworthiness." *Ethics* 107: 26 – 42.

Kawachi, I., Kennedy, B. P., Lockner, K., & Prothrow-Stith, D. 1997. "Social Capital, Income Inequality and Mortality." *American Journal of Public Health* 87.

Putnam, Robert D. 1993. "The Prosperous Community: Social Capital and Public Life." *American Prospect* 13.

Yamagishi, Toshio. 2001. "Trust as a Form of Social Intelligence." In *Trust in Society*, edited by Karen S. Cook. New York: Russell Sage Foundation.

Yang, M. F. 1994. *Gifts, Favors and Banquets: The Art of Social Relationships in China*. Ithaca: Cornell University Press.

社会资本与城市居民的政治参与[*]

一　导言

长期以来，政治学者都把政治参与看作是与民主政体相联系的概念，因为只有在民主制度下人民才可以通过定期举行的选举选择领导人，从而对立法机关或政府产生影响。与此相应的是，许多研究苏东社会主义国家政治的学者并不认为社会主义社会有真正意义上的政治参与。如极权模型的学者强调精英对社会的全面控制，在这些社会中，国家对大众传播媒介的垄断性控制成功地限制了信息的流通。通过限制结社自由，政府因此可以有效地阻止利益的聚合，使人民失去抗拒政治权威的能力（Friedrich, Curtis, & Barber, 1969：126）。而利益群体理论虽然承认苏东社会主义国家并没有能够完全消除国家和社会之间的界限或是完全阻止利益的表达，但这一模型仍然否认普通民众影响决策的可能性。在苏东社会主义国家中政治活动和组织（诸如选举、群众运动、工会以及农会等）都是由执政党操控的，目的是消除志愿团体的形成，因此也不具有利益表达的作用（Liu, 1976：5）。

虽然"强大的政府和党的机构的存在、国家对社会全面的渗透、独立政见团体及利益表达机制的缺乏、严格控制的媒体以及

---

[*] 本文获中国社会学会 2008 年会优秀论文一等奖，发表于《社会学研究》2008 年第 5 期。

长期缺乏自由竞争的选举使得这种参与的概念具有完全不同的意义"（Jennings，1991：361），但是，这并不表明苏东社会主义国家的民众完全不能对政府的决策产生影响。特别是随着一些学者在更广的范围内界定政治参与，原有的单一的政治参与观（将投票看作是民众能够影响政治过程的关键的和唯一的方式）被多元的政治参与观所取代。例如，诺曼·尼和西德尼·伏巴把政治参与界定为"平民或多或少以影响政府人员的选择及（或）他们采取的行动为直接目的而进行的合法活动"（诺曼·尼、西德尼·伏巴，1996：290）。一些学者在苏联和东欧等社会主义国家的研究表明，这些国家的民众也以自己的方式表达利益以及对政府决策产生影响。如果说选举更多的时候因流于形式而成为一种政治仪式的话，这些国家的民众更多地以选举之外的手段，如个人的接触，来寻求政府官员的帮助或向他们表达自己的偏好。例如，英克尔斯（Alex Inkles）和鲍尔（Raymond A. Bauer）的研究发现，"苏联公民更关心获得更多的个人保障和生活水平的提高，而很少关心获得政治权利和宪法的保障"（Inkles & Bauer，1959：7）。比尔勒（Seweryn Bialer）的研究表明，苏联民众更多地参与涉及与公民日常生活、社区事务以及工作单位的条件直接相关的决策（Bialer，1980：166）。这些研究者发现，在苏东社会主义国家，民众的政治参与有自己的独特性，如他们更多的是试图影响政策的实施而不是决策过程，参与更多的是以个体的、非正式的和原子化的方式进行的（参见Jennings，1991）。

　　自改革开放以来，中国社会发生了巨大的变革。农村地区率先实行生产责任制，城市中原有的单一公有制也被多种经济成分的经济结构所取代。与此相应，从1980年中期开始的村民自治使得农村有了真正意义上的竞争性选举（参见胡荣，2001；2006）。虽然城市社区还没有像村委会选举一样的竞争性选举，但基层人大代表的选举也有了相当多的改变，社区居委会的自治也取得了一定的成绩。农村的村委会选举和政治参与受到了国内外学者的广泛关注（如Dearlove，1995；Kelliher，1997；Lawrence，1994；

Manion，1996；O'Brien，1994；Oi，1996；Whyte，1992；徐勇，1997；胡荣，2001，2006；吴毅，2002），但城市居民的政治参与现状却较少得到研究（如 Shi，1997）。本文打算对城市居民的政治参与情况进行分析，探讨影响城市居民政治参与的各因素。

以往的研究表明，政治参与和社会文化因素有很大的关系（托克维尔，1988；加布里埃尔·A. 阿尔蒙德、西德尼·维伯，1989），帕特南（Robert D. Putnam）的研究进一步证实了这一点。在《使民主运转起来》一书中，帕特南运用社会资本理论解释意大利南北方政府的绩效差异。他是这样给社会资本下定义的："这里所说的社会资本是指社会组织的特征，诸如信任、规范以及网络，它们能够通过促进合作来提高社会的效率。"（帕特南，2001：195）在意大利公共精神发达的地区，社会信任长期以来一直都是伦理道德的核心，它维持了经济发展的动力，确保了政府的绩效。帕特南进一步指出，社会信任能够从互惠规范和公民参与网络这两个相互联系的方面产生。互惠包括均衡的互惠和普遍化的互惠。前者指人们同时交换价值相等的东西；后者指的是一种持续进行的交换关系，这种互惠在特定时间里是无报酬的和不均衡的，但它使人们产生共同的期望，现在己予人，将来人予己。另一方面，在一个共同体中，公民参与网络越是密集，其公民就越有可能为了共同的利益而合作。公民参与网络增加了人们在任何单独交易中进行欺骗的潜在成本；公民参与网络培育了强大的互惠规范，促进了交往，促进了有关个人品行的信息的流通；公民参与网络还体现了以往合作的成功，可以把它作为一种具有文化内涵的模板，未来的合作在此基础上进行（帕特南，2001：203~204）。

帕特南的社会资本概念引起了国内学者的关注，但真正运用这一概念进行经验研究的学者并不多。笔者曾用社会资本这一概念分析其对农村居民在村级选举中参与程度的影响，发现只有社会资本中的社区认同因子和社团参与因子对农村居民的政治参与有积极影响，而社会资本中的其他因素，诸如信任、社会网络等因素对政治参与的影响不具统计显著性（胡荣，2007）。那么，社会资本对城市居民的政治参与又会产生什么样的影响呢？这也是本文想深入探讨的问题。

本研究所用的问卷资料来自厦门大学社会学系于 2005 年 2 月进行的"厦门市居民生活状况问卷调查"。2004 年末，厦门市户籍总人口为 1467731 人，其中城镇人口 910424 人，占户籍总人口的比重为 62.0%；岛内的思明、湖里两区的人口占全市户籍总人口的 43.9%，岛外人口占户籍总人口的 56.1%（厦门市统计局，2005）。厦门市下辖思明、湖里、海沧、集美、同安和翔安 6 个区。本次调查只在城市化程度较高的思明和湖里两个区内进行。厦门岛内的思明区下辖 10 个街道，共 92 个社区居委会；湖里区下辖 5 个街道，共 31 个社区居委会。本调查在这两个区的 123 个社区居委会中按随机原则抽取 20 个社区居委会，其中思明区抽取 15 个社区居委会，湖里区抽取 5 个社区居委会，从每个社区居委会中再按随机原则抽取 50 户居民，共抽取 1000 户居民。具体访谈对象的选取是这样进行的：由调查员入户后，在 18 周岁以上的家庭成员中确定生日最接近 1 月 1 日者作为访谈对象。本次调查共发放 1000 份问卷，回收有效问卷 669 份，回收率为 66.9%。

在这 669 个成功访问的对象中，男性占 47.6%，女性占 52.4%。从年龄结构来看，30 岁以下的被访者最多，占 35.7%；其次是 31~40 岁的被访者，占 29.2%；年龄在 41~50 岁与 51~60 岁的被访者分别占 18.7% 和 8.6%；年龄在 61 岁及以上者最少，仅占 7.8%。从受教育程度来看，高中文化程度的被访者最多，占 35.3%；其次是大专和初中文化程度的被访者，二者相差不大，前者占 21.9%，后者占 19.0%；小学及以下文化程度的被访者也占相当的比例，占 13.5%；而本科或研究生文化程度的被访者仅占 10.2%。从户口类别来看，市区常住被访者占 68.5%，市区暂住被访者占 23.7%，而非市区居住的被访者比较少，在郊县常住的被访者占 3.9%，其他户口类别的被访者也很少，仅占

3.9%。从个人的月收入情况来看，收入在 800 元以下者居多，占 27.4%；收入在 801~1000 元者占 18.0%；收入在 1001~1500 元者占 16.6%；收入在 1501~2000 元者占 13.3%；收入在 2001~3000 元者与收入在 5001 元及以上者所占的比例差不多，前者为 8.8%，后者为 7.9%；收入在 3001~4000 元和 4001~5000 元的被访者最少，分别占 5.2% 和 2.9%。

二 城市居民政治参与的现状及构成

维巴、尼和金在他们的比较政治研究中最早对苏东社会主义国家的政治参与进行过研究，他们把南斯拉夫的政治参与分为四种形式：公共活动、自我管理、个别接触以及投票（Verba, Nie, and Kim, 1978）。其他的研究也表明，苏东社会主义国家的政治参与不止一种形式。例如，维恩·迪弗兰塞克（Wayne DiFranceisco）和泽维·吉特曼（Zvi Gitelman）发现，在苏联有 5 种形式的政治参与：正式—仪式性参与、公民主动性接触以及政策实施接触（DiFranceisco and Gitelman, 1984）。唐纳·巴赫利（Donna Bahry）和布莱恩·D. 思尔沃（Brian D. Silver）的研究表明，改革前苏联的政治参与可以按如下顺序排列："非传统的政治活动主义、顺从活动主义、社会活动主义以及接触。"（Bahry & Silver, 1990）

在本项研究中，调查问卷共列了 11 个方面的项目测量城市居民政治参与这一指标。这些项目包括是否为自己或同事的利益找单位领导、是否为自己的合法权益向政府部门投诉、是否向媒体写信表达自己对问题的看法等（见表 1）。除表 1 中的最后两个项目（"在上一次区人大代表的选举中有没有去投票"和"在上一次区人大代表的选举中有没有帮助候选人竞选"）的选项为"有"和"没有"外，其余项目的选项都按利克特量表设计为"经常"、"较经常"、"一般"、"较少"、"很少"和"没有"6 个等级。这 11 个项目的 Cronbach's alpha 信度系数为 0.8879。

表1　城市居民的政治参与

单位：%

项目	经常	较经常	一般	较少	很少	没有	合计
为自己或同事的利益找单位领导	3.3	6.8	24.7	13.8	10.1	41.3	100
为自己的合法权益向政府部门投诉	1.9	4.4	19.9	16.0	10.6	47.2	100
给媒体写信表达自己对问题的看法	1.7	2.8	11.5	13.1	14.5	56.4	100
向人大代表、政协委员提意见	0.9	2.1	7.0	7.5	11.6	70.9	100
在网络上参与讨论国家大事	2.1	3.0	7.8	7.6	10.1	69.3	100
在网络上对本市发展问题发表观点	1.4	1.2	9.1	7.2	10.0	71.1	100
到政府部门或信访部门上访	0.5	1.9	5.3	4.8	8.8	78.7	100
写信给政府部门或信访部门投诉	0.7	1.1	5.5	5.4	7.1	80.2	100
带头到政府请愿讲理	0.4	0.9	4.4	4.6	6.0	83.6	100

项目	有	没有	合计
在上一次区人大代表的选举中有没有去投票	44.7	55.3	100
在上一次区人大代表的选举中有没有帮助为候选人竞选	9.5	90.5	100

从表1可以看出，在目前单位仍然掌握着相当重要资源的情况下，通过找单位领导维护自己的利益成了相当重要的一条政治参与渠道，因此，多达3.3%和6.8%的被访者"经常"和"较经常""为自己或同事的利益找单位领导"。相比之下，表示"经常"和"较经常""为自己的合法利益向政府部门投诉"的被访者只有1.9%和4.4%。近年来，随着网络的发展，通过网络发表言论表达意愿的居民也越来越多。从表1中可以看出，表示"经常"和"较经常""在网络上参与讨论国家大事"的被访者分别为2.1%和3.0%，而"经常"和"较经常""在网络上对本市发展问题发表观点"的比例也分别达1.4%和1.2%。城市居民"在上一次区人大代表的选举中投票"的比例达44.7%，虽然不如村委会选举的投票率高，但却高于农村的人大代表选举的投票率。

根据主成分法对政治参与的11个项目进行因子分析，经过最大方差法旋转，共提取 3 个因子（如表 2 所示）。根据因子负载，将这些因子分别命名为："维权抗争因子"、"利益表达因子"以及"人大选举参与因子"。"维权抗争因子"包括以下项目："向人大代表、政协委员提意见"、"到政府部门或信访部门上访"、"写信给政府部门或信访部门投诉"、"带头到政府请愿讲理"；"利益表达因子"包括如下项目："为自己或同事利益找单位领导"、"为自己的合法权益向政府部门投诉"、"在网络上对本市发展问题发表观点"、"给媒体写信表达自己对问题的看法"、"在网络上参与讨论国家大事"；"人大选举参与因子"包括以下项目："在上一次区人大代表的选举中投票"、"在上一次区人大代表的选举中帮助候选人竞选"（见表 2）。

表 2 政治参与的因子分析

项目	维权抗争因子	利益表达因子	人大选举参与因子	共量
为自己或同事的利益找单位领导	0.115	0.827	0.120	0.712
为自己的合法权益向政府部门投诉	0.200	0.868	0.021	0.795
给媒体写信表达自己对问题的看法	0.466	0.717	0.022	0.732
向人大代表、政协委员提意见	0.626	0.441	0.196	0.624
在网络上参与讨论国家大事	0.533	0.584	0.042	0.628
在网络上对本市发展问题发表观点	0.581	0.570	0.047	0.664
到政府部门或信访部门上访	0.881	0.161	0.088	0.809
写信给政府部门或信访部门投诉	0.879	0.244	0.049	0.834
带头到政府请愿讲理	0.841	0.200	0.070	0.752
在上一次区人大代表的选举中投票	0.013	-0.027	0.852	0.726
在上一次区人大代表的选举中帮助候选人竞选	0.152	0.150	0.771	0.640
特征值	3.562	2.962	1.393	7.917
解释方差	32.384%	26.923%	12.660%	71.967%

社会资本与城市居民的政治参与

我们可以从制度化程度和主动性强弱两个维度来看待与分析测量城市居民政治参与的3个因子。一方面，从主动性维度看，不同政治参与活动所要求的主动性相差很大：有的活动需要参与者付出较大的努力，花费较多的时间和精力；有的则是按部就班依程序进行，参与者无需有太多的主动性。以投票选举为例，虽然参与者都需要付出时间和精力，但却不需要有太多的主动性；相反，到政府请愿、到政府部门或信访部门上访却需要有很强的主动性，参与者不仅要付出时间、人力和物力方面的代价，而且还有可能遭到打击和报复，需要承担相当的风险（参见于建嵘，2003；胡荣，2007）。另一方面，从制度化维度看，不同的参与活动也是不一样的。有的参与方式是制度化的，参与活动严格按程序进行，如区人大代表的选举；但有的参与却是非制度化的，参与过程充满了不确定性。如集体上访，到哪一级政府部门上访、如何上访以及会取得什么样的结果都充满了不确定性，其组织者和参与者必须根据情势的发展随时调整自己的策略。与此相联系，制度化的参与通常是在法律和制度的框架内进行的，因而也能够得到政府的鼓励和保护；但非制度化的参与因为其可能超越法律的框架而极易使参与者处于与政府（至少是地方政府）对立的境地，很难得到制度的保护，因此也是危险的。如果以政治参与方式的主动性强弱为横轴，以政治参与活动的制度化程度为纵轴建立一个坐标，根据因子分析所产生的3个因子可以分别放到坐标中的相应位置。第一个"维权抗争因子"位于坐标的右下方，因为这一因子所包括的诸多参与方式，如"到政府部门或信访部门上访"、"写信给政府部门或信访部门投诉"以及"带头到政府请愿讲理"等，都是高度非制度化和需要有很强的主动性的。就上访来说，虽然《信访条例》以及相关的法令法规都规定到政府部门或信访部门上访是公民的一项权利，但在实际中上访往往是受到严格限制的。一些案例表明，上访者反映的问题不但得不到解决，而且由于上访容易将上访者置于与地方政府对立的境地。虽然我国宪法规定"公民对于任何国家机关和国家工作人员有提出批评和建议的权利；对于任何国家机关和国家工作人员的违法失职行为，有向国家机关提出申诉、控告或者检举的权利"，但是，由于缺少相关的法律规定，受理机关及其受理程序基本上无章可循，批评人和建议人提出批评和建议后往往没有下文。公民的批评权和建议权实际上得不到保障，甚至因提出批评和建议而遭到打击和歧视的现象也时有发生。因此，从这个意义上说，上述权利是非制度化的，也是危险的。第二个"利益表达因子"位于坐标中央偏右的位置，这一因子所包括的几个项目，无论是"为自己或同事的利益找单位领导"、"为自己的合法权益向政府部门投诉"还是"给媒体写信表达自己对问题的看法"、"在网络上参与讨论国家大事"，基本上都是在制度认可的范围内进行的，也是主动性较强的。必须指出的是，近年来，随着互联网的发展，网络成为公民政治参与的重要渠道。据统计，2007年上半年，中国互联网用户就已经达到1.45亿人。中国互联网越来越凸显其表达民意和制造舆论的优势，许多网民通过网络新闻的网友评论、BBS论坛、各种社区以及博客等方式相互交流观点，在网上形成强有力的舆论空间，受到政府和社会的高度关注。第三个"人大选举参与因子"位于坐标的左上方，是高度制度化的，虽然"帮助候选人竞选"需要有一定的主动性，但参与投票的主动性却是比较弱的（见图1）。

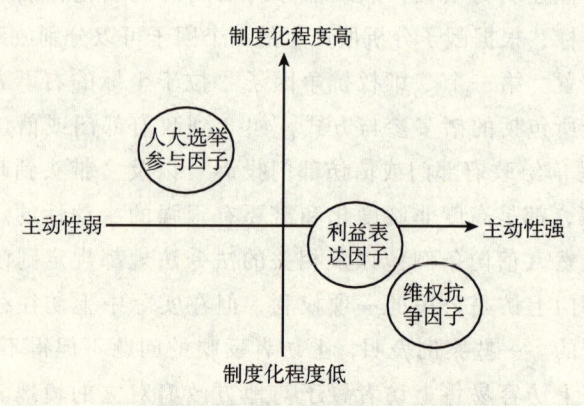

图1 城市居民政治参与的不同方式

三　社会资本及其他因素对城市居民政治参与的影响

政治参与和社会文化因素有很大的关系，以往的研究表明了这一点（托克维尔，1988；加布里埃尔·A.阿尔蒙德、西德尼·维伯，1989）。在这一部分，我们将分析社会资本及其他因素对城市居民政治参与情况的影响。

作为本项研究重要预测变量的社会资本，我们主要从如下几个方面来测量。

第一，居民的社会交往。本研究中用春节期间相互拜年交往的人数来测量社会网络，以个人为单位测量居民的社会交往范围与构成。居民的社会交往是连续性数值型变量。这4个项目的Cronbach's alpha 信度系数为0.8209。

第二，居民的社会信任。在调查中，我们测量被访者对单位同事、单位领导、邻居、一般朋友、亲密朋友、家庭成员、直系亲属、其他亲属、社会上大多数人、一般熟人、生产商、网友、销售商等不同对象的信任度。以上项目的选项分为"非常信任"、"较信任"、"一般"、"较不信任"、"很不信任"5个等级，分别赋值4分至0分。这13个项目的Cronbach's alpha 信度系数为0.8636。

第三，居民参与各种社团的情况。由于城市居民职业的多样化，他们参与的社团比较多。我们向被访者询问其是否经常参加同乡聚会、校友聚会、老战友/老知青聚会、行业协会活动、社区居委会召开的会议、寺庙或教会的活动、学术社团活动以及单位组织的集体活动等。以上项目的选项分为6个等级，即："经常参加"、"较常参加"、"一般"、"较少参加"、"很少参加"、"从未参加"，分别赋值5分至0分。这8个项目的Cronbach's alpha 信度系数为0.7186。

表3 社会资本的因子分析

项目	普通信任因子	一般信任因子	社会网络因子	特殊信任因子	学缘社团因子	业缘社团因子	趣缘社团因子	共量
是否经常参加同乡聚会	0.05283	0.062373	0.105677	0.0311	0.798311	0.084813	-0.06957	0.668151
是否经常参加校友聚会	0.119138	0.012372	0.070145	0.133349	0.766704	0.035564	0.070741	0.631153
是否经常参加老战友/老知青聚会	-0.00631	0.104879	0.099228	-0.15699	0.353891	0.449357	0.160618	0.398491
是否经常参加行业协会活动	0.177549	0.002746	0.003926	-0.01588	0.333738	0.57782	0.16439	0.50408
是否经常参加社区居委会召开的会议	-0.04836	0.196826	-0.05877	-0.0592	-0.20981	0.635582	0.311373	0.592977
是否经常参加庙会或教会的活动	0.071232	-0.06384	0.065773	0.059942	0.072517	0.158314	0.797489	0.683379
是否经常参加学术社团活动	0.101611	0.025971	0.122396	-0.02014	0.520245	0.2885	0.468161	0.599447
是否经常参加单位组织的集体活动	0.125516	-0.05873	0.143072	0.317393	0.134247	0.644342	-0.19175	0.610379
春节联系人数	0.066035	0.063936	0.772025	0.084916	0.152488	0.069938	0.005281	0.639853
春节联系者中朋友数	0.069592	-0.07057	0.86511	0.055291	0.069872	0.049239	0.000879	0.768602
春节联系者中亲戚数	-0.02032	0.005196	0.880469	0.028546	0.067209	0.084154	-0.01562	0.788324
春节联系者中相识人数	-0.04855	0.03788	0.777691	-0.0077	-0.01471	-0.07441	0.114347	0.627484
对单位同事的信任度	0.17193	0.759527	0.044329	0.220745	0.105651	0.180178	-0.16365	0.727543
对单位领导的信任度	0.112581	0.745685	-0.03424	0.127874	0.09851	0.241852	-0.21932	0.70254

续表 3

项 目	普遍信任因子	一般信任因子	社会网络因子	特殊信任因子	学缘社团因子	业缘社团因子	趣缘社团因子	共 量
对邻居的信任度	0.210066	0.728362	0.043625	0.274206	0.042784	-0.10166	0.099763	0.673848
对一般朋友的信任度	0.275753	0.651827	0.004906	0.150864	-0.04914	-0.16999	0.267158	0.626387
对亲密朋友的信任度	0.019767	0.242034	0.01013	0.714459	0.138307	-0.10635	0.10679	0.611368
对家庭成员的信任度	-0.0342	0.0538	0.052647	0.856634	0.057511	0.003501	-0.02666	0.744689
对直系亲属的信任度	0.05213	0.207973	0.039038	0.820483	-0.01588	0.103987	-0.03819	0.73321
对其他亲属的信任度	0.252243	0.385263	0.094962	0.584225	-0.07523	0.075602	0.050971	0.576364
对社会上大多数人的信任度	0.606178	0.474803	-0.01452	0.106069	-0.14086	0.095265	0.059317	0.636788
对一般熟人的信任度	0.62912	0.400711	-0.08082	0.156075	0.048166	0.124414	0.019298	0.605423
对生产商的信任度	0.8448	0.142307	0.02372	0.115579	0.066691	0.079976	-0.00014	0.758703
对网友的信任度	0.756943	0.19234	0.041211	-0.11281	0.139486	-0.02581	0.07089	0.649531
对销售商的信任度	0.857418	0.006192	0.058688	0.024824	0.116814	0.033515	0.016802	0.754315
特征值	3.109	2.857	2.825	2.647	1.946	1.682	1.246	13.487
解释方差	12.438%	11.429%	11.298%	10.598%	7.783%	6.730%	4.986%	65.252%

以上介绍了测量社会资本的项目，那么，这些项目之间的关系如何呢？它们可以概括为哪几个方面呢？为此，笔者对其进行了因子分析。如上所述，有关社会信任以及社团参与的项目都是按利克特量表的方式设置的，选项分为 5 个等级和 6 个等级两种；有关社会交往的选项为数字。运用主成分法对测量社会资本的 25 个项目进行因子分析，经最大方差法旋转，共提取 7 个因子，根据因子负载，我们将这些因子分别命名为：普遍信任因子、一般信任因子、社会网络因子、特殊信任因子、学缘社团因子、业缘社团因子、趣缘社团因子。用于测量社会信任的 13 个变量被分为 3 个因子，即表 3 中的第一个因子"普遍信任因子"、第二个因子"一般信任因子"、第四个因子"特殊信任因子"。表 3 中的第一个因子即"普遍信任因子"包括："对社会上大多数人的信任度"、"对一般熟人的信任度"、"对生产商的信任度"、"对网友的信任度"、"对销售商的信任度" 5 个变量。表 3 中的第二个因子即"一般信任因子"包括："对单位领导的信任度"、"对邻居的信任度"、"对一般朋友的信任度"、"对单位同事的信任度"。表 3 中的第四个因子即"特殊信任因子"包括如下 4 个变量："对家庭成员的信任度"、"对直系亲属的信任度"、"对其他亲属的信任度"、"对亲密朋友的信任度"。与测量社会信任的变量被分为 3 个因子不同，测量社会交往的 4 个变量都可归为一个因子，即社会网络因子。从居民参与各种社团的 8 个变量中可以提取 3 个因子，分别为表 3 中的第五个因子"学缘社团因子"、第六个因子"业缘社团因子"、第七个因子"趣缘社团因子"，其中第五个因子"学缘社团因子"包括以下两个变量："是否经常参加同乡聚会"和"是否经常参加校友聚会"，第六个"业缘社团因子"包括以下 4 个变量："是否经常参加老战友/老知青聚会"、"是否经常参加行业协会活动"、"是否经常参加社区居委会召开的会议"、"是否经常参加单位组织的集体活动"。表 3 中的第七个因子即"趣缘社团因子"包括如下两个变量："是否经常参加寺庙或教会的活动"、"是否经常参加学术社团活动"。

在研究社会资本对政治参与的多元回归分析中,本研究用性别、年龄、受教育程度、户口类别、个人月收入在内的个人社会地位指标作为控制变量,以社会资本的7个因子为解释变量对居民政治参与的3个因子进行多元回归分析。多元回归模型的建立,可以使我们在控制其他自变量的情况下,分别对每个变量所产生的影响进行准确的分析。在回归分析的模型中,除了年龄、个人月收入为数值型变量之外,性别、户口类别、受教育程度等都是虚拟变量。在多元回归分析中,设置了A1和A2、B1和B2、C1和C2 6个模型。模型A1、B1和C1的自变量是性别、年龄、受教育程度、户口类别、个人月收入,这3个模型的因变量分别为"维权抗争因子"、"利益表达因子"和"人大选举参与因子"。模型A2、B2和C2除了上述自变量之外,还加入了社会资本的7个因子作为自变量。(见表4)

表4的分析结果如下。

(1) 性别对城市居民政治参与的影响没有统计显著性。在6个模型中,男女两性对政治参与的3个因变量的影响都不具有统计显著性。这一结果与以往的研究结果是一致的。以往的研究表明,在发达国家,男女两性的政治参与情况相差不大;而在发展中国家,通常男性的政治参与程度要高于女性(Nie, Verba & Kim, 1974)。从一个国家内部的情况看也是经济发达地区的男女两性在政治参与方面的差异小于经济发展落后地区(Goel, 1975),虽然我国农村地区男性的政治参与程度要远高于女性(胡荣,2006),但史天健在北京的研究则表明男女两性的政治参与程度相差不大(Shi, 1997: 170)。

(2) 年龄对政治参与具有复杂多样的影响。在6个模型中,除了A2中因加入社会资本的各变量而使得对"维权抗争因子"的影响不具有统计显著性外,年龄在其他5个模型中都具有统计显著性。不过,年龄对3个因变量的影响方向是不一样的。在模型A1中,我们同时加入年龄和年龄的平方这两个自变量,年龄对因变量的标准回归系数为负值,年龄的平方为正值,表明年龄对"维权

表4　影响居民政治参与因素的回归分析（标准回归系数）

预测变量	维权抗争因子 模型 A1	维权抗争因子 模型 A2	利益表达因子 模型 B1	利益表达因子 模型 B2	人大选举参与因子 模型 C1	人大选举参与因子 模型 C2
性别[a]	0.046	0.016	0.015	-0.035	-0.000	0.090
年龄	-0.543*	-0.47	-0.277****	-0.203***	0.659**	0.677**
年龄的平方	0.563*	0.494			-0.566*	-0.616*
个人月收入	-0.052	-0.043	0.135***	0.156***	-0.0656	-0.093
户口类别[b]	-0.003	-0.028	0.044	0.023	0.307****	0.333****
受教育程度[c]:						
初中	-0.032	0.019	0.059	0.044	0.089	-0.029
高中	0.108	0.178	0.223**	0.179	0.143	-0.054
大专	0.140	0.139	0.278***	0.193	0.153*	-0.004
本科及以上	0.075	0.157	0.203***	0.102	0.049	-0.126
社会资本：						
普遍信任因子		0.098		0.116**		0.021
一般信任因子		0.011		0.146**		0.062
特殊信任因子		-0.13**		0.095		0.159***
社会网络因子		0.101*		0.076		0.042
学缘社团因子		0.125*		0.182***		0.072
业缘社团因子		0.158**		0.192****		0.197***
趣缘社团因子		0.269****		-0.034		0.114*
N	338	249	338	249	338	249
Adjusted R^2	1.2%	14.7%	15.9%	21.5%	12.3%	19.0%
F	1.467	3.676****	8.979****	5.539****	6.254****	4.643****

* $p \leq 0.10$，** $p \leq 0.05$，*** $p \leq 0.01$，**** $p \leq 0.001$。
a. 参考类别为"女性"；b. 参考类别为"非本市户口"；c. 参考类别为"小学或未读书"。

抗争因子"的影响呈U形，即30岁以下年龄组被访者在维权抗争方面的参与程度最高，41～50岁年龄组被访者则降至最低，而后又随着年龄的增长而逐步提高。在模型B1和B2中，年龄对"利益表达因子"的影响随年龄的增长而减弱,这种影响是直线形的。在模型 C1 和 C2 中,年龄对"人大选举参与因子"的影响则呈倒 U 形,即年轻人在这方面的参与程度不高,而后随着年龄的增长逐步提高,至 51~60 岁年龄组被访者升到最高值,而后又大幅度下降。

(3) 个人月收入只对"利益表达因子"的影响具有统计显著性,户口类别仅对"人大选举参与因子"有影响。在 6 个模型中,个人月收入只在模型 B1 和 B2 中对"利益表达因子"的影响具有统计显著性,表明个人的收入越高就会越多地参与到利益表达的这些活动中来。另一方面,户口类别对"维权抗争因子"和"利益表达因子"的影响都不具有统计显著性,只对"人大选举参与因子"的影响具有统计显著性,具有本市户口者在人大选举中的参与程度明显高于非本市户口者。在本次调查中,被访者参与人大代表选举的比例为 44.7%,虽然低于农村高达 70%~80% 的村委会选举参与率(参见胡荣,2001),但却高于农村的人大代表选举参与率。[①] 进一步的交互分类分析表明,在本次调查中,具有本市户口者参与人大代表选举的比例为 57.4%,而非本市户口者参与人大代表选举的比例只有 19.8%。

(4) 受教育程度只对"利益表达因子"的影响具有统计显著性。以往的研究表明,在西方民主国家,受教育程度较高者参与选举的比例也较高(参见 Campbell, Converse, Miller, & Strokes, 1960; Verba, Nie, and Kim, 1978),而在选举流于形式的东欧社会主义国家则是呈相反趋势,即受教育程度越高者参与选举的比例越低(参见 Bahry & Silver, 1990)。在模型 C1 中,只有大专文化程度的被访者比小学文化程度或未读过书的被访者在人大代表选举中的参与程度略高且有统计显著性,其他几种文化程度的被访者与小学文化程度或未读过书的被访者相比对人大参与因子的

[①] 2001 年我们在福建农村的调查表明,村民在乡镇人大代表选举中的参与率只有 23.6%。

影响在统计上都不具有显著性。在加入社会资本的各变量之后，这一显著性也消失了。在模型 A1 和 A2 中，受教育程度对"维权抗争因子"的影响都不具有统计显著性，表明受教育程度较高者不一定更多地参与上访、请愿等较为激烈的维权方式。只有在模型 B1 中，在未加入社会资本诸变量的情况下，受教育程度对"利益表达因子"具有正向、积极的影响且具有统计显著性。但在模型 B2 中，在加入其他社会资本变量的情况下，不同受教育程度对因变量影响的统计显著性消失了。

那么，社会资本诸因素对政治参与的 3 个因子的影响又是怎样的呢？

首先，从总体上看，社会资本对政治参与的各个方面都起着巨大的影响。在没有加入社会资本各因素之前，模型 A1、B1 和 C1 的判定系数分别只有 1.2%、15.9% 和 12.3%，而在加入社会资本各因素之后，模型 A2、B2 和 C2 的判定系数分别达到 14.7%、21.5% 和 19.0%，分别提升达 13.5%、5.6% 和 6.7%。

其次，3 种信任因子对 3 个因变量影响的方向和程度都存在差异。普遍信任因子和一般信任因子只对"利益表达因子"的影响具有统计显著性，而对另外两个因变量的影响不具有统计显著性。特殊信任因子对"利益表达因子"的影响不具有统计显著性，但对"维权抗争因子"和"人大选举参与因子"的影响都具有统计显著性，只不过方向不一样，即对前者的影响是负向的，对后者的影响是正向的。

再次，社会网络因子对"利益表达因子"和"人大选举参与因子"的影响不具有统计显著性，但对"维权抗争因子"的影响却具有统计显著性，表明社会网络资源越多者越可能参与维权抗争。西方的社会运动理论中的资源动员理论认为，真正决定社会运动的不是社会的不满，而是所能动员的资源（McCarthy and Zald, 1977）。相关的研究表明，在微观层面的动员过程中，社会网络对个人参与社会运动有影响（Passy and Giugni, 2001）。

最后，社团参与对政治参与的 3 个方面都存在不同程度的影响。总体来看，虽然3个社团因子对不同层面的政治参与都存在一定的影响，但影响的程度却是不同的。就学缘社团因子来看，它对"利益表达因子"的影响最为显著，其次是对"维权抗争因子"的影响，但对"人大选举参与因子"的影响不具有统计显著性；业缘社团因子对政治参与的3个层面都有着相当程度的影响；趣缘社团因子对"维权抗争因子"的影响最大，其标准回归系数达到0.269，均高于其他两个社团因子对"维权抗争因子"的影响，但它对"人大选举参与因子"的影响则只有微弱的统计显著性，而对"利益表达因子"的影响则不具有统计显著性。

四 讨论与结论

以上我们根据问卷调查数据分析了厦门市居民政治参与的情况以及社会资本等因素对政治参与的影响。从研究结果可以看到，现阶段城市居民的政治参与方式日益多元化：既有为自己或同事的利益去找单位领导这种较为传统的接触方式，也有通过网络发表观点这种新的参与方式；既有参与人大代表选举这种制度化的参与，也有上访、投诉甚至是请愿等较为激烈的参与方式。概括来看，目前，城市居民政治参与的多元化表现为如下三个方面。

第一，原有的通过找单位领导的个人接触仍然是重要的政治参与方式。在长期计划经济体制下形成的"单位制"使得城市居民高度依附于所在的工作单位，形成"单位办社会"的局面。工作单位不仅仅是一个经济组织，它除了给予人们各种福利之外，同时还承担着政府的某些职能，对单位成员进行管理（参见Walder，1991；Bian，1994）。个人职务的提升、住房的分配以及各种各样的福利都是与单位联系在一起的。这使得单位对城市居民的重要性要远远大于社区的重要性。因此，那时候，单位成为人们利益表达的重要场所，找单位领导成了政治参与的一种重要方式（参见Shi，1997）。改革30年来"单位办社会"的情况已经在很大程度上得到了改变，城市社区的建设也取得了一定的成绩，但单位仍然控制着相当多的资源，因此，许多问题仍是通过找单位领导这种政治接触的方式才能得到解决。

　　第二，新的政治参与方式不断涌现，网络成为城市居民表达意见的一个重要平台。随着网络的普及和网民的增加，更多的城市居民借助网络表达利益、参与决策，从而形成影响政治过程的"网络政治参与"。中国的网络开始成为继传统大众传媒之后又一重要的民意表达渠道，中国公民的网络政治参与表现得异常抢眼，成为我国政治生活中的一大亮点。当分散的公民意见通过网络横向互动整合成整体性声音的时候，民意便开始有了力量，并可能对现实的政治生活产生重大影响，从而强化中国公民通过网络积极参与政治的行为。

　　第三，地方人大代表选举的重要性日益显现。目前，中国基层的人民代表大会制度并不是十分完善，城市居民参与人大代表的选举十分有限。基层的人大代表选举制度也存在一些问题，如民主和平等的选举原则有待深入贯彻，选民对人大代表不便进行有效的监督，等等（王小彬，2001）。虽然基层人大代表的选举竞争远不如农村村委会选举竞争激烈，但随着人大代表制度的完善，参与这一选举的选民会越来越多。我们这次的调查表明，城市居民中参与基层人大代表选举的比例虽然远低于农村村委会选举，但要高于农村人大代表选举的参与率。目前，中国的基层人大代表选举制度正在转型，如2003年四五月间，在深圳市出现了十多个选民在官方提名之外要求独立参选人大代表的事例，从而在全国范围内提出了一个进行基层人民代表大会选举制度改革的要求，这种要求在全国各地以至到中央都引起了积极的反应，形成了一个良性的互动关系。这些事件在当前中国基层政治发展过程中具有重要的符号象征意义，标志着中国的民主政治正向新的阶段迈进。当然，要使选举成为居民重要的政治参与渠道，还有待于进一步发挥人大代表的作用以及进一步扩大人大代表的直选范围。

　　本项研究的另一个发现是社会资本对于政治参与有着非常积极和正面的作用。在预测政治参与的3个模型中，无论是"维权抗争因子"，还是"利益表达因子"，或是"人大选举参与因子"，在加入社会资本的诸因素后，模型的解释力有了很大提高，这表明城市社区的社会资本确实在很大程度上可以促进城市居民的政治参与。而在社会资本的各个因素中，社团的参与是非常重要的一环。在回归模型的分析中，不同类型的社团参与都对三种政治参与方式或多或少地产生积极的影响。

城市居民政治参与渠道的多元化是中国社会结构深刻变革的反映。在传统的社会主义体制中，全部社会资源都控制在国家及政府的手中。在社会主义公有制之外，几乎不存在自由流动的资源和自由活动的空间。国家通过严格的户籍制度和"单位制"等手段，将所控制的社会资源分配至个人，从而形成对个人的控制。改革开放以后，单一的社会主义所有制发展成为多种经济成分并存的局面，收入分配的贫富差异和利益分化以加速度发展。同时，随着经济成分的多元化，单位制度逐步解体，逐渐从原有的体制中和边缘产生了一些新的社会群体或阶层，中国社会变得更具流动性了。这些社会组织或群体不再受国家的直接控制，其占有的资源和社会地位也不是国家分配的结果。各种各样的民办企业、外资企业以及各种中介性的社会团体等正是在这样的背景下出现和发展的。正是这种社会的变革导致了现阶段城市居民政治参与的多元化。

与这种社会结构的变化相对应，自改革改放以来，城市居民的社团参与情况已经有了很大的发展。改革开放以来，我国的社团数量迅速增长。1988～2003年年均增长速度达到34%（民政部民间组织管理局，2005）。另据民政部统计数据，截至2008年第一季度，我国共拥有各类社会团体21万个、民办非企业单位17.4万个、基金会1341个（民政部，2008）。但是，我国的社团组织还是不够发达。发达国家和地区每万人拥有的非营利组织数一般都在十个以上，其社团发展相当成熟，规模相当庞大，在西方社会中发挥着举足轻重的作用。而我国每万人拥有的非营利组织数量仅有2.1个，不仅远少于发达国家，而且与一些发展中国家相比差距也较大。因此，要更好地推进中国的民主化进程，不仅需要进行政治体制的改革，让人民有更多的渠道参与政治，还需要培育更多的社团和中介组织，因为这种与社团参与相联系的公共精神或社会资本，才是民主政治稳定发展的力量。

参考文献

胡荣，2001，《理性选择与制度实施：中国农村村民委员会选举的个案研究》，远东出版社。

胡荣，2006，《社会资本与中国农村居民的地域性自主参与》，《社会学研究》第 2 期。

胡荣，2007，《农民上访与政治信任的流失》，《社会学研究》第 3 期。

加布里埃尔·A. 阿尔蒙德、西德尼·维伯，1989，《公民文化》，徐湘林等译，华夏出版社。

民政部，2008，《2008 年一季度民政事业统计数据》，参见民政部网站（http://cws.mca.gov.cn/accessory/200804/1208833426012.htm）。

民政部民间组织管理局，2005，《我国民间组织管理与发展情况》，《学会》第 1 期。

诺曼·尼、西德尼·伏巴，1996，《政治参与》，载格林斯坦、波尔比编《政治学手册》（下册），竺乾威等译，商务印书馆。

帕特南，2001，《使民主运转起来》，王列、赖海榕译，江西人民出版社。

托克维尔，1988，《论美国的民主》，董果良译，商务印书馆。

王小彬，2001，《试论我国人大代表选举制度的几个问题》，《人大研究》第 6 期。

吴毅，2002，《村治变迁中的权威与秩序》，中国社会科学出版社。

厦门市统计局，2005，《2004 年厦门市国民经济和社会发展统计公报》，厦门统计信息网（http://www.stats-xm.gov.cn）。

徐勇，1997，《中国农村村民自治》，华中师范大学出版社。

于建嵘，2003，《农民有组织抗争及其政治风险》，《战略与管理》第 3 期。

Bahry, Donna & Brian D. Silver. 1990. "Soviet Citizen Participation on the

Eve of Democratization. " *American Political Science Review* 84: 821 – 847.

Bialer, Seweryn. 1980. *Stalin's Successors: Leadership, Stability, and Change in the Soviet Union.* New York: Cambridge University Press.

Bian, Yanjie. 1994. *Work and Inequality in Urban China.* Albany: State University of New York Press.

Campbell, Angus, Philip E. Converse, Warren E. Miller, & Donald E. Strokes. 1960. *The American Voter.* New York: John Wiley and Sons.

Dearlove, John. 1995. "Village Politics." In *China in the 1990s*, edited by Robert Benewick and Paul Wingrove. Vancouver: UBC Press.

DiFranceisco, Wayne and Zvi Gitelman. 1984. "Soviet Political Culture and 'Covert Participation' in Policy Implementation." *American Political Science Review* 78 (3): 603 – 621.

Florence, Passy and Giugni Marco. 2001. "Social Networks and Individual Perceptions: Explaining Differential Participation in Social Movements." *Sociological Forum* 16 (1): 123 – 153.

Freidrich, Carl, Michael Curtis, & Benjamin R. Barber. 1969. *Totalitarianism in Perspective: Three Views.* New York: Praeger.

Goel, Lal M. 1975. *Political Participation in Developing Nation: India.* New York: Asia Publishing House.

Inkles, Alex and Raymond A. Bauer. 1959. *The Soviet Citizen: Daily Life in a Totalitarian Society.* Cambridge, Mass. : Harvard University Press.

Jennings, M. Kent. 1991. "Political Participation in the Chinese Countryside." *American Political Science Review* 91 (2): 361 – 372.

Kelliher, Daniel. 1997. "The Chinese Debate over Village Self-Government." *The China Journal* 37: 63 – 86 .

Lawrence, Susan V. 1994. "Democracy, Chinese Style." *The Australian Journal of Chinese Affairs* 32: 59 – 68.

Li, Lianjiang & Kevin J. O'Brien. 1996. "Villagers and Popular Resistance in Contemporary China." *Modern China* 22.

Liu, Alan P. L. 1976. *Political Culture and Group Conflict in Communist China.* Santa Barbara, Calif. : Clio Books.

Manion, Melanie. 1996. "The Electoral Connection in the Chinese Countryside." *American Political Science Review* 90 (4): 736 – 748.

McCarthy, John D. and Mayer Zald. 1977. "Resources Mobilization and Social Movements: A Partial Theory." *American Journal of Sociology* 82: 1212 – 1241.

Nie, H. Norma, Sidney Verba, & Jae-on Kim. 1974. "Political Participation and Life Cycle." *Comparative Politics* 6 (3): 319 – 340.

O'Brien, Kevin J. 1994. "Implementing Political Reform in China's Villages." *The Australian Journal of Chinese Affairs* 32: 33 – 59.

Oi, Jean. 1996. "Economic Development, Stability and Democratic Village Self-Governance." In *China Review 1996*, edited by Maurice Brosseau, Suzanne Pepper, and Tsang Shu-ki. Hong Kong: The Chinese University Press.

Passy, Florence and Marco Giugni. 2001. "Social Neworks and Individual Perceptions: Explaining Differential Participation in Social Movements." *Sociological Forum* 16 (1): 123 – 153.

Shi, Tianjian. 1997. *Political Participation in Beijing*. Cambridge: Harvard University Press.

Verba, Sidney and Norman H. Nie. 1972. *Participation in America: Political Democracy and Social Equality*. New York: Harper & Row.

Verba, Sidney, Norman H. Nie, and Jae-on Kim. 1978. *Participation and Political Equality: A Seven Nation Comparison*. Chicago: University of Chicago Press.

Walder, Andrew. 1991. *Communist Neo-Traditionalism: Work and Authority in Chinese Industry*. University of California Press.

Whyte, Tyrene. 1992. "Reforming the Countryside." *Current History* 91 (566): 273 - 7.

后　　记

　　收入本论文集的是我从 1998 年开始到 2008 年发表的一些论文，内容包括村级选举、农村基层政权建设以及社会资本和政治参与。这些论文都在国内外的学术杂志上发表过，此次收入文集，除了文字上做了个别更正外，内容上没有做任何改动。

　　我对农村的兴趣始于 1996 年，在香港城市大学攻读博士学位时，就选定了村委会选举作为自己的研究课题。在通过博士论文答辩后，我于 1999 年 6 月回到厦门大学任教，并利用各种机会到农村调查。2000 年是福建省村委会的换届选举年，我带领学生到禾山镇高林、后坑、蔡塘等村观察选举过程。2001 年 5 月，我参加福建省社会科学联合会举办的"百名专家老区行"活动，到三明市的三元区、宁化县、建宁县、泰宁县、将乐县、沙县进行了考察和调研。2001 年 10 月，因为主持国家社科基金项目——"村民自治与农村社区的社会资本重建"，我带领社会学系毕业班学生19 人，到寿宁县和厦门同安区 40 个行政村进行入户调查，共访问913 户农民。2003 年 10 ~ 11 月，我又带领社会学系毕业班学生 16人，到福建寿宁县和浙江泰顺县农村进行入户调查，共访问 824 户农民家庭，问卷内容包括村委会选举、违法选举、农民负担等问题。2006 年，我又一次参加福建省社会科学联合会组织的百村调查活动，到南平的延平区、建阳和光泽等县农村考察。2007 年 3 ~ 5 月，我又带领几十名学生到福建的武平县和东山县、浙江的永嘉县和江西上饶县农村调查，完成问卷 1600 份。除了到农村进行访谈和调查外，我还与厦门海峡导报社合作在厦门市区进行过三次大规模的问卷调查，即2005年的厦门市居民生活状况调查，2006年的厦门市居民职业状况调查，以及2007年的厦门市居民婚姻状况调查。这些文章都是在这些调查数据的基础上完成的。借此论文集出版的机会，我要感谢帮助安排问卷调查的县乡相关领导，感谢接受访谈的农村居民、城市居民、村干部和乡镇干部，感谢参与问卷调查和数据录入的学生，当然，也要感谢合作进行调查的厦门海峡导报社。

在《南强社会学文库》的"总序"中我说过，提升中国社会学的研究水平，很重要的一点就是要在坚持学术规范的基础上与国外学术界最新的研究成果对话。十几年来，我努力在自己的研究领域里这样做，这本论文集中的文章就是我在这方面努力的成果。当然，要提升中国社会学的水平，还需要有理论方面的创新，这是本人未来要努力的方向。

本论文集的文章存在不少不足之处，欢迎学界同仁不吝赐教。

·南强社会学文库·
社会资本与地方治理

著　　者 /	胡　荣
出 版 人 /	谢寿光
总 编 辑 /	邹东涛
出 版 者 /	社会科学文献出版社
地　　址 /	北京市西城区北三环中路甲 29 号院 3 号楼华龙大厦
邮政编码 /	100029
网　　址 /	http：//www.ssap.com.cn
网站支持 /	(010) 59367077
责任部门 /	社会科学图书事业部　(010) 59367156
电子信箱 /	shekebu@ssap.cn
项目负责 /	童根兴
责任编辑 /	杨桂凤
责任校对 /	张茂涛
责任印制 /	岳　阳　郭　妍　吴　波
总 经 销 /	社会科学文献出版社发行部
	(010) 59367080　59367097
经　　销 /	各地书店
读者服务 /	读者服务中心 (010) 59367028
排　　版 /	北京步步赢图文制作中心
印　　刷 /	北京季蜂印刷有限公司
开　　本 /	787mm×1092mm　1/20
印　　张 /	15.6
字　　数 /	263 千字
版　　次 /	2009 年 9 月第 1 版
印　　次 /	2009 年 9 月第 1 次印刷
书　　号 /	ISBN 978-7-5097-1018-0
定　　价 /	39.00 元

本书如有破损、缺页、装订错误，
请与本社读者服务中心联系更换

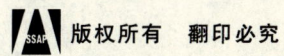

版权所有　翻印必究